DU MÊME AUTEUR

Les Rescapés, Philippe Rey, 2005
Homère et Shakespeare en banlieue, avec Augustin d'Humières, Grasset, 2009
FOG, Don Juan du pouvoir, Flammarion, 2015
La Dangereuse, avec Loubna Abidar, Stock, 2016
Angela Merkel, l'ovni politique, Les Arènes, 2017, prix Simone-Veil
Mon Europe, je t'aime moi non plus, Stock, 2019
Et c'est cela qui changea tout, avec Valérie Pécresse, Robert Laffont, 2019

Les Arènes,
17-19, rue Visconti, 75006 Paris
Tél. : 01 42 17 47 80
arenes@arenes.fr
www.arenes.fr

C'était Merkel

Marion Van Renterghem

Les Arènes

Pour Madeleine Aubier et Maurice Gabail,
mes grands-parents européens,
qui ont combattu l'Allemagne d'avant
et admiré celle d'après,
qui ont accompagné le parti communiste
et lui ont préféré la liberté.

Je vous présente Angela Merkel,
vous l'auriez aimée

1
Elle s'en va

« Elle n'a pas ménagé sa peine. »
Angela Merkel
(à propos d'elle-même)

Ça y est. Angela Merkel s'en va. On ne verra plus surgir sur les écrans ce visage familier aux yeux bleu clair et à la bouche cernée par ses deux rides austères. On ne verra plus sa démarche décidée pour aller saluer un chef d'État, ni cette manière bien à elle de pratiquer la poignée de main : sans effusion, en l'accompagnant d'un hochement de tête très bref et d'un sourire de courtoisie qui ne s'attarde pas. On ne verra plus passer sur Twitter ou Instagram les extraits de sa voix monotone, jamais égayée par des effets de manche, par des astuces destinées à séduire ou par de quelconques slogans concoctés par un conseiller en communication dont elle n'a jamais voulu. Les efforts d'affichage n'étaient pas son genre, pas plus que les effusions enthousiastes dont elle considérait le plus souvent, à moins qu'elles n'accompagnent un but marqué par la Mannschaft, qu'elles étaient inutiles, donc incongrues. On ne s'interrogera plus sur la couleur du jour de sa veste, seule variation manifeste d'une humeur résistante à toutes les tempêtes. On ne la verra plus car, j'en suis quasi certaine, quand Angela Merkel quittera la chancellerie, elle quittera la politique officielle pour de bon. On n'apprendra pas sa nomination à un poste institutionnel dans les affaires internationales. Elle ne commentera pas la politique de ses successeurs. Elle ne s'érigera pas en conscience morale et se refusera absolument à jouer le rôle modèle auquel elle pourrait prétendre. Sans doute ressurgira-t-elle de temps à autre à la faveur d'un discours, un jour où elle en aura assez de refuser systématiquement les demandes qui s'accumuleront, ou quand la démocratie ou le multilatéralisme traverseront à nouveau une mauvaise passe, ou le moment où elle l'estimera vraiment nécessaire. Elle n'acceptera pas un nouveau poste à responsabilités mais s'engagera dans des actions sociales, soutiendra ici et là des projets pour des pays en voie de développement et pour toutes autres causes liées à ses valeurs, celles qui la structurent depuis l'enfance et sont le véritable moteur de son ambition.

Elle voyagera. Elle rêve de Russie, d'Amérique et de grands espaces. Elle rêve de Tolstoï et de Pasternak, de la Volga et du Transsibérien. Elle rêve des montagnes Rocheuses, des cactus de Californie et du monde libre qu'elle s'était donné pour but de visiter une fois qu'elle serait vieille, quand elle était enfant en Allemagne de l'Est et qu'il n'y avait pas d'autre horizon que les barbelés et les miradors. Elle s'occupera des tomates dont elle racontait la maturation à ses proches collaborateurs, lors de leur réunion du lundi matin à la chancellerie, après le week-end passé à les bichonner dans sa datcha du Brandebourg. À 67 ans, Angela Merkel fera ses premiers pas en liberté, elle qui en a été empêchée pendant près de deux fois trente ans : de 1954 à 1989 sous la dictature est-allemande, puis de 1990 à 2021 sous les feux de la rampe – députée, ministre, secrétaire générale de l'Union chrétienne démocrate (CDU), présidente du parti, chancelière et chancelière encore, sans interruption. L'argent et le luxe ne l'intéressent pas. Elle s'aventurera sur les chemins de randonnée en montagne qui occupaient déjà ses vacances. Elle s'intéressera aux découvertes scientifiques, sa passion inaboutie. Elle sera la « première dame » de son mari, le professeur Joachim Sauer, éminent professeur émérite de chimie quantique et théorique à l'université Humboldt, qui a accompli dans la discrétion son rôle de « premier homme ». Elle visitera la douzaine d'universités qui l'ont gratifiée d'un doctorat honorifique, de la Finlande à Israël. Elle prendra du temps avec les étudiants pour parler de politique et de chimie – elle aussi. S'il n'avait pas disparu en octobre 2020, elle serait allée rendre visite à Rudolf Zahradník, le vieux professeur dont elle avait suivi les cours de chimie quantique lors d'un stage en Tchécoslovaquie et à qui elle n'a cessé de rester fidèle. Le goût de son jardin potager et des marches en montagne ne la transformeront pas en « Frau Müller », ainsi que les Allemands désignent leur ordinaire « Madame Dupont ». Mais Angela Merkel, pour la première fois, savourera une liberté qu'elle n'a, au fond, jamais connue.

Angela Merkel s'en va et j'en éprouve un malaise étrange. Elle va me manquer, mais pourquoi ? Est-ce de l'accoutumance que vient la peur du vide ? Pendant seize ans, où que l'on habite en Europe, cette dirigeante totalement atypique aura fait partie de notre paysage quotidien, contemporaine de l'explosion des réseaux sociaux, donc plus présente que ses prédécesseurs sur les écrans de toutes sortes et souvent en boucle sur les chaînes d'info. Personne ne peut se prévaloir comme Angela Merkel d'une telle longévité à la tête d'une grande puissance par des moyens démocratiques et transparents. Personne n'a comme elle décidé volontairement de mettre fin à ses fonctions malgré un taux de popularité avoisinant les 80 %. À l'exception de Vladimir Poutine, de Recep Tayyip Erdoğan et de Viktor Orbán, dans des genres, disons plus musclés et plus opaques, jamais une personnalité étrangère contemporaine n'aura à ce point fait partie de nos vies françaises. Et jamais un dirigeant n'aura à ce point fait partie de la mienne, tant Angela Merkel m'occupe, m'intrigue et me fascine. À force, il faut bien le dire, cela ressemble à de l'attachement. Seize ans que je la scrute et que je la piste, depuis cette soirée électorale du 18 septembre 2005 où un chancelier allemand volubile et flambard, candidat à sa propre succession, refusait de s'avouer perdant et exprimait dans une bouffée de mépris et d'arrogance virile sa conviction que « elle » – comme il disait en désignant cette femmelette venue de l'Est, avec son air timide et sa sobre veste noire – ne serait jamais chancelière à sa place. L'intéressée le fixait du regard et l'écoutait parler sans broncher. Ses lèvres esquissaient tout juste un sourire imperceptible. Gerhard Schröder n'avait pas compris à qui il avait affaire.

Moi non plus. Angela Merkel n'était pas entrée jusqu'alors dans mon champ de vision. Quant à mon histoire personnelle avec l'Allemagne, elle n'avait commencé que quelques années plus tôt, sans que je le sache et là où je l'attendais le moins : en Albanie, à la fin de la guerre du Kosovo. Installée pour *Le Monde* à côté du poste-frontière de Morina à une vingtaine de kilomètres de Kukës, au nord-est de l'Albanie, j'attendais là le moyen d'entrer dans ce territoire au statut contesté, le Kosovo, peuplé majoritairement d'Albanais mais alors rattaché à la Serbie qui s'y accrochait à coups de purifications ethniques. Des réfugiés kosovars avaient établi des camps de fortune à la frontière albanaise en attendant de rentrer chez eux. Les combats n'étaient pas encore achevés, les soldats serbes, pas encore partis, des coups de feu et des tirs de roquettes trouaient parfois le silence, des Kosovars tentaient parfois une sortie sur le no man's land qui entourait la baraque de la douane, envoyant des projectiles, mettant le feu aux pneus, arrachant aux voitures les plaques d'immatriculation marquées de l'étoile rouge yougoslave, s'attaquant rageusement aux derniers symboles de l'oppression. On n'avait pas de portables fonctionnels ni Internet à l'époque, mais la rumeur commençait à se répandre que l'armée serbe avait baissé les armes et que les contingents de la KFOR (la force de l'OTAN au Kosovo) allaient pénétrer dans la province par différentes entrées. Le 13 juin 1999, au petit matin, un bruit est monté de la vallée, pour devenir un vrombissement cacophonique : une colonne de tanks et de blindés fonçait vers le poste-frontière de Morina, qu'ils ont franchi sous nos yeux. Sur les carrosseries, des petits drapeaux noir-jaune-rouge : c'était le contingent allemand de la KFOR, à qui le commandement de l'OTAN avait attribué le versant sud de la province. Le Kosovo s'ouvrait par les Allemands. Il suffisait de les suivre pour pénétrer dans le pays. Mon interprète albanais et moi attendions notre tour dans la file de voitures pleines à craquer de bagages et de familles kosovares en exil, pressées de retrouver leur pays perdu.

Un jeune soldat allemand était posté à la frontière pour vérifier l'identité des entrants. Il avait un casque rond, une bouille d'enfant. Il nous a fait un salut militaire et a jeté un coup d'œil à l'intérieur. «*Ausweis ! Passport, bitte !*» a-t-il demandé avec un grand sourire, l'air presque timide. Mon interprète était terrorisé. Ce n'était pas le jeune homme en uniforme qui l'impressionnait, mais la perspective des miliciens et derniers soldats serbes en vadrouille, ses ennemis, qu'il redoutait de croiser de l'autre côté. Pour moi, c'était l'inverse. La vue de cet homme au casque rond me plongeait dans une perplexité telle que j'en oubliais les milices. Un militaire allemand qui vous sourit et vous demande votre *Ausweis* en ajoutant « s'il vous plaît », quand on a été bercé par les récits familiaux de la Seconde Guerre mondiale, par les images gravées de la Wehrmacht et la mythologie des films de guerre, c'était stupéfiant. Au-delà de ce jour de fête qui marquait la fin des guerres yougoslaves, j'avais le sentiment d'assister à un moment inouï de l'histoire européenne. Les Allemands avaient déjà commencé à émerger de la culpabilité du nazisme qu'ils traînaient depuis un demi-siècle. Celui qui exerçait alors le pouvoir à la tête du gouvernement, Gerhard Schröder, né en 1944, était le premier chancelier à n'avoir pas connu la Seconde Guerre mondiale. Mais là, déjà, ce 13 juin 1999, une page se fermait pour de bon, une autre s'ouvrait. Des Allemands dans l'uniforme de la Bundeswehr étaient acclamés en libérateurs. Des enfants couraient après les tanks et agitaient des drapeaux allemands en poussant des cris de joie. J'ai compris ce jour-là que le XXe siècle était terminé, que l'Europe qui se construisait pouvait l'emporter sur les guerres déclarées au nom du nationalisme et du racisme et qui couvent toujours. Plus tard, j'ai découvert l'Allemagne, sa reconstruction politique exemplaire, son Bundestag avec sa coupole tout en verre sur les ruines du Reichstag, sa transparence démocratique, la solidité de ses institutions, son sens civique. Mais mon admiration pour ce pays a commencé là, sur la route de Pristina. Et je n'allais pas tarder à découvrir que la première chancelière née après la guerre, Angela Merkel allait donner son incarnation et son visage à cette nouvelle Allemagne, au point de devenir la « Mutti » (Maman) de son pays et la « Angie » de son parti, accueillie comme une star de rock sur un air des Rolling Stones.

Le jour du soldat allemand à la bouille d'enfant, Angela Merkel n'était pas dans mon champ de vision. À l'exception d'un petit clan extrêmement restreint, personne ne savait qu'elle mijotait le meurtre politique de son mentor, le chancelier Helmut Kohl, et la guerre libératrice des soldats allemands n'était pas sa préoccupation du moment. Quelques mois après le 22 décembre 1999, elle allait réaliser son premier coup de génie machiavélique en signant une tribune fameuse dans le *Frankfurter Allgemeine Zeitung*, pour achever le règne de Kohl et prendre sa place à la présidence du grand parti chrétien-démocrate, la CDU. Cinq ans plus tard, elle était élue chancelière, la première femme à ce poste, la première venue de l'autre côté du rideau de fer. Elle arrivait d'un monde enfoui, l'ancienne République démocratique allemande condamnée à la double peine du nazisme et du communisme. Elle arrivait de cette moitié totalitaire de l'Europe que l'autre avait laissé tomber après Yalta. Elle s'apprêtait à diriger ce pays réunifié qui n'avait alors que quinze ans d'existence, l'actuelle

Allemagne fédérale. Elle allait devenir la seule grande dirigeante d'une grande puissance démocratique, dans les sommets du G8 ou du G20, à ne pas être née dans le confort de la démocratie mais dans une dictature, sous contrôle soviétique.

Angela Merkel va me manquer et ce n'est pas par mélancolie. De tous les dirigeants majeurs des grands pays occidentaux, elle est la seule à avoir connu cet autre monde géographique, politique, psychologique : l'Est de l'Europe, le mauvais côté du Mur, l'expérience intime de la dictature et du totalitarisme. La seule parmi eux à pouvoir parler de démocratie et de liberté en ayant vécu dans sa chair ce qu'en être privé veut dire. Elle est une femme dans un milieu d'hommes, une fille de pasteur dans un milieu de catholiques, une divorcée dans un milieu de conservateurs, une Ossie (une Allemande de l'Est) dans un milieu d'Occidentaux. Elle vient de l'Est, elle vient d'ailleurs. Ce qui était une faiblesse est devenu une force et fait sa profondeur : aucun des homologues étrangers qu'elle a vus défiler, de George W. Bush à Joe Biden, de Tony Blair à Boris Johnson, de Jacques Chirac à Emmanuel Macron, ne sait comme elle ce que la liberté veut dire, n'ayant jamais connu autre chose. Il n'y a qu'elle, à l'Ouest, pour en mesurer le prix. Václav Havel, pourvu d'une sagesse et d'un courage plus impressionnants encore, avait certes assuré la transition d'un pays de l'Est, l'ancienne Tchécoslovaquie, vers l'Europe libre. Mais Angela Merkel est la seule à diriger une grande et vieille puissance occidentale – la première en Europe, la quatrième dans le monde – tout en ayant passé au moins la moitié de sa vie – jusqu'à l'âge de 35 ans – de l'autre côté des barbelés. Pour Tony Blair, l'ancien Premier ministre britannique qui l'a fréquentée dans les Conseils européens et en tête-à-tête pendant deux ans, entre 2005 et 2007, cette personnalité inclassable ne s'expliquait pas par les clivages politiques habituels mais par le fait qu'elle a connu deux systèmes : « Elle était plus centriste que conservatrice. Politiquement, nous n'étions pas si dissemblables. Ce qui nous différenciait fondamentalement, c'était une question de provenance : son passé à l'Est. »

Angela Merkel va me manquer parce qu'elle est absolument différente. En seize ans à la tête de la première puissance économique européenne, le pouvoir n'a jamais eu raison de ses principes et de sa personnalité. Elle n'a pas changé. L'argent au-delà du nécessaire lui est égal, le luxe l'ennuie franchement, l'arrogance et la vantardise lui sont étrangères, comme avant. La maison d'hôtes perdue dans la campagne où elle se rend chaque année pour assister au festival de Bayreuth est aux antipodes des palaces à spas et piscines où barbotent les grands de ce monde. Elle parle d'égal à égal avec les collaborateurs qui travaillent les dossiers, s'intéresse à eux autant qu'aux chefs d'État et de gouvernement qui ne font pas toujours preuve de la même modestie. Elle persiste à refuser les demandes pressantes d'interviews de la part des plus grands médias internationaux. Sa voiture de fonction s'arrête aux feux rouges comme tout le monde. La stabilité qui caractérise sa politique est à l'image de sa propre constance et semble avoir déteint sur chacun des membres de son équipe rapprochée, tous aussi discrets qu'elle, et dont elle ne s'est jamais séparée. Elle garde sa vie privée pour elle, ne met pas en scène son image, ne recherche pas la notoriété, rechigne à s'exposer et ne se vante d'aucun exploit. Seize ans de pouvoir et l'humilité intacte. S'il fallait lui chercher un équivalent dans le monde, seule une dirigeante tout aussi atypique pourrait lui faire écho : la reine d'Angleterre – dont la fonction de gouverneur suprême de l'Église anglicane ajoute quelques similitudes lointaines avec la fille de pasteur devenue chancelière. Seule Élisabeth II, encore plus économe en interviews et interventions publiques, aurait pu donner une réponse semblable à celle que fit Angela Merkel lors d'une réunion dans sa circonscription du Mecklembourg-Poméranie-Occidentale, à Stralsund : « Que voulez-vous que les livres d'histoire retiennent de vous dans cinquante ans ? » avait demandé un participant. La chancelière s'était contentée de cette phrase étonnante : « Elle n'a pas ménagé sa peine. »

On a pris l'habitude de la réduire à ses origines de l'Est alors que cette Allemande aux racines polonaises est à la fois de l'Est et du Nord. Elle est une enfant de la Baltique où elle est née en juillet 1954 à Hambourg, côté Ouest, et une élue de la Baltique où elle est revenue en décembre 1990 comme députée de Stralsund, côté Est, après une jeunesse dans la campagne du Brandebourg. Elle est aussi une protestante, dans une dictature communiste où la religion est perçue comme ennemie du régime et opium du peuple. Cela fait beaucoup de raisons de se méfier en famille. De l'Est, Angela Merkel a appris la prudence. Du Nord, elle a hérité l'austérité. De son père pasteur et de son éducation chrétienne en milieu hostile, elle a compris la nécessité des petits arrangements, des compromis, des doubles jeux, l'art de tracer son chemin sans se faire remarquer. De sa naissance après la guerre, presque dix ans après la chute d'Hitler, et dans une République démocratique allemande passée sous tutelle de l'Union soviétique, elle a acquis une attitude plus décomplexée vis-à-vis de la Seconde Guerre mondiale. De sa jeunesse passée à côté d'un centre de handicapés, ses camarades de jeu, elle a appris à respecter l'humain dans toute sa différence. De sa formation scientifique, enfin, elle a acquis une puissance et une froideur d'analyse dont ne peut se targuer aucun de ses homologues mondiaux. Femme, physicienne, protestante, de l'Est, du Nord et sans expérience politique, Angela Merkel a débarqué comme un ovni dans le grand parti chrétien-démocrate (CDU), où les mâles catholiques de l'Ouest avaient pris depuis des lustres leurs habitudes de barbons. Ils n'ont pas vu venir celle que les gens de l'Ouest ne reconnaissent pas comme des leurs et que les gens de l'Est n'ont pas davantage pu saisir, tant la chancelière ne s'est jamais laissé enfermer dans aucune appartenance. « La femme la plus puissante du monde» ne ressemble à personne, pense autrement, raisonne différemment, se réforme, se transforme, change d'avis et ne considère jamais comme acquises les évidences du moment. Son vieux professeur de mathématiques, que j'ai rencontré dans sa maison du Brandebourg, avait bien repéré son originalité et ses qualités exceptionnelles : «Angela s'attaquait aux problèmes par un cheminement souvent différent et plus rapide que celui proposé par le corrigé académique. [...] Elle n'abandonnait jamais. Jamais elle ne disait que c'était impossible. Elle cherchait dans tous les sens, et elle trouvait toujours.»

Le totalitarisme, le protestantisme, les sciences. L'Est et le Nord, l'après-guerre, le rêve d'Amérique. Les clés de l'énigme Merkel ne se décryptent pas séparément mais seulement toutes ensemble. Rarement un dirigeant aura été façonné par son passé comme l'a été cette chancelière, pendant les trente-cinq premières années de sa vie, jusqu'à la chute du Mur. Son ambition patiente et prudente, sa longévité au pouvoir, son machiavélisme de joueuse d'échecs, son style et ses méthodes de gouvernement, son manque d'audace à réformer comme parfois, tout au contraire, la virulence de ses prises de position sur des questions de principe : tout Angela Merkel s'explique par son expérience complexe des valeurs et d'une vie entre deux mondes, d'un monde à l'autrc, d'Est en Ouest.

Angela Merkel va me manquer parce qu'elle est une dirigeante morale. Le terme peut sembler comique à propos d'une telle femme de parti, de pouvoir et de petits calculs, qui a épaté le milieu politique allemand par son talent insoupçonné de tacticienne et de tueuse professionnelle. Dans son accession au sommet, la morale de Merkel trouve ses sources chez Machiavel et Calamity Jane plus qu'elle n'est inspirée par le Mahatma Gandhi. De la petitesse politicienne et des manœuvres à n'en plus finir pour éliminer ses ennemis et tenir sa majorité. Il y eut aussi du médiocre chez Angela Merkel. La population grecque ne lui a jamais pardonné son manque d'audace, de solidarité et de vision lors de la crise des dettes souveraines de 2011, qui a étranglé les Grecs et coûté cher à l'Union européenne. Elle n'a pas non plus la stratégie à long terme de ces visionnaires qui ont marqué l'histoire et jusqu'à la dernière année de son règne, où la pandémie l'a révélée et conduite à une véritable révolution, on ne pouvait la créditer d'aucune réforme structurelle d'envergure. Elle a souvent privilégié les intérêts des industriels et des contribuables allemands au détriment de la solidarité européenne. Au nom des entrepreneurs allemands, elle a montré un empressement exagéré à signer un accord de principe mal ficelé entre l'Union européenne et la Chine sur les investissements. Elle s'est battue pour empêcher l'abandon du gazoduc Nord Stream 2, symbole encombrant de la dépendance de l'Allemagne à la Russie de Vladimir Poutine. Pour autant, elle n'a jamais hésité à recevoir le dalaï-lama, ennemi public numéro un du régime chinois, ni à dénoncer les crimes du Kremlin tels que l'empoisonnement de l'opposant Alexeï Navalny, accueilli dans un hôpital allemand. Angela Merkel va me manquer parce qu'au-delà de son pragmatisme, sa cohérence politique est fondée sur des valeurs et des principes plus que sur une stratégie.

En 2015, lorsqu'elle a demandé spontanément à l'Allemagne d'accueillir des centaines de milliers de migrants en détresse, fuyant la guerre et les atrocités en Syrie et ailleurs, on a beaucoup glosé sur l'action de la chancelière. Ceux qui l'accusent à tort d'avoir « ouvert les frontières » de l'Allemagne n'ont pas compris que dans l'espace Schengen les frontières sont par définition ouvertes et qu'elle n'a donc pas pu les « ouvrir ». Elle aurait éventuellement pu les fermer – avec des moyens militaires et policiers qui auraient fait aboyer les imbéciles bien davantage encore. Imaginez : des soldats aux frontières de l'Allemagne ! Merkel est une nazie ! Certains lui ont reproché un « coup politique », une petite dose de vertu affichée pour remonter dans les sondages. Les mêmes déploraient d'un air désolé que tant d'humanisme ait provoqué une montée de l'extrême droite et l'affaiblissement de son parti, invalidant ainsi d'eux-mêmes leur pseudo-thèse du « coup politique ». D'autres l'ont accusée d'avoir « calculé » l'entrée massive de migrants, pour pallier le déficit démographique de l'Allemagne, casser pour son profit les salaires et les avantages acquis, osant même avancer qu'elle avait anticipé le niveau social des premiers arrivants, plus riches et plus diplômés que les suivants. Des dirigeants français se sont permis des critiques publiques pour dissimuler leur propre lâcheté et ne pas admettre que l'humanité de l'Allemagne, bien seule avec la Suède et l'Autriche à l'époque, sauvait notre honneur à tous. Ce million de migrants se trouvaient déjà sur le continent européen mais plus loin, suffisamment loin pour ne pas gêner leurs regards irresponsables. Qu'auraient-ils dit si l'Allemagne, au lieu de laisser les frontières ouvertes, avait édifié un mur ou envoyé l'armée pour refouler des malheureux à ses frontières, en plein milieu de l'espace Schengen ? En 2015, Angela Merkel a sauvé notre honneur et elle en a politiquement payé le prix. Elle n'a pas fermé les frontières au nom d'un socle d'histoire et de convictions qui la définit tout entière. L'Européenne, l'Allemande de l'Est, la chrétienne qui a passé trente-cinq ans de sa vie du mauvais côté des barbelés n'abandonne pas des êtres humains à leur sort quand les hasards de l'existence l'ont amenée à se retrouver, elle, dans un pays de libertés.

Angela Merkel va nous manquer parce qu'elle incarnait un monde où la vérité pouvait encore être écoutée. Le monde d'avant le trumpisme et son amplificateur, les réseaux sociaux. Le monde d'avant l'invention des « faits alternatifs », du mensonge érigé en stratégie politique, de la mise en doute systématique de la vérité, du brouillage des repères entre le vrai et le faux. Angela Merkel est une dirigeante pour qui les mots comptent. Elle préfère le réel à sa communication. On ne l'a jamais prise en défaut de promettre plus qu'elle n'est capable de faire. Elle aura eu cette pratique « fatigante » de la démocratie que décrivait ainsi l'un de ses combattants les plus héroïques, Václav Havel, l'ancien président de Tchécoslovaquie : « L'inconvénient naturel de la démocratie est qu'elle est extrêmement fatigante pour ceux qui la pratiquent honnêtement, alors qu'elle permet presque tout à ceux qui ne la prennent pas au sérieux. » Angela Merkel s'est fatiguée dans l'exercice du pouvoir, parce qu'elle savait mieux que d'autres le prix de la liberté. Elle s'est fatiguée à préférer au cynisme ces choses ennuyeuses – la morale, les principes, l'État de droit, l'unité européenne – parce qu'elle savait mieux que d'autres combien la paix et la démocratie ne sont jamais acquises. Merkel aura été l'anti-Trump, l'anti-Johnson, l'anti-populisme par essence et par excellence. Elle était un repère dans un monde angoissant. Son départ nous inquiète car il nous fragilise. Une digue est rompue.

2

Où est l'ego d'Angela?

« Angela, on ne peut jamais voir
ce qu'elle a en tête. »
Herlinde Koelbl

Elle se tient debout, un peu gênée, ne sait pas bien quoi faire de ses mains. Elle a les cheveux courts à la garçonne, pas le moindre maquillage et un petit air de Jean Seberg en 1960, trente et un ans plus tard. Elle porte un pull à col roulé sous un gilet en laine bien sage dont n'auraient voulu pour rien au monde les jeunes femmes libérées des années 1960. Elle fixe l'objectif comme nous regarderait un animal qu'on a dérangé dans ses activités en pleine forêt, à ce moment précis où la curiosité finit par l'emporter sur l'inquiétude. Elle ne sourit pas, mais un très léger rictus sous-entend qu'elle n'en pense pas moins et a déjà tout compris. Sur la photo en noir et blanc, on croit même voir le bleu des yeux, tant leur pâleur est intense et lucide. Les paupières en amande donnent au regard un mélange de sérénité et de détermination. Angela Merkel obéit, s'assied sur la chaise posée dans le décor blanc, se relève. « Ne cherchez pas à poser, ne souriez pas comme les politiques, regardez simplement vers moi », lui a dit la photographe.

Cela se passe en octobre 1991. L'Allemagne coupée en deux par la guerre froide vient tout juste d'être réunifiée. La ville de Bonn accueille toujours le siège du gouvernement en attendant le déménagement à Berlin, nouvelle capitale administrative du pays. Angela Merkel a 37 ans et on lui en donnerait à peine 25. Elle a achevé la longue première partie de sa vie dans un pays satellite de l'Union soviétique, celle d'un monde disparu, enfermé derrière des barbelés et gardé par des soldats en armes, où la liberté se gagnait en silence dans le secret des cercles d'amis. Le Mur tombé, elle est passée de l'autre côté à tout point de vue, abandonnant ses recherches en physique et sa vie d'avant. La politique l'a saisie d'un coup tout entière. Elle vient d'être élue députée et nommée ministre fédérale des Femmes et de la Jeunesse dans le gouvernement d'Helmut Kohl. Le chancelier déjà légendaire, au pouvoir depuis neuf ans, l'a prise sous son aile avec paternalisme et la surnomme « *das Mädchen* » (la petite, la gamine). Elle est nouvelle dans le métier, n'a ni notabilité ni bastion, le grand public connaît à peine son nom mais une photographe, Herlinde Koelbl, la repère. Car la chute du mur de Berlin, la réunification, le chambardement politique et le recommencement presque absolu de l'Allemagne ont inspiré à cette artiste un projet : repérer quinze personnalités au début de leur carrière et les photographier chaque année en observant leur évolution. Étudier ce qu'ils font, ce qu'ils sont, comment ils se comportent face aux crises qu'ils traversent, s'ils perdent ou s'ils gagnent, s'ils sortent ou s'ils restent, leur désir de pouvoir et comment le pouvoir les change. Le contrat qu'elle leur propose est le suivant : chacun s'engage à poser pour une photo chaque année, pendant huit ans – le temps de deux législatures. Au terme de ces huit années seulement, et pas avant, les huit photos seront publiées dans un livre, par ordre chronologique. La photographe observe les inconnus et les choisis en fonction de trois critères : l'énergie et la force de personnalité qu'ils dégagent, ce qu'elle ressent de leur ambition, et l'intuition qu'elle a de leur avenir. À voir leur palmarès futur, elle n'a pas trop mauvais instinct. Sur les quinze, certains ont quitté la sphère publique, d'autres ont connu leur heure de gloire, éphémère ou plus durable. L'un d'entre eux, alors ministre Vert dans le gouvernement du Land de Hesse, est devenu ministre fédéral des Affaires étrangères : Joschka Fischer. Deux sont devenus chanceliers : Gerhard Schröder et… Angela Merkel.

Quand Herlinde Koelbl propose le marché à cette dernière, ce jour d'automne 1991, « la petite » hésite un instant : « Huit ans ! Mais c'est maintenant que j'ai besoin d'avoir des photos de moi dans la presse.

Pas dans huit ans ! » Angela Merkel est déjà plus attachée à analyser l'instant présent qu'à tirer des plans sur la comète. En bonne scientifique, elle se concentre sur les faits dont elle dispose, pas sur les projections hypothétiques. Néanmoins, elle signe. Va pour dans huit ans. En 1998, elle transforme l'essai et signe pour une prolongation, une nouvelle série de photos annuelles dont elle ne soupçonnait pas qu'elle ne s'achèverait pas avant l'été 2021. Dès le premier jour, la photographe n'est pas dupe : la jeune Angela avait peu de doutes sur son avenir politique. Sans imaginer la chancellerie, elle sait qu'il ne s'arrêtera pas au ministère des Femmes et de la Jeunesse. « Ce qui m'a frappée, me raconte Herlinde dans son atelier en banlieue de Munich, c'est à quel point elle était à la fois timide et volontaire. Contrairement à tous les autres, qui étaient familiers du système et en faisaient partie, elle était nouvelle dans son métier et pas du tout comme un poisson dans l'eau. Mais il se dégageait d'elle une énergie, une force, une intelligence qui n'étaient pas communes. Une sorte d'entêtement aussi. J'ai tout de suite eu le sentiment qu'elle savait qu'elle deviendrait quelqu'un d'important. »

Herlinde, elle, ressemble à une extralucide, avec sa chevelure rousse excentrique, son visage gracieusement ridé et ses yeux verts qui vous laissent parler sans rien dire. Elle n'est pas bavarde immédiatement et vous dévisage un bout de temps avant de vous accorder sa confiance. De quoi plaire à Angela Merkel qui est faite du même bois. Mme Koelbl, de son côté, a tenté de comprendre cette force de caractère hors du commun, perceptible dès la première séance, qui lui avait donné envie de la sélectionner. « Le plus étonnant chez elle, c'est qu'elle n'a pas d'ego, analyse Herlinde. Contrairement à Schröder ou Fischer, par exemple, qui avaient déjà un ego très fort. Merkel n'en a pas, ou plus exactement, elle n'a pas de vanité. Elle n'est pas vaine. C'est une immense force, et c'est important pour la saisir. La vanité fait de toi quelqu'un de vulnérable parce qu'elle te rend sensible à la flatterie. Si tu es vaniteux, à un moment ou un autre, tu te fais avoir. Angela a un esprit si analytique qu'elle échappe à cela. L'ambition, en revanche, elle l'avait dès le début. Comme tous ceux que j'ai photographiés dans cette série, elle savait ce qu'elle voulait – forcément : sinon elle ne serait pas arrivée là où elle est, et n'y serait pas restée. Mais contrairement à eux, elle faisait très attention à ne pas le montrer. » La photographe se souvient de Schröder qui, alors qu'il était ministre-président de Basse-Saxe, parlait sans cesse de conquérir la chancellerie. « J'y entrerai ! » « Je serai chancelier ! » Herlinde l'imite, appuyant sa déclaration d'un regard décidé. « Schröder le disait dès 1991. Il n'avait aucun doute ni aucune hésitation à en faire part. Mais quand tu es une femme et que tu viens de l'Est, tu ne dois pas avouer ton ambition. Ça, elle l'a tout de suite compris. Angela, on ne peut jamais voir ce qu'elle a en tête. Jamais elle n'a dévoilé ses intentions pour l'étape suivante. Car si les hommes de son parti s'en étaient rendu compte, ils lui auraient barré la route. Si elle avait montré un tant soit peu qu'elle voulait le pouvoir, elle ne l'aurait pas eu. »

En écoutant Herlinde, je me suis laissée aller à une pensée attendrie pour Helmut Kohl, premier d'une longue série à avoir sous-estimé Angela Merkel, et à en avoir payé le prix fort. M'est aussi revenue à l'esprit cette phrase sublime confiée un jour par la chancelière à un de ses proches, qui me l'a répétée : « Je ne suis pas vaniteuse. Je sais utiliser la vanité des hommes. »

Au bout de huit ans, le contrat entre Angela et Herlinde expire. La photographe peut rassembler les photographies annuelles de ses quinze novices sélectionnés, mais aussi le script des entretiens filmés qu'elle menait avec chacun d'eux, une fois par an. Les lire avec recul est passionnant. Ils se plient tous à l'exercice sans broncher et répondent consciencieusement aux questions personnelles que leur pose la photographe sur nombre de sujets : leurs parents, ce qui les a influencés, comment ont-ils tracé leur route, comment se sentent-ils dans la lumière, de quoi ont-ils peur, quelles sont les qualités importantes pour faire carrière, sacrifient-ils leur famille, aiment-ils les défis, qu'ont-il appris pendant l'année écoulée… Dès la première année, les réponses d'Angela Merkel reflètent son esprit analytique autant que sa lucidité sur elle-même. La jeune ministre s'est d'abord pliée à ce rituel, dont elle se demandait pourquoi elle avait accepté de s'y soumettre. D'année en année, elle y a pris goût et a fini par s'attacher à cette taiseuse rigolote qui lui donnait des ordres. Elle lui écrit ces quelques phrases, en guise de remerciement : «Au début, je trouvais ces entretiens incroyablement pénibles. Je me suis rebellée et j'étais tout sauf heureuse quand vous étiez de retour devant la porte. Je me disais : "C'est vraiment n'importe quoi !" [...] Et puis j'ai remarqué que j'en venais peu à peu à me demander : "Tiens, est-ce que Mme Koelbl est déjà venue cette année ?" J'ai donc dû me rendre à l'évidence que j'étais en fait assez vaniteuse pour trouver votre projet intéressant [...]. Ma rébellion initiale s'est transformée en acceptation du projet. À vrai dire, c'est tout à fait incroyable.»

Le recueil de ces huit premières années, intitulé *Spuren der Macht* (Les traces du pouvoir), paraît en 1999. Quelle date chargée ! Cette année-là, Gerhard Schröder est bien devenu chancelier fédéral comme il l'avait annoncé. Son ministre des Affaires étrangères, également vice-chancelier, n'est autre que son camarade d'ego et autre client de la photographe : Joschka Fischer. Deux autres jeunots inconnus, Heinrich von Pierer et Frank Schirrmacher, sont respectivement PDG de la multinationale Siemens et rédacteur en chef du *Frankfurter Allgemeine Zeitung* (*FAZ*), le grand quotidien conservateur qui contribue à façonner la société allemande. Quant à «la petite», elle est précisément en train de mijoter sa fameuse tribune de décembre 1999 dans le *FAZ*, par laquelle elle déboulonnera la statue Helmut Kohl pour s'installer à la tête du premier parti d'opposition, la CDU. Personne ne le sait encore quand le livre paraît, et elle n'est d'ailleurs pas mise en avant sur la couverture, alors qu'elle s'apprête à détrôner tous les autres dans la grande histoire. Celle qui voulait des photos dans la presse « maintenant » s'est prise au jeu et signe avec la photographe pour une nouvelle tournée, laquelle ne prendra fin qu'en août 2021, où le rendez-vous est pris pour la dernière séance.

À la fin de la première série, en 1998, Angela est très nettement prête à passer à la vitesse supérieure. Elle n'est plus tout à fait la même, beaucoup plus sûre d'elle. Le 30 décembre de cette année, elle épouse Joachim Sauer, le compagnon dont elle partage la vie depuis les années 1980. La coupe à la Jean Seberg a cédé la place à un carré à frange ennuyeux ; le gilet en laine, à une large veste à carreaux tombant sur une jupe noire très « dame ». Pour la première fois, quand elle se tient debout, elle n'est plus embarrassée avec ses mains dont elle ne savait que faire. Ce qu'on ne voit pas sur la photo choisie pour le livre, car elle est assise, c'est qu'elle a trouvé cette année-là une astuce qui lui simplifie la vie dans ses apparitions publiques qui deviennent plus nombreuses : accoler les deux extrémités des deux pouces, et pareil pour les quatre autres doigts. Le résultat dessine un losange et Angela Merkel, dès lors, ne s'en départira plus. Le « losange » devient sa marque de fabrique et l'un des symboles utilisés sur les mugs, tee-shirts et autres dérivés industriels de l'icône pop que la chancelière a fini par incarner au terme de son règne presque éternel. Des talmudistes improvisés se sont perdus en interprétations farfelues sur les significations que la chancelière aurait voulu donner à cette forme géométrique : la paix ? l'harmonie ? l'amour ? Non. Beaucoup plus simplement, un truc pour se sentir à l'aise. « On en a parlé ensemble après, me dit Herlinde. Une femme peut difficilement mettre les mains dans les poches. Avec les bras ballants, on se trouve bête. Les croiser, ça ne marche pas non plus. Un jour, elle a essayé ça, et ça lui a plu. C'est tout. »

Il faudra attendre sa candidature à la chancellerie pour voir apparaître du maquillage sur le visage d'Angela Merkel, qui n'en faisait pas usage auparavant et s'en serait bien passée. C'est aussi le moment où elle commence à être prise en main par une professionnelle, qui se charge de raccourcir son carré et de le gonfler d'un coup de brushing tous les matins. Herlinde Koelbl scrute toutes les modifications du *body language*, qu'elle s'applique à mettre en valeur par le noir et blanc et le décor dénudé. Angela Merkel change moins que d'autres, elle qui ne s'est jamais laissé séduire par les attributs du pouvoir. « La métamorphose la plus flagrante, note Herlinde, c'est son rapport au temps. C'est une chose qu'ont en commun tous ceux qui deviennent importants : plus ils montent dans la hiérarchie, plus ils perdent patience. L'heure et demie annuelle qu'on passait ensemble au début s'est peu à peu transformée en quinze minutes à la chancellerie... » Angela Merkel en était pourtant consciente et s'est inquiétée très tôt de ce dont la privait son embarquement total dans la politique : « Je ne peux pas imaginer que le reste de ma vie ressemble à ce qu'elle est maintenant. Quelque chose se perd dans cette vie nomade », reconnaît-elle dans son entretien de 1993. Les remarques qu'elle essaime au fil des années sont comme les coups de crayon d'un croquis inabouti, profondément mystérieux. 1991 : « Je ne me sens pas particulièrement sûre de moi, et je ne trouve pas non plus que je sois particulièrement à l'aise. » 1992 : « Je ne fais pas partie des politiciens les plus durs à cuire, mais je sais que je vais m'en sortir. » 1994 : « Une expérience importante cette année a été de comprendre que je ne peux compter que sur moi-même. Sur moi-même et sur mon instinct. » 1995 : « Peut-être que je suis plus blasée. Quand on se trouve face à tant de situations extrêmes, on devient insensible. Il faut développer des stratégies de survie. » 1996 : « Bien sûr, vous empruntez certaines attitudes, pour éviter que tout le monde puisse lire vos sentiments sur le bout de votre nez. » 1997 : « Plus j'avance dans ma fonction politique, plus je change en tant que personne privée. Je ne suis plus comme j'étais. » Quant à cette formule de 1998, prononcée un an avant son entrée fracassante sur le devant de la scène, elle résonne étrangement en 2021, au moment où Angela Merkel quitte le pouvoir pour de bon : « J'aimerais trouver le bon moment pour quitter la politique un jour. Je ne veux pas être une épave à moitié morte. »

En 1991, Herlinde lui pose cette question cruciale : « Êtes-vous ambitieuse ? » Réponse : « Je ne pense pas que tout cela soit possible sans ambition. Et cependant, je ne pourrais pas dire précisément en quoi le plaisir de faire est distinct de l'ambition, d'autant plus que dans mon cas l'ambition n'était pas la condition première. Mon ambition était d'accomplir de manière raisonnée les tâches qui m'incombaient, et cela m'a menée à une ascension assez rapide qui m'effraie un peu. Enchaîner les mandats n'était pas du tout mon but. Je voulais faire partie du premier Parlement de l'Allemagne réunifiée, mais je ne pensais pas devenir ministre, encore moins vice-présidente de la CDU. Parfois, je me demande si tout cela n'est pas trop pour moi, parce que ce que je fais, je veux le faire de manière sensée. »

Quel est le moteur de l'ambition politique d'Angela Merkel ? Sa motivation profonde ? Par quel goût ou pour quelle raison cette femme s'est-elle épuisée à parvenir au pouvoir, à y rester, avant de décider de le quitter délibérément, sans nostalgie et sans façons ? À trois reprises, pendant la chaleur de l'été 2019, Angela Merkel a été saisie de tremblements. Les réseaux sociaux du monde entier ne se sont pas privés de diffuser sous tous les angles les vidéos pénibles de la chancelière allemande lors de cérémonies publiques, impuissante face à ce corps agité qui ne lui obéissait plus. Elle restait stoïque, attendant sans un mot que le malaise veuille bien cesser. Cette image de faiblesse n'était pas ce à quoi nous avait habitués l'insubmersible Mutti, qui avait traversé tant de crises violentes et ininterrompues au sommet de la première puissance européenne, sans presque jamais chanceler. Pour la première fois, elle montrait qu'elle était fatigable. Puis elle est repartie au front, et pas pour un déjeuner sur l'herbe. C'était avant le coronavirus, avant la pandémie, avant la crise économique mondiale, avant le plan de relance européen, et on en passe. D'où cette interrogation, pertinente pour quiconque endosse la responsabilité d'exercer un pouvoir, mais qui vaut d'autant plus pour une femme sans vanité : pourquoi fait-elle tout ça ?

J'ai posé la question à certains de ses amis. « Personne ne peut l'expliquer, assure Herlinde Koelbl. Peut-être parce qu'elle a commencé la politique en 1991, une époque où on pouvait vraiment changer les choses. » « On aimerait bien le savoir, me répond le cinéaste Volker Schlöndorff, qui la connaît depuis 1994. Je vois deux motifs. Le premier est protestant et noble : elle fait le bien pour la patrie, prend sa part de rédemption après les horreurs de la guerre et de l'après-guerre. L'autre, c'est sans doute le goût du pouvoir – encore que chez elle, l'appétit est venu en mangeant. » J'ai demandé à un acteur, Ulrich Matthes. Dans *La Chute*, d'Oliver Hirschbiegel, c'est lui qui joue Goebbels. La chancelière assiste quand elle le peut à ses premières au théâtre et ils ont coutume de dîner en tête-à-tête après la pièce. En août 2012, elle était venue le voir jouer au Deutsches Theater de Berlin. Il était Œdipe dans *Ödipus Stadt*, une pièce politique sur la ville de Thèbes et la famille mythique qui y règne et la détruit dans un enchevêtrement tragique entre pouvoir, contre-pouvoir, meurtres, terreur et compromis ratés. Au dîner, Angela Merkel n'en finissait plus d'analyser les ressorts de la pièce. Le sage Créon l'intriguait : un homme d'État, un dirigeant de compromis, qui prend le pouvoir après une série de meurtres et finit malgré tout par détruire la ville qu'il est censé protéger. Comment est-ce possible? Cela doit-il nous rappeler quelque chose? «Elle réfléchissait à voix haute pendant qu'on mangeait nos *Schnitzel*, se rappelle Ulrich Matthes. Elle reprenait les scènes les unes après les autres, cherchait les interprétations. Elle est extraordinairement intelligente, drôle et curieuse. Elle écoute. Il y a beaucoup d'hommes et de femmes politiques qui vont au théâtre, mais aucun ne m'a parlé d'une représentation avec autant d'enthousiasme et de justesse d'analyse.» Ulrich Matthes n'a pas répondu à ma question. La passion d'Angela Merkel pour les mécanismes du pouvoir suffirait-elle à expliquer son goût du pouvoir?

Je suis allée interroger celui qui fut son meilleur ami à Berlin-Est, où ils étaient ensemble chercheurs en physique à l'Académie des sciences d'Adlershof, dans les années 1980. Michael Schindhelm. Une photo de 1986 le montre assis à table à la gauche d'Angela, elle-même assise à la gauche du compagnon qui deviendra son mari, Joachim Sauer. Les douze chercheurs du département de chimie théorique et de physique quantique et quelques autres sont réunis à dîner autour d'Angela Merkel, 32 ans, qui vient de soutenir le même jour sa thèse de doctorat. Ils se sont installés dans une salle du bâtiment où ils travaillaient et ont rapproché les tables pour festoyer. Sur la photo, on voit des rondelles de saucisson, un cendrier, des tasses de café, un mélange de bouteilles de bière et de vin. Angela, coupe au bol et frange, porte un verre à ses lèvres en souriant. « La politique s'est imposée à Merkel quand l'histoire s'est imposée à nous, estime Michael Schindhelm. La chute du mur de Berlin a radicalement changé les règles du jeu. Nos parents étaient trop vieux pour réinventer leur vie. Mais pour nous s'ouvrait la possibilité d'un changement total. Avec Angela, nous regardions Berlin-Ouest derrière le Mur, par la fenêtre du train. Et tout d'un coup, l'espace s'est ouvert. On découvrait un nouveau monde, et on allait en construire un autre en réunissant les deux Allemagnes. C'est ce défi qui lui a donné l'envie du pouvoir. »

En quittant l'atelier d'Herlinde Koelbl, près de Munich, j'ai pris le train pour Dresde où m'attendait un autre camarade d'Angela Merkel. Un ami d'enfance, celui-ci. Ils vivaient l'un et l'autre à Templin, dans l'ancienne Allemagne de l'Est, et avaient été ensemble les meilleurs élèves en mathématiques à l'école, au collège, au lycée. Ils étaient toute une bande d'amis inséparables, et ils se retrouvaient souvent dans la maison d'Angela. La salle où son père pasteur enseignait aux jeunes séminaristes était parfaite pour organiser des fêtes. Sur une photo, Angela danse un slow avec Hartmut, qui porte des favoris et une sorte de banane à la Elvis Presley. Ils n'ont jamais perdu le contact et se réunissent tous régulièrement. Quand Angela Merkel a été élue chancelière la première fois, en 2005, Hartmut lui a offert une petite statue d'une femme soulevant une lourde pierre. « L'image de la gagnante », dit-il. Quand je lui demande à lui aussi pourquoi elle a tant voulu gagner, puis passer tant d'années à rester au sommet du pouvoir, bref, quel est le moteur de son ambition, il réfléchit quelques secondes et répond d'un coup, sans hésiter : « Son père. »

En route pour Templin, sur les traces du père. Le pasteur Horst Kasner.

3

Un bleu clair très spécial

> *« C'est l'élève la plus douée en maths*
> *que j'aie jamais eue de ma vie. »*
> Hans-Ulrich Beeskow

Les yeux des Allemands de la Baltique sont souvent d'un bleu clair très spécial. À l'Est, l'histoire les a rendus plus mystérieux encore. Comme si une prudence apprise par la force des choses les avait habitués à vous scruter en profondeur sans rien vous révéler. Comme si à la réserve des gens du Nord s'était ajoutée cette méfiance acquise de ce côté-là du Mur, du temps où le régime communiste réussissait son entreprise totalitaire qui consistait à faire de tout camarade un espion, de tout confident un délateur en puissance. Angela Merkel est la femme de deux pôles. L'austérité du Nord lui a été transmise, la prudence de l'Est lui a été apprise. Elle en a développé une retenue souriante, par réflexe. Une détermination sans arrogance. Une force tranquille. Ce bleu clair qui vous transperce comme une lame et vous chuchote aimablement : « Continue à faire ton numéro. Je vois bien qui tu es et tu ne m'auras pas. » Les origines polonaises d'Angela ajoutent une touche de bleu. Sa mère, Herlind Jentzsch, est née en 1928 à Dantzig (Gdansk), du temps où la grande cité portuaire de la mer Baltique avait le statut de « ville libre » sous la protection de la Société des Nations, une ville qui changea souvent de nationalité au gré des guerres et des envahisseurs, avant de redevenir polonaise. Son père, né Horst Kazmierczak, vient d'une famille de Posen (Poznan) – ville rattachée à la Prusse et redevenue polonaise après le traité de Versailles au lendemain de la Première Guerre mondiale – et a émigré à Berlin dans les années 1920. Horst a 4 ans quand son nom est germanisé en Kasner, en 1930. Son père, Ludwig Kasner, a acquis la nationalité allemande et est alors officier dans la police de Berlin. Horst a perdu la vue de l'œil droit mais la couleur est du même bleu clair que sa fille, exactement. Celle qui transperce.

« Pour son père. » Ces trois mots que m'a donnés Hartmut Hohensee, l'ami d'enfance d'Angela Merkel, en guise d'explication de son ambition politique, sont semés comme des petits cailloux sur la route de Templin. La ville est plus jolie que je l'imaginais, avec ses maisons colorées, sa rivière et son air d'Europe centrale planté dans la campagne de l'Uckermark, cette sous-région du Brandebourg. Paysans, artisans, commerçants, ils étaient quatorze mille habitants du temps de l'enfance d'Angela, à peine plus aujourd'hui. C'est une ville ordinaire de l'ancienne Allemagne de l'Est au milieu de nulle part, entourée de forêts et de lacs, à une heure et demie au nord de Berlin, à égale distance de la capitale allemande et de la frontière polonaise. Le cœur historique de l'ancienne Prusse. La famille Kasner a emménagé là en 1957, quand Angela avait 3 ans et après une première étape à Quitzow, un village situé à la limite des zones d'occupation soviétique et américaine, à cent cinquante kilomètres plus à l'ouest. L'Église protestante manque de pasteurs en zone soviétique et le père s'est vu offrir à Templin, au lieu-dit du Waldhof, aux abords de la ville, un poste pour former des séminaristes.

Leur installation à cette date, 1957, de ce côté-là de l'Allemagne déchirée, est en soi une incongruité et le point de départ de toute l'histoire. Angela Merkel, cela aurait pu être une vie sans aventures et sans destin. La banale histoire d'une Allemande née après la guerre du bon côté du rideau de fer, ayant appris le nazisme dans les livres d'histoire et expérimentant la guerre froide au milieu des chanceux, dans une Europe arbitrairement coupée en deux clans idéologiques. À l'Ouest, le bloc atlantique et la démocratie ; à l'Est, le bloc soviétique et le totalitarisme. Quand elle naît à Hambourg, le 17 juillet 1954, le Mur n'est pas encore construit mais l'Allemagne est déjà divisée. L'année suivante, en 1955, la République fédérale d'Allemagne (RFA) adhère à l'Organisation du traité de l'Atlantique Nord (OTAN), alors que la République démocratique allemande (RDA) rejoint le pacte de Varsovie. Sur fond de guerre de Corée, qui divise en Asie les mêmes blocs, capitaliste et communiste, les deux États allemands sont un point de cristallisation de la guerre froide. D'un côté, l'Ouest, autour des États-Unis et de l'OTAN, le Conseil de l'Europe et l'ancêtre de l'Union européenne qu'est la Communauté européenne du charbon et de l'acier (CECA). De l'autre, l'Est, autour de l'URSS et de ses alliés, les pays du pacte de Varsovie. L'Allemagne est la ligne de démarcation. La frontière. Angela est là, enfant de la guerre froide, juste entre les deux.

Le chemin qui s'ouvre devant le bébé nommé Angela Kasner à Hambourg, dans la brise du Nord et au cœur de l'Europe libre, semble déjà tout tracé : la fille d'un pasteur et d'une professeure d'anglais devrait faire une future excellente élève, normalement appelée à une carrière scientifique. Qui sait? Une vie d'Allemande de l'Ouest, issue de la classe moyenne éduquée, qui aurait profité, comme la plupart de ses pairs, de cette extraordinaire volonté collective de tout recommencer de zéro, après la honte et l'anéantissement. Mais non. Le bébé va dans l'autre sens. Alors qu'en 1954 le camp de la liberté attire à lui 180000 Allemands de l'Est fuyant la dictature qui se met en place (ils seront près de trois millions à fuir jusqu'à la construction du Mur en 1961), les parents d'Angela font le chemin inverse. En acceptant son poste de pasteur au Waldhof, Horst Kasner prend là un risque assumé. La religion, opium du peuple, est l'ennemie du communisme. Dès le début des années 1950, le régime commence à exercer ses méthodes répressives à l'égard des chrétiens, majoritairement protestants dans cette partie de l'Allemagne. Des pasteurs sont emprisonnés, des enfants renvoyés des écoles. Mais pour Horst Kasner, cette opportunité professionnelle est surtout la tentation de participer à un idéal communiste qui le séduit. Sa femme, Herlind, le suit, elle dont toute la famille reste à l'Ouest. Ils embarquent leur bébé de quelques semaines et franchissent la frontière de l'Est, où tout indique déjà, avant même la construction du mur de Berlin en 1961, que le voyage sera sans retour. Le destin d'Angela Merkel commence ainsi par la bizarrerie d'une frontière franchie à l'envers, d'Ouest en Est.

1961. Au milieu du mois d'août, la famille Kasner revient de quatre semaines de vacances à l'Ouest, en Bavière, avec la grand-mère de Hambourg. Le retour se fait en voiture à travers la campagne de Thuringe et ils sont cinq à s'entasser dans la Coccinelle Volkswagen : les parents devant, Angela et son frère à l'arrière avec la grand-mère. « Sur le chemin du retour, raconte Angela au journaliste Hugo Müller-Vogg, nous nous sommes arrêtés chez ma grand-mère paternelle et mon père lui a dit qu'il allait se passer quelque chose, qu'il le sentait car, dans les forêts, il y avait partout des barbelés. Dans la nuit du samedi au dimanche, la construction du Mur a commencé. Mon père officiait ce dimanche ; l'atmosphère était terrible.

Je ne pourrai jamais l'oublier. Les gens pleuraient, ma mère aussi. Tout le monde était bouleversé. » Nous sommes le 13 août 1961 : Angela a 7 ans et le monde assiste, médusé, à la construction du mur de Berlin. Le premier événement politique majeur dans la vie d'Angela Merkel, trop jeune en 1956 pour se souvenir de l'entrée des chars russes à Budapest. Le deuxième, se souvient-elle, interviendra deux ans plus tard – ce jour où sa mère est venue lui dire : « Kennedy a été assassiné. » L'Allemagne de l'Est se vide d'une hémorragie humaine, accélérée par le durcissement du régime dès 1953. Le Mur est érigé en septembre entre les deux zones Est et Ouest de Berlin. Les frontières entre les États sont consolidées. À l'âge où elle entre à l'école primaire, Angela se rappelle « les larmes et la peur » dans la paroisse. Et pourtant, les habitudes suivent leur cours au Waldhof. Même l'invasion de la Tchécoslovaquie par les troupes soviétiques en 1968, après le Printemps de Prague, n'y change rien.

La vie à Templin, pour Angela et ses amis, est très loin des clichés sur la dictature est-allemande sous surveillance de la Stasi, sinistre et effrayante. Contrairement à la légende, l'enfance de la future chancelière n'est pas loin du paradis. Situé à la limite de la ville et de la campagne, le Waldhof est un lieu-dit qui héberge à la fois une ferme, le centre de formation des pasteurs et une institution protestante pour les personnes handicapées, qui vivent et travaillent là avec les employés du centre. C'est un immense terrain de jeu où une quinzaine d'enfants de ces trois mondes se mélangent et partagent toutes les activités possibles. «Avec Angela, on a grandi ensemble ici, en compagnie de ces enfants handicapés pour lesquels on s'impliquait et qui nous ont beaucoup influencés, beaucoup apporté, beaucoup appris sur l'humanité, me raconte cet ancien camarade devenu élu local du Parti social-démocrate (SPD) et directeur de l'institution pour handicapés où ses parents travaillaient déjà. Je pense que cela a joué aussi sur la compassion d'Angela Merkel envers les réfugiés», estime-t-il. Cette vie quotidienne auprès d'enfants nés avec un handicap peut aussi éclairer la réticence qu'aura la chancelière à accepter le diagnostic prénatal (l'avortement est toléré en Allemagne, mais illégal). «Ça m'a marquée, car je les ai beaucoup fréquentés», rapportera-t-elle elle-même en 2016 dans un documentaire produit par Arte, *Die Unerwartete* (*L'Inattendue*). «Je passais une bonne partie de mes journées avec eux, et je m'étais habituée à considérer comme normal ce qui semblait bizarre à la majorité des gens de mon âge.»

Angela est la petite blonde à frange, toujours joyeuse, qui joue au volley et saute à l'élastique avec ses copines pendant que les garçons se sont aménagé un terrain de foot entre les maisons. Elle est l'aînée d'une fratrie qui s'est agrandie avec la naissance de son frère Marcus et de sa sœur Irène. Le sport n'est pas son fort. Elle est maladroite, trébuche facilement et doit s'entraîner beaucoup pour courir à peu près correctement le 100 mètres obligatoire à l'école, dans une Allemagne de l'Est focalisée sur la performance sportive. Mais elle ne manque pas d'humour sur elle-même et se qualifie elle-même de «petite idiote du mouvement», tout en s'amusant à se rêver en championne de patin à glace. Sa manie d'hésiter longtemps avant de sauter du plongeoir en dit long sur ce qui sera son tempérament politique : sa lenteur à prendre des décisions, qui sera l'une de ses marques de fabrique. Elle s'occupe aussi des animaux au Waldhof. Il y a quatre-vingts vaches, cent cochons et une machine pour fabriquer le boudin : on met le sang du cochon tout chaud, on tourne la manivelle et le boudin surgit de l'autre côté comme une longue saucisse. «Angela n'aimait pas ça du tout», dit son ancien camarade Gottfried Kerner, qui adorait tourner la manivelle. Elle préfère les billes, la lecture et les parties de volley-ball. «Angela était une fille comme les autres, se souvient-il. Elle était plus studieuse que moi et jouait un peu moins à l'extérieur, mais elle ne sortait pas du lot. Rien de particulier. Jamais, jamais, je n'aurais imaginé qu'elle deviendrait chancelière!» Matin et soir, les enfants font un peu plus de deux kilomètres pour aller à l'école à pied, puis à vélo quand ils atteignent l'âge du collège. Ils traversent la forêt bordée de champs de blé et de pavillons en parpaings gris, aujourd'hui repeints en ocre et rose, sur la route faite de sable et de gros pavés qui est aujourd'hui goudronnée. Il n'y a presque pas de voitures, les rares privilégiés du régime de la RDA étant les seuls à pouvoir en acquérir. On regarde passer avec émerveillement les premières Trabant, ces petites autos rudimentaires maintenant proposées aux touristes comme un symbole de l'« Ostalgie » (la nostalgie de l'Est). Au Waldhof, la maison des Kasner est tout au bout, avec sa façade jaune et son toit de tuiles rouges, collée à la forêt. La famille vit au premier étage et Angela a une petite chambre mansardée au grenier. Elle y a accroché une reproduction de Cézanne, arrivée dans l'un de ces précieux paquets apportés ou envoyés par la famille de Hambourg, qui sont chaque fois la source d'une excitation intense.

Au Waldhof, ils étaient une bande de copains inséparables. Cinq couples se sont formés à l'époque et sont toujours mariés, comme Hartmut et Ingrid Hohensee, qui m'ont reçue dans leur maison de Dresde. Hartmut, cardiologue aujourd'hui retraité, était l'un des meilleurs amis d'Angela. Comme elle, il était excellent élève et participait aux « Olympiades », ces sortes de concours généraux organisés au niveau régional, national ou dans des pays amis du bloc soviétique. Hartmut et Ingrid y sont souvent sélectionnés en mathématiques, et Angela y ajoute le russe, discipline dans laquelle elle excelle également. En 1970, elle remporte les régionales du « Neue Brandebourg » dans ses deux matières fortes et gagne un voyage à Moscou. De l'école Goethe au collège et lycée Hermann-Matern, à Templin, Hartmut et Angela font le chemin ensemble, leurs devoirs ensemble, suivent ensemble les cours supplémentaires réservés aux meilleurs. Ils partagent des week-ends et des repas avec les autres au Waldhof.

Hartmut et Ingrid ont sorti les albums photos. Il y en a deux rien que pour Templin, pleins d'images en noir et blanc collées sur des pages jaunies. «Angela s'intéressait à énormément de choses, de la littérature à la peinture en passant par les sciences, et apprenait tout incroyablement vite», raconte Hartmut en tournant les pages de l'album, où on la voit toujours en train de sourire et de s'amuser. «Elle était très gaie, très douce, très amicale. J'allais tout le temps chez elle, surtout quand on avait une quinzaine d'années. On s'échangeait des livres. Elle me montrait sa collection de cartes postales de peintures célèbres, de Rembrandt, Vermeer, Monet…» Il continue à feuilleter les pages et les souvenirs, s'arrête pour pointer une image de l'index. «Tiens, ça, c'était en 1973, quand on est allés au camping au lac Stolpsee, sur la route de Fürstenberg. Et là, c'était le soir de la Saint-Sylvestre, au Waldhof!» On scrute une à une les photos représentant le groupe d'amis lors du réveillon, le 31 décembre 1971. Horst Kasner leur avait laissé la salle de son séminaire et ils s'étaient installés pour dîner autour de la table. Hartmut et Ingrid égrènent les noms de chacun : Gert, marié à Eva, Günther, marié à Eldegaard, et Birgit, Connie, Doris, Boris, Bodo… On rit en regardant celle du slow langoureux qu'il danse avec Angela, et de sa coiffure à la Elvis. Ils ont 17 ans. «Et vous alors, demandé-je à Ingrid, vous n'étiez pas jalouse?»

« Mais si ! lance-t-elle d'un faux air contrarié, j'étais un peu jalouse d'Angela. Il passait beaucoup trop de temps avec elle ! » Histoire de la rassurer, Hartmut lui rappelle qu'Angela était « membre de la CDU à l'âge de 16 ans ». Ingrid éclate de rire. Je suis perdue. « À la CDU ? » Ils rient encore. Hartmut s'explique : « C'est le chef de la police de Templin qui avait donné à Angela, Connie et Birgit le surnom de "CDU" – les initiales de "Club Der Ungeküssten" : le club des filles non embrassées ! Elles avaient 16 ans. » Ingrid feint d'afficher un air soulagé.

Les anciens de Templin continuent à se rencontrer régulièrement, environ tous les cinq ans. Hartmut me montre pour preuve « le document top secret » : une feuille de papier avec les adresses et les numéros de portable de toute la bande, y compris ceux d'une certaine Angela Merkel. Le lieu où ils se réunissent est lui aussi top secret, compte tenu des activités de leur copine. « Elle vient presque à toutes nos rencontres, elle est restée très fidèle, dit-il. L'année où elle est devenue ministre, ce n'était pas agréable, car il y avait trop de sécurité, on n'a pas pu s'amuser. Ça s'est arrangé après. Elle est venue trois fois en tant que chancelière. » Ils ont plaisir à se retrouver et à évoquer les souvenirs du bon vieux temps. C'était la belle vie.

La belle vie ? À l'Est, dans les années 1970 ? Quand la Stasi et les délateurs surveillaient les pensées et les paroles, quand des dissidents croupissaient en prison, quand de simples citoyens bravaient tous les dangers pour franchir le rideau de fer et s'enfuir à l'Ouest, au risque d'être arrêtés ou abattus ? Quand il fallait parfois se priver de nourriture et de chauffage en hiver ? Le totalitarisme communiste était donc si idyllique ? À Templin, il y avait moyen de s'en arranger, laisse entendre Angela Merkel au journaliste et politologue Hugo Müller-Vogg. « La Stasi, lui dit-elle, nous vivions avec. Lorsque l'un de nous téléphonait trop longtemps, ma mère nous disait d'arrêter, que la Stasi écoutait et qu'elle enregistrait tout. Nous savions ce que nous pouvions dire et dans quelles circonstances. Mais nous ne voulions pas nous laisser intimider. Bien sûr, il y avait quelques sujets dont on préférait ne parler qu'en forêt, par exemple lorsqu'un ami se trouvait dans une situation particulièrement difficile ou lorsqu'il s'agissait de projets de fuite. Je pensais que, même si tous nos appels étaient enregistrés, ils ne devaient présenter qu'un intérêt médiocre. Aussi ne régnait-il pas vraiment de sentiment d'oppression chez nous. » Gottfried Kerner évoque « les heures passées dans la forêt, dans les champs de blé et de maïs, dans la cour ». « Pour nous, assure-t-il, c'était une vie super ! » Hartmut est plus explicite. « Oui, nous avons de très bons souvenirs de notre enfance. C'était une merveilleuse atmosphère. Mais le Waldhof, c'était spécial. Nous étions entre nous, à la campagne. C'était une atmosphère privée. En fait, il y avait deux mondes, et nous vivions dans le deuxième monde : le monde privé où on pouvait parler de tout. Contrairement au vrai monde, où il fallait parler un autre langage, si l'on voulait travailler et s'assurer un avenir. On faisait attention en permanence. Nous vivions dans un état de schizophrénie et, pour nous, c'était normal. Notre monde était merveilleux. »

Ils dansent sur « Fernando », d'Abba. Angela préfère les Beatles aux Rolling Stones, une inclination que les exégètes interprètent généralement comme un signe de conservatisme. Elle aime les chansons pop de Frank Schöbel et Chris Doerk, ils écoutent Slade, Status Quo ou OMS. Ils se délectent devant les informations de la télévision de l'Ouest, délicieux jeu interdit et éducation politique proscrite, théoriquement inaccessible mais que tout le monde s'arrange pour capter en détournant les dispositifs destinés à brouiller la réception des images. Ils écoutent avec autant de plaisir Radio Free Europe, fondée à New York et financée par le Congrès américain pour être diffusée dans les pays du bloc soviétique. Angela profite du théâtre et des musées quand elle part en visite chez sa grand-mère à Berlin-Est. Dans la maison des Kasner arrivent parfois des paquets livrés par la poste : des vêtements de l'Ouest, ainsi que des devises permettant d'aller dans les magasins pour Occidentaux, envoyés par la famille restée à Hambourg. Les vêtements d'Angela font des envieux. Un de ses professeurs a repéré non sans envie « les jeans d'Angela, dans le vrai tissu et tellement mieux coupés que ceux qu'on trouvait ici». S'habiller «comme à l'Ouest» est le comble du chic et du bonheur. Ils se réunissent en famille autour du poste de télé, en 1974, pour regarder le match de foot historique, à Hambourg, entre RDA et RFA, les deux sœurs ennemies, pour la qualification à la Coupe du monde de football. C'est la première et dernière fois que les équipes nationales s'affrontent sur un terrain de foot et l'enjeu est hautement politique. La République est-allemande remporte le match grâce à un but à la soixante-dix-septième minute. «La chancelière ne m'a pas répondu quand je lui ai demandé pour quelle équipe elle était», me dit un de ses collaborateurs. Hartmut le fait à sa place : «La RDA a gagné, on est tous fous de joie !» Plus tard, en 1988, un an avant la chute du Mur, Hartmut ira assister au concert de Joe Cocker à Dresde. Angela Merkel n'a peut-être pas raté celui de Bruce Springsteen à Berlin, la même année. En attendant, aucun d'entre eux n'a manqué, dans la salle de cinéma de Templin, le film culte de la RDA et best-seller absolu, avec près de trois millions de spectateurs : *Die Legende von Paul und Paula* (*La Légende de Paul et Paula*). Une tragédie romantique dont les images kitsch semblent sorties des studios indiens de Bollywood, autour d'un mariage malheureux et d'un amour adultérin. Le film avait failli être censuré par le régime est-allemand d'Erich Honecker, non pour des raisons de conservatisme moral, mais parce que l'idéologie communiste voyait d'un mauvais œil que l'amour et le bonheur individuel puissent l'emporter sur l'avenir forcément radieux de la lutte collective. La sulfureuse *Légende de Paul et Paula* finit par être autorisée, à la condition que la fin soit modifiée de manière à être moins heureuse. Angela Merkel, comme les autres, n'a pu voir le chef-d'œuvre que dans sa version politiquement correcte. Il reste pour toujours son film préféré. L'émotion de son adolescence.

Une fois quittée la bulle du Waldhof et du cinéma de Templin, on entrait dans le monde des écoutes et de l'inquiétude. Les protestants y étaient d'autant plus assignés qu'ils suscitaient suspicion et sanctions. Herlind Kasner était privée du droit d'exercer sa profession et d'enseigner l'anglais et le latin, pour la simple raison qu'elle était femme de pasteur. La religion luthérienne n'est pas que l'opium du peuple, elle maintient des liens avec l'Ouest. Et en raison même de l'importance qu'elle revêt dans les pays de l'Alliance atlantique, elle est tolérée et ménagée pour raisons diplomatiques. Les églises protestantes bénéficient ainsi de ce statut hybride et ambigu : des espaces de protection sous surveillance. Angela acquiert les réflexes de survie. Quand on lui demande la profession de ses parents, elle grommelle un «*Fahrer*» (chauffeur, en allemand) pour celle de son père en oubliant un peu le «P» de *Pfarrer* (pasteur). La future chancelière de l'Allemagne est ainsi éduquée par trois principes fondamentaux dont elle gardera la trace : ne pas se faire remarquer, faire des compromis, apprendre la prudence. La fille de pasteur sait réfléchir à deux fois avant de formuler une phrase trop engageante. Elle veille à ne pas éveiller la jalousie, la convoitise ou tout simplement l'attention. Sa mère le lui a souvent répété : « Comme protestante, la vie te sera plus difficile, donc tu dois être meilleure que les autres. Travaille et ne te fais pas remarquer, ne te mets pas non plus en retrait, pense à ne pas être désavantagée dans tes études et ta carrière. » Son père l'incite fermement à s'inscrire comme tout le monde dans les mouvements de jeunesse officiels d'Allemagne de l'Est : d'abord aux Jeunes Pionniers (*Junge Pioniere*), dont elle porte la blouse bleue, puis à la Jeunesse allemande libre (*Freie Deutsche Jugend*), ou FDJ, destinée aux adolescents et jeunes adultes. Ils sont certes des lieux d'endoctrinement, dont certains ont le courage de se défaire. Mais c'est la seule manière d'avoir la paix et de poursuivre ses études. On a beau être la première de sa classe, seuls les « meilleurs pionniers » ont droit aux récompenses et échappent aux brimades. Et dans la famille Kasner, le travail et les études sont érigés en valeurs suprêmes. Travailler dur, se lancer des défis, ne pas lésiner sur l'ambition, c'est le quatrième principe fondamental d'Angela Merkel. Et celui dont elle en reçoit l'héritage, celui qui lui en transmet la mesure, c'est son père, Horst Kasner.

Il impressionne. Grand, les cheveux blancs, gros fumeur, une grande culture et une autorité naturelle. Sa toge pastorale noire renvoie vite à l'imaginaire des films de Bergman, et Horst Kasner sait être froid et arrogant, mais il ne l'est pas avec les invités. « Il avait beaucoup de charisme et était très amical avec nous. Il voulait connaître les amis d'Angela et était toujours ouvert aux discussions », note Hartmut Hohensee. Lui dont le père était conducteur de locomotive à la Deutsche Reise Bahn, la compagnie ferroviaire de RDA, était émerveillé par la bibliothèque du pasteur et les discussions qui animaient les dîners en famille. « J'ai passé beaucoup de soirées chez eux à parler politique, littérature, philosophie, histoire de l'Allemagne, se souvient-il. Il avait des livres "de l'Ouest" qu'on ne trouvait pas en RDA. Marcel Proust, Günther Grass, Heinrich Böll. Angela lisait beaucoup, elle baignait dans cette atmosphère intelligente et cultivée. Chez elle, c'était un monde à part. » Angela Merkel, qui l'admire inconditionnellement, laisse échapper sur son père un commentaire autre, dans son interview de 1991 avec la photographe Herlinde Koelbl : son obsession du travail et de la perfection à laquelle elle doit sans doute sa propre ambition. « Il a toujours beaucoup travaillé, dit-elle. Il ne faisait pas de distinction entre le travail et le temps libre, et parfois il a pu s'éloigner de ses devoirs familiaux, à cause de son travail. Il est exigeant et rigoureux. Hélas ! Enfant, ce n'était pas toujours facile de devoir toujours tout faire parfaitement. Ce qui me mettait en rogne parfois, c'était sa façon d'être très compréhensif envers tout le monde. Mais si nous, les enfants, ne réussissions pas, alors il réagissait tout à fait différemment. » Sa mère, elle la décrit comme « gaie, amusante et ouverte ». Ce qu'elle tient d'elle ? « Mon plaisir de la conversation, répond Angela, que certains qualifient de bavardage. Mais le fait que je sois capable de prendre des décisions quand il le faut vient probablement de mon père. »

Horst Kasner est entouré de mystère. Né à Berlin en 1926, il a 18 ans en 1944 et est fait prisonnier de guerre à 19, sans que l'on sache rien de son activité pendant la guerre. Qu'ont fait ses propres parents à l'époque, quel était leur rapport au nazisme ? Angela Merkel n'en parle nulle part et quand elle est interrogée sur le sujet, elle assure n'en rien savoir. En Allemagne de l'Est, son père est en lui-même une incarnation de l'ambiguïté. Son dossier de la Stasi mentionne qu'il est considéré comme suspect : « Kasner est arrivé en 1954 de Hambourg, Allemagne de l'Ouest. C'est un adversaire de l'État des travailleurs et des paysans. » Sa provenance de l'Ouest et sa religion le rangent a priori du mauvais côté. En même temps, Horst Kasner est venu à l'Est par conviction idéologique et par sympathie idéaliste pour l'expérience socialiste. Il porte le surnom de « pasteur rouge ». Il milite pour que l'Église protestante de RDA ne soit plus rattachée à la hiérarchie de l'Ouest, il critique le système capitaliste, devient un notable de l'Église protestante est-allemande, sait se faire bien voir du régime dont il est un interlocuteur. Il bénéficie de privilèges, comme celui de disposer d'une Trabant et d'une Wartburg, la voiture luxueuse des officiels de l'Église, ou celui, plus rare, de pouvoir sortir de RDA. Les Kasner n'ont pas un salaire mirobolant pour vivre, ils se nourrissent de la traite des chèvres et cuisinent les orties du jardin. L'austérité et une relative indigence font partie de l'éducation est-allemande. « Ma mère m'a appris à surmonter les difficultés de la vie quotidienne et surtout à improviser. Par exemple, obtenir huit portions à partir de quatre, en ajoutant quelques petits riens pour que chacun ait à manger », confie-t-elle à Hugo Müller-Vogg. Le pasteur Rainer Eppelmann, figure majeure de la dissidence en RDA et ancien élève du séminaire d'Horst Kasner, s'interroge encore sur l'attitude de ce dernier pendant le régime communiste. « Était-il ambigu ? Je ne sais pas. Il n'était pas dénué de critiques sur le système, mais je trouvais étrange que, même après la construction du Mur et la décision de la RDA d'enfermer ses citoyens, il continue à considérer que ce pays était, comme il le disait, “la meilleure des deux Allemagnes”. Comment un homme d'Église pouvait-il entretenir de bonnes relations avec ce régime dictatorial ? J'en ressens encore de la colère. » Angela Merkel émerge de cette tension paradoxale entre un milieu familial ouvert à la discussion, sévère en privé à l'égard du régime totalitaire, et le relatif pouvoir d'influence de son père, dû à la sympathie qu'il persiste à éprouver – et à montrer – pour l'utopie socialiste. Par son père, elle se retrouvait dans le Parti sans y être. Membre de l'organisation des jeunesses communistes, et en même temps critique. Une manière de faire de la politique déjà très merkelienne. Au moment de la réunification, Horst Kasner s'était rapproché des Verts, Herlind avait quitté le SPD, dont elle avait été une élue locale. Leur fille fait une synthèse à sa manière en accédant au sommet de la conservatrice Union chrétienne-démocrate (CDU). «Angela est un mélange de ses deux parents, note l'actuel pasteur de Templin, Ralf-Günther Schein. Le calme et la diplomatie lui viennent de son père ; la volonté et l'engagement, de sa mère.»

Horst Kasner meurt en 2011 d'un cancer du poumon. Il est enterré au cimetière de Templin. Sa femme, Herlind, l'y a suivi en 2019. Jusqu'à sa mort, elle s'activait à la paroisse de sa ville et rattrapait ses frustrations passées en donnant des cours d'anglais à des adultes. À Templin, personne ne s'étonnait de voir la chancelière faire les courses avec sa mère et pousser le chariot à la supérette. Son mari et elle ont une petite datcha dans un hameau des environs, qu'ils ont achetée du temps de la RDA. Ils y passent tous leurs week-ends. Pour comprendre qui est la femme la plus puissante du monde, le lieu vaut le détour. C'est un pavillon blanc au toit rouge, dont le seul signe particulier est d'être protégé par une palissade, et dont l'intérieur est meublé en Ikea, d'après les visiteurs. La chancelière y jardine, s'extasie sur la croissance de ses tomates, marche dans la forêt, se baigne dans les lacs en sommant ses gardes du corps de ne pas la suivre de trop près, fait ses courses au supermarché.

Elle cuisine et se complimente elle-même sur sa réussite des pot-au-feu, escalopes, plats de poisson et pâtisseries. La soupe de pommes de terre est sa spécialité. À partir de 16 heures, le dimanche, elle commence à envoyer des SMS et elle regagne Berlin dans la soirée. Surtout pas la chancellerie, où elle a toujours refusé d'habiter, mais son appartement tout simple et à peine surveillé, dans le quartier touristique du musée Pergamon, au bord de la Spree. Je suis tombée sur elle par hasard à Berlin au moins deux fois : dans une brasserie où elle dînait tranquillement avec sa conseillère Beate Baumann, non loin de chez elle ou de la chancellerie, et au rayon alimentation des Galeries Lafayette, sur Friedrichstrasse. C'était une petite dame perdue dans la foule qui choisissait avec gourmandise des fromages français, ses sacs en papier à la main. Aucune demande de *selfie*, aucun regard indiscret. Personne ne la dérangeait et c'est à se demander si les gens remarquaient même sa présence, tant clle ressemblait à Madame Tout-le-Monde. Angela Merkel a su imposer sa simplicité. Savoir préserver ces moments de vie normale et ses week-ends déconnectés dans le paysage de son enfance, le Brandebourg, est le secret de sa force et de sa tranquillité. Comme une reconnexion régulière et essentielle à cet Est d'où elle vient et qui l'a fondée.

Tout ce qui définit la chancelière fédérale d'Allemagne la plus marquante de l'histoire est déterminé par sa jeunesse en Allemagne de l'Est et par l'influence intellectuelle et morale du pasteur, son père. Sa matrice et l'explication de son fonctionnement politique se trouvent là. C'est dans cette expérience mélangée et multiple que se nichent toutes les clés de sa personnalité, et il nous en manque encore une, au moins. Elle aussi se trouve à Templin et celui qui va nous la livrer est cet homme assis sur son balcon, en short et en grosses sandales, dans la chaleur de l'été. Hans-Ulrich Beeskow était le professeur de mathématiques d'Angela. Un grand monsieur maigre et souriant qui n'a jamais quitté Templin, contrairement à son ancienne élève des années 1960. C'est lui qui enviait les jeans d'Angela – « dans le vrai tissu » et tellement mieux coupés – envoyés de Hambourg. Quand j'ai rencontré M. Beeskow en 2016, il avait 77 ans, les cheveux blancs, le teint bronzé et les yeux couleur locale. En faisant un petit tour de son passé, il en revenait toujours à la même question : aurait-il pu deviner que cette élève un peu garçonne, toute sage avec sa coiffure à frange, deviendrait la première femme chancelière ? Non, mais il est certain d'une chose : « Même si elle n'était pas devenue Angela Merkel », il ne l'aurait jamais oubliée. Car « Angela était un phénomène ».

Les sciences, l'anglais et le russe sont ses trois points forts et les trois bases scolaires de ses atouts futurs. L'anglais, le minimum vital pour exercer un rôle mondial. La maîtrise du russe, élément essentiel du dialogue avec Moscou, lui permettra de gagner, après la chute du Mur, son premier poste politique important – porte-parole de Lothar de Maizière, unique dirigeant démocratiquement élu de la République est-allemande –, mais surtout, non moins utile, le respect agacé de Vladimir Poutine. Quant aux sciences, mathématiques et physiques, elles sont l'élément crucial de sa manière de gouverner, de l'analyse froide des situations aux perversités de l'intelligence tactique. À l'école Goethe puis au collège, M. Beeskow donnait des cours supplémentaires deux fois par mois à un groupe d'élèves sélectionnés pour leurs dons exceptionnels en mathématiques. Angela Kasner, de 12 à 15 ans, était l'une d'entre eux. « Le niveau de ces classes était très élevé et, même en comptant les garçons, qui étaient plus nombreux et généralement plus forts en sciences, je n'en ai jamais eu d'aussi remarquables », précise le professeur qui se souvient d'elle comme « l'élève la plus douée en maths » qu'il ait jamais eue de sa vie. Qu'est-ce que c'est, être doué en maths ? lui demandé-je alors, n'ayant, hélas, pas eu l'occasion d'expérimenter la chose. « Angela s'attaquait aux problèmes par un cheminement souvent différent et plus rapide que celui proposé par le corrigé académique. Elle avait une pensée logique, une grande capacité analytique et elle se battait jusqu'au bout pour y arriver. Elle n'abandonnait jamais. Jamais elle ne disait que c'était impossible. Elle cherchait dans tous les sens, et elle trouvait toujours. C'était déjà cela, sa force. Depuis que je l'observe au pouvoir, je reconnais son intelligence tactique. »

En fond de décor, il y a ce rêve lointain qu'est l'Amérique. La terre de liberté déclarée ennemie publique numéro un par le régime et qui symbolise tous les désirs secrets. L'Amérique idéalisée et inaccessible. « L'Amérique était une sorte de rêve pour nous, mais je ne peux pas dire que c'était un désir, car on n'y pensait pas : c'était de l'autre côté, et c'était comme ça », résume Hartmut Hohensee. Personne ne peut imaginer que le Mur tombera un jour et la jeune Angela, comme beaucoup d'Allemands de l'Est, s'est mis en tête qu'elle la découvrirait peut-être à sa retraite – puisque le régime manifeste cette tolérance bienveillante d'autoriser les citoyens de RDA à quitter le pays une fois qu'ils sont devenus vieux et inoffensifs. Ce désir enfoui dans l'enfance fera d'elle une atlantiste invétérée. La chute du Mur lui permet de ne pas attendre la retraite : à peine le régime est-il tombé qu'elle prend l'avion pour Los Angeles avec son compagnon, Joachim Sauer en 1990. Elle a 36 ans. Elle décrira ce voyage deux décennies plus tard, le 2 novembre 2009, devant l'intimidante assemblée du Congrès américain. « Qu'est-ce qui suscitait en moi un tel enthousiasme ? Le rêve américain, déclame-t-elle, la voix émue, devant les parlementaires qui ne le sont pas moins. L'opportunité pour chacun de réussir, d'atteindre son but par ses propres efforts. Et comme beaucoup d'adolescents, j'étais aussi fan d'une certaine marque de jeans qu'on ne pouvait pas acheter en RDA. Mais j'avais une tante à l'Ouest qui me les envoyait. J'adorais les grands paysages américains, où l'air est plein de l'esprit de liberté et d'indépendance. En 1990, mon mari et moi nous sommes envolés la première fois vers l'Amérique. La Californie ! Nous n'oublierons jamais cette première vision de l'océan Pacifique. C'était absolument magnifique. »

À 19 ans, Angela Kasner quitte Templin. Des études de physique l'attendent à Leipzig et elle s'envole pour une vie de scientifique : sage, prudente, dans les règles.

4

Templin, capitale de l'OTAN

« Dans les cas de conscience,
les valeurs comptent. »
Angela Merkel

Il fait beau et chaud à Bruxelles. Le pupitre est installé dehors, dans l'allée qui fait face au nouveau siège du quartier général de l'OTAN. Ce 25 mai 2017, le mini-sommet des chefs d'État et de gouvernement de l'Alliance atlantique sort de l'ordinaire. Non seulement le président américain Donald Trump, fraîchement élu et quelque peu original, y assiste pour la première fois, mais deux monuments symboliques sont inaugurés. L'un, un morceau du World Trade Center, est un hommage aux victimes des attentats terroristes du 11 septembre 2001 à Manhattan et à l'article 5 du traité atlantique, lequel assure la solidarité militaire entre alliés et la protection inconditionnelle à l'un des membres si celui-ci est attaqué. L'autre est un pan authentique du mur de Berlin, en souvenir de la guerre froide et pour représenter l'Europe unie. L'inauguration du premier monument est confiée à Donald Trump. Celle du deuxième à Angela Merkel.

La voilà debout dans sa veste rose, à son pupitre, toute seule face aux vingt-neuf chefs d'État et de gouvernement de l'OTAN et du secrétaire général. Le soleil bruxellois l'éblouit un peu, une chaleur caniculaire pèse sur le siège de l'Alliance atlantique, anormale en mai : sans doute comme une dernière tentative planétaire d'apporter une preuve du réchauffement climatique au président américain qui, une semaine plus tard, enverra balader l'accord de Paris de 2015 sur le climat. Donald Trump l'écoute mollement en pianotant sur son portable. Il y a aussi Theresa May, l'exécutrice testamentaire du Brexit, qui ne fait pas trop la fière. De sa voix fluette et sans charisme, sur son éternel ton monocorde qui n'a l'air de rien, et en accompagnant ses regards de petits hochements de tête décidés, Angela Merkel utilise les deux minutes trente qui lui sont imparties pour dire quelques vérités à son homologue américain – lequel fait semblant de ne pas se sentir concerné : « Nous devons être unis dans la confiance, car ce ne sont pas le repli sur soi et la construction de murs qui feront notre succès, mais des sociétés ouvertes qui partagent les mêmes valeurs. » Entre l'homme qui veut faire pousser des murs et la femme qui a vu tomber celui qu'on espérait être le dernier, il y a incompatibilité. Face au fragment du mur de Berlin dressé pour l'OTAN, la chancelière se sent en terrain familier et en profite pour rappeler ces valeurs qui lui sont chères, par lesquelles elle s'est construite, à ceux qui les bafouent, le président américain en tête. Elle commence son discours sur cette note personnelle : «Afin d'apporter des réponses convaincantes pour l'avenir, nous devons nous rappeler ce que nous avons accompli dans le passé et ce que nous sommes capables de bâtir. Ce fragment du mur de Berlin symbolise l'histoire qui a laissé sa marque pendant la guerre froide. Cette guerre a été un facteur déterminant de ma vie pendant de nombreuses années, car j'ai vécu à l'est de ce Mur...» En conclusion, elle enfonce le clou : «Mesdames et Messieurs, avec la fin du conflit entre l'Est et l'Ouest, une nouvelle ère a débuté, qui apporte de nouveaux défis et de nouvelles menaces, mais nous continuons à bâtir une alliance fondée sur des valeurs communes. L'Allemagne n'oublicra jamais la contribution de l'OTAN à la réunification de notre pays.»

Trump lui succède au pupitre. Il évoque l'autre monument, le symbole de l'article 5 et de cette seule et unique fois où il a été invoqué : la solidarité militaire entre alliés contre l'Afghanistan après l'attaque islamiste du 11-Septembre contre les États-Unis, pour lesquels mille soldats européens se sont fait tuer. Autant le discours de Merkel a suscité respect et optimisme, autant celui de Trump laisse les visages consternés. Il ne rend pas hommage aux morts et ne fait aucune allusion à l'article 5 de la charte de l'OTAN qui pose le principe d'une solidarité collective en cas d'agression contre un des membres de l'organisation – le seul rappel que les alliés attendent d'un président américain. Un malaise saisit les participants. Chacun comprend que la cible non dite de Trump a un nom : l'Allemagne d'Angela Merkel. Il critique les économies florissantes aux excédents budgétaires excessifs qui se font de l'argent sur le dos de l'Amérique et consacrent une part faible de leur budget à la défense. Une guerre interne est déclarée.

Pour la première fois depuis 1945, les États-Unis tournent le dos à l'Europe et au monde. Angela Merkel, la plus atlantiste des dirigeants allemands, la plus attachée à la liberté de tous les dirigeants de l'Ouest et la plus puissante des dirigeants européens, s'estime lâchée à la fin de son troisième mandat par cette Amérique gendarme d'un ordre de l'après-guerre, cette Amérique qui aura protégé l'Occident pendant près d'un siècle. La photo fabuleuse de la chancelière en contemplation devant un tableau de Monet à l'heure même où Donald Trump célèbre son investiture à Washington, le 20 janvier 2017, est le symbole de sa désillusion. Plutôt que de s'intéresser à l'*Inauguration Day* retransmis sur toutes les télévisions de la planète, elle inaugure autre chose, le nouveau musée de l'Impressionnisme de Potsdam dans le palais Barberini, et contemple les splendeurs de la culture européenne. Quelques mois plus tôt et peu après l'élection de Trump, le président sortant

Barack Obama avait lui aussi affiché un symbole en venant à Berlin pour faire ses adieux à l'Europe et rendre hommage à Merkel, « une partenaire extraordinaire », avait-il dit. Leur relation étroite a largement dépassé le scandale de 2013 portant sur l'espionnage du téléphone portable de la chancelière par son allié américain. Les valeurs occidentales de liberté, d'ouverture et d'humanité qui les soudent, à l'opposé du discours isolationniste et des murs dressés par Trump, faisaient de cette visite un passage de témoin.

Ah, ce regard de stupeur et d'effroi d'Angela Merkel dévisageant Donald Trump, lors de leur conférence de presse commune à la Maison-Blanche ! Même si les médias, à coups de vidéos virales, ont totalement déformé « l'affaire de la poignée de main » – Trump s'est montré au contraire très cordial avec la chancelière ce jour-là, mais a manifesté sa mauvaise humeur aux photographes en leur refusant la poignée de main qu'ils demandaient –, elle lui avait auparavant rappelé cette communauté d'esprit dont il ne veut plus entendre parler. « L'Allemagne et l'Amérique sont liées par les valeurs de démocratie, de liberté, le respect du droit et de la dignité de chaque individu, indépendamment des origines, de la couleur de la peau, de la religion, du genre, de l'orientation sexuelle ou des opinions politiques », avait-elle dit depuis la chancellerie le jour de l'élection américaine. « Je propose au nouveau président des États-Unis une coopération étroite sur la base de ces valeurs. Le partenariat avec les États-Unis est et demeure le fondement de la politique étrangère allemande. » De tous les dirigeants occidentaux, Angela Merkel est la seule à avoir adressé un message d'une telle fermeté et à avoir révélé, de manière diplomatique mais sans détour, son inquiétude. Chez elle, les valeurs démocratiques sont une obsession. Son discours de 2017 à l'OTAN comme l'évidence avec laquelle elle a ouvert les portes de l'Allemagne à près d'un million de migrants à la fin de l'année 2015 ont été fabriqués dans son enfance.

Ce n'est donc pas un hasard si elle a décidé de le rappeler chez elle, à Templin, dans sa famille protestante d'Allemagne de l'Est. C'est là, à l'orée de son troisième mandat, en 2014, qu'elle est venue se livrer à une sorte de sermon, une étonnante confession politico-religieuse.

Le pasteur Ralf-Günther Schein a eu cette idée de l'inviter à faire une conférence dans la paroisse sur le thème « Être chrétien et faire de la politique ». Il a écrit à la chancellerie fédérale, Willy-Brandt-Strasse 1, Berlin. Deux semaines plus tard, il a reçu une lettre manuscrite, datée du 3 mai 2014, non pas de la chancelière mais de la députée Merkel. Le nom de l'expéditeur était mentionné sur l'enveloppe avec son adresse au Bundestag : Dr Angela Merkel, Mitglied des Deutsches Bundestag, Platz der Republik 1, 11011 Berlin. Le pasteur sort d'un carton la lettre qu'il a soigneusement gardée et me la montre avec une certaine fierté : « *Lieber Herr Schein* », commence la jolie écriture ronde. Angela Merkel précise qu'elle viendra en tant que présidente de la CDU, non pas comme chancelière, et demande au pasteur de ne pas utiliser l'adresse de la chancellerie pour leurs courriers à venir, mais de lui écrire à son adresse personnelle à Berlin, «Am Kupfergraben». Elle a cette formule qui lui ressemble tellement; elle, toujours si lente et qui ne décide rien à la légère. «Je ne veux pas vous répondre tant que je ne suis pas tout à fait sûre de pouvoir venir. Mais une fois que ce sera oui, ce sera oui. *Viele Grüsse.* Angela Merkel.»

Elle n'a jamais parlé publiquement de sa religion bien qu'elle se dise croyante et appartienne à un parti, l'Union chrétienne-démocrate (CDU), dont les valeurs chrétiennes sont un pilier revendiqué. Elle s'est mariée une première fois religieusement, en 1977. La seconde fois, non. Explication très pragmatique : «Lorsqu'on a échoué une fois, on préfère procéder autrement.» Mais chez elle, la politique n'est pas dissociable de sa foi et de son éducation de fille de pasteur. «Je traite de la foi avec précaution, je n'aime pas qu'on mette ces questions en avant, dit-elle à Hugo Müller-Vogg. Au début, j'avais des réticences quant à l'office qui se tient avant les journées du Parti. Pour moi, un office religieux appartient à la sphère privée. Maintenant, je vois les choses différemment. Cet office aide à faire la part des choses, à distinguer entre l'important et le futile.» Elle poursuit : «La perspective que Dieu existe permet de rester humble : ne pas toujours se croire le centre du monde, accepter les autres, être conscient de ses défauts, de ses erreurs. "Aime ton prochain comme toi-même", je trouve cette idée remarquable. En politique, l'amour du prochain conforte dans l'idée qu'il faut prendre en compte les autres. La foi me rend plus indulgente envers moi-même et envers les autres et elle me permet de ne pas me noyer sous les responsabilités. Si j'étais athée, cela me paraîtrait bien plus difficile de porter une telle charge. La foi est pour moi un soulagement. »

Le 31 octobre 2014, la présidente de la CDU arrive à Templin comme promis. Elle avait dit oui au pasteur Schein et ce fut oui. Dans la bien nommée rue Martin-Luther, l'église Maria-Magdalene est pleine à craquer, bien sûr. La modestie étant une manie familiale, sa mère, Herlind Kasner, refuse de s'installer au premier rang, comme l'y a invitée le pasteur, préférant s'asseoir incognito au milieu de la foule. La fille, qui a de qui tenir, se met en tête immédiatement de déplacer le pupitre en plastique blanc, qu'elle estime posé de manière trop solennelle. Elle le soulève, traverse le chœur avec et l'installe sur le côté : moins arrogante, moins professorale et plus proche de l'auditoire, pour répondre aux questions.

Ce jour-là, Angela Merkel se livre plus que de coutume. « Être chrétien est une incroyable protection, commence-t-elle. Cela permet de vivre avec l'idée apaisante qu'on a le droit de faire des fautes, puisqu'il est admis qu'on n'est pas parfait. On peut avouer ses doutes. » La chancelière, qui n'a pas oublié sa «phrase de vie» et la fameuse Lettre aux Corinthiens, en a retenu le passage sur la liberté, «voulue par le Seigneur». Pour en venir ensuite à faire l'inventaire de ses doutes, en tant que chancelière : quelle étonnante introspection de sa pratique politique !

Le conflit en Ukraine, d'abord. «L'Ukraine : pourquoi agir comme ci ou comme ça ? Je réfléchis. Je choisis une option parce qu'elle est la meilleure possible, même si elle n'est pas parfaite. Les gens me disent : "Oui, mais les sanctions en Ukraine, ça pénalise notre économie !" Je réponds : oui, mais si nous nous montrons trop souples sur nos règles et nos valeurs sous prétexte que cela pourrait nous désavantager, on ne nous prendra plus au sérieux dans des conflits plus importants. Dans les cas de conscience, les valeurs comptent.»

Les réfugiés, ensuite. La chancelière s'exprime en 2014, donc un an avant le paroxysme du flux de migrants vers l'Europe. Elle fait déjà part de sa préoccupation sur le sujet, contrairement aux analyses qui seront formulées plus tard, selon lesquelles elle aurait ouvert ses frontières à l'automne 2015 sur un coup de tête. «Cette année 2014, dit-elle, nous avons reçu plus de 200000 réfugiés. En Afrique, un milliard de personnes vivent dans des conditions bien plus dures que les nôtres. Quels sont nos critères ? Nous devons ouvrir notre cœur, mais nous savons que nous ne pouvons pas accueillir tous les êtres humains dans le besoin.» La «femme la plus puissante du monde» conclut sur cet aveu inouï : « Je n'ai pas encore de réponse à ces questions. »

Le pasteur Ralf-Günther Schein sort un gros registre noir, bien rangé sur une étagère de l'église évangélique Maria-Magdalene. Là sont consignées les confirmations, étape obligée de l'éducation protestante. Les noms écrits à la plume se succèdent dans leurs cases respectives, et le doigt du pasteur s'arrête sur une page de l'année 1970 : « Angela Kasner. » À côté est précisé « 1. Kor. 13,13 » : la Lettre aux Corinthiens qu'elle avait dû apprendre, à l'âge de 16 ans. « Maintenant, trois choses sont toujours là : la foi, l'espérance et l'amour. Mais la plus grande des trois, c'est l'amour, récite le pasteur. C'est sa "phrase de vie". » Puis il referme le registre et le remet à sa place, d'un air important, comme un précieux grimoire.

Après son prêche politico-religieux, Angela Merkel a quitté Templin. Comme elle l'avait fait jadis pour étudier la physique à l'université Karl-Marx de Leipzig, à l'âge de 19 ans, après un baccalauréat obtenu avec la note maximale.

5

De Miss Kasner à Doktor Merkel

Elle lui a dit : « La politique me fascine. »
Et elle a disparu.

Par terre, sur le lino, l'Allemagne de l'Est a oublié une petite boîte. Un paquet vide dans un emballage en carton grisâtre annonçant d'une calligraphie démodée qu'il avait contenu douze craies pour tableau noir. C'est ici, dans cette salle d'études de l'ex-Académie des sciences de la République démocratique allemande, à Adlershof, un quartier de Berlin-Est, qu'Angela Merkel a passé en 1986 sa thèse de doctorat en physique quantique. Jusqu'à la destruction du petit bâtiment, à l'automne 2016, il restait encore de ce temps-là la salle déserte, un tableau noir et cette boîte de craies tombée par terre, sur le lino qui sent le plastique mal vieilli. Je suis arrivée juste à temps, avant que les bulldozers n'emportent ce bout d'histoire. L'Adlershof d'aujourd'hui n'a plus rien à voir avec celui d'avant. C'est toujours un quartier de Berlin, mais plus de deux cents bâtiments des années 1950 et 1960 ont été démolis et reconstruits après la réunification pour édifier le plus grand campus scientifique et technologique de l'Allemagne moderne, abritant entreprises high-tech et lieux de recherche, dont une antenne de la prestigieuse université Humboldt. La République démocratique d'Allemagne y est partie en fumée. Il ne restera bientôt qu'une poignée de biographes obsessionnels pour se souvenir qu'ici, dans un des baraquements mal chauffés, Angela Merkel a largué les amarres un soir d'hiver 1989, trois ans après sa soutenance de thèse, dans l'extraordinaire mouvement de libération mondiale porté le 9 novembre par la chute du mur de Berlin. Fini, la recherche en physique quantique. Avant de partir, elle s'est confiée à une collègue russe du département, se contentant d'une formule laconique. Elle lui a dit : « La politique me fascine. » Et elle a disparu.

La politique est pourtant le cadet des soucis d'Angela Merkel à l'époque. Disons plutôt qu'elle a décidé, en raison du pragmatisme qui la caractérise déjà, de ne pas s'en préoccuper. À quoi bon s'épuiser, tel Don Quichotte, contre des moulins à vent ? Du temps où elle était collégienne et lycéenne à Templin, personne ne pouvait imaginer que le mur de Berlin tomberait, que l'Empire soviétique s'effondrerait, que la dictature est-allemande finirait. Les dissidents du régime, auxquels elle se joindra après coup, n'étaient guère nombreux. Eux-mêmes ne croyaient pas au succès de leur combat. Dans une dictature hostile à l'Église, la fille de pasteur qu'elle est doit alors tracer son chemin sans dépasser les bornes, exceller dans les études, manier l'art de la prudence, se couler dans le moule de la parfaite communiste, condition nécessaire pour avoir la paix. Si certains se distinguent par leur héroïsme, ce n'est décidément pas le cas d'Angela Merkel. Elle n'est ni héroïque ni téméraire, et ne croit pas aux lendemains qui chantent. Elle reste membre de l'organisation de jeunesse du régime, la FDJ, qui reste ouverte aux universitaires jusqu'à l'âge de 30 ans. À l'Académie des sciences d'Adlershof, elle poussera même le zèle jusqu'à y être officiellement chargée de la section « promotion et propagande », plus concrètement responsable de la culture. Elle aurait été tentée de poursuivre des études de russe pour l'enseigner ensuite, mais un tel poste lui aurait été refusé. Elle a vu sa mère interdite d'exercer son métier de professeure en tant que femme de pasteur, et les enfants d'hommes d'Église connaissent le même sort. Comment alors étudier en Allemagne de l'Est et s'éviter les ennuis ? En s'orientant vers le seul domaine à peu près épargné par la propagande idéologique et l'intrusion de l'État, là où, dira-t-elle, « la vérité n'est pas si simple à déformer » : les sciences. En 1973, Angela part s'installer à Leipzig, à trois cents kilomètres au sud de Templin, où se trouve le plus grand centre universitaire d'Allemagne de l'Est. Elle a 19 ans et la voilà partie pour cinq ans à étudier la physique à l'université Karl-Marx. En terrain politiquement neutre. Cela lui va si bien.

À Leipzig comme à Templin, la vie est plutôt belle, encore un peu. La bande du Waldhof s'est dispersée. Hartmut Hohensee et les autres garçons font leur service militaire, les filles s'éparpillent pour des études diverses aux quatre coins de la RDA ou dans les pays satellites du « bloc ». Angela est une jeune femme gaie qui aime aller dans les bars avec les amis, manger, boire et chanter. Elle fait parfois la barmaid dans des soirées disco. Politiquement, elle fait profil bas, selon le même diagnostic : à quoi bon combattre une dictature plus forte que vous, si cela ne sert à rien et que la vie est largement supportable ? Ce n'est pas chez elle une excuse, elle ne se vante d'aucun héroïsme potentiel, ni même d'un courage qu'elle ne prétend pas avoir. « J'avais décidé que si le système devenait trop terrible, j'essaierais de fuir, expliquera-t-elle en 2005, lors de sa première campagne pour la chancellerie. Mais ce n'était pas le cas et je ne voulais pas construire ma vie dans l'opposition au système. J'avais peur du tort que cela pourrait me causer. » À l'issue d'un entretien d'embauche pour un travail d'assistante de physique à l'université technologique d'Ilmenau, deux hommes de la Stasi l'accostent et lui font une proposition : « Vous pourriez bien collaborer… » La jeune femme botte en touche. Elle racontera l'épisode en 2009, pour les vingt ans de la chute du Mur, à la télévision publique ARD : « J'ai immédiatement répondu que ce n'était pas pour moi. »

Ses parents lui avaient donné un conseil à appliquer systématiquement dans ce genre de situation et elle l'a suivi à la lettre : dire qu'on est incapable de tenir sa langue et qu'on racontera tout. Elle parvient ainsi à dissuader ses recruteurs en leur faisant croire qu'elle est une pipelette invétérée, incapable de garder un secret pour elle.

En 1977, elle se marie avec un camarade d'université, un certain Ulrich Merkel qu'elle a rencontré trois ans plus tôt. Elle retourne à Templin chez ses parents pour l'occasion, le temps des cérémonies civile et religieuse, mais n'y accorde pas d'importance démesurée et divorce en 1982. « Ce n'était pas le grand amour, avoue-t-elle bien plus tard à un journaliste, Je me suis mariée parce que tout le monde se mariait. » Son ex-mari a répondu par voie de presse qu'il en avait ressenti de la peine, manifestement plus attaché qu'elle à ce mariage et à leur vie d'étudiants d'alors, joyeuse et légère. Le physicien Ulrich Merkel, qui s'est depuis installé à Dresde, traîne comme un boulet le fait d'avoir donné son nom à sa célèbre ex-épouse, qui ne le voit plus mais a gardé son nom. J'ai essayé de le rencontrer. Au téléphone, il a répondu gentiment mais d'une voix lasse : « S'il vous plaît, nous sommes divorcés depuis plus de trente ans. J'aimerais une chose, c'est que vous me fichiez la paix avec Angela Merkel… » La femme politique a été bien avisée de garder ce joli patronyme, d'autant que celui de son actuel mari, « Sauer », signifie « aigre » en allemand. Et elle a dû rire sous cape lorsque le président français

Nicolas Sarkozy, qui n'avait pas pris la peine de se renseigner sur cette longue histoire, a commis un jour la gaffe d'appeler « Monsieur Merkel » le mari en question, Joachim Sauer – accessoirement, éminent physicien de renommée internationale, longtemps titulaire de la chaire de chimie théorique à l'université Humboldt.

L'année suivant son mariage, Angela Merkel passe son examen de fin d'études. Le mémoire pour lequel elle obtient la mention « Très Bien » aurait eu du mal à courroucer les agents de la Stasi : « Influence de la corrélation spatiale sur la vitesse de réaction dans les réactions élémentaires bimoléculaires en milieu dense ». La conclusion, certainement convaincante, marque en tout cas la fin d'une étape et le point de départ d'une vie nouvelle. Angela et Ulrich partent pour Berlin, où ils s'installent en 1978, dans un appartement sur Marienstrasse, à côté de la gare de Friedrichstrasse. L'Académie des sciences d'Adlershof l'embauche au département dit de « chimie théorique » liée à la physique quantique. Elle s'installe dans le bâtiment que j'ai visité, plutôt une baraque au matériel vétuste, pas même équipée d'ordinateurs. Un détail, dans la composition de l'équipe qu'elle rejoint, frappe rétrospectivement comme un aperçu de sa vie politique future : sur les douze chercheurs du département, Angela Merkel est la seule femme. Elle saura s'y habituer, à la CDU comme avec ses homologues dirigeants sur la planète, où elle a toujours été assez seule dans son genre.

Parmi ces messieurs figure son futur mari, Joachim Sauer, mais aussi un jeune homme qui les rejoint en 1984. Il vient de terminer ses études en URSS et présente ses travaux aux membres de l'équipe, tous plus âgés que lui. Angela Merkel est celle qui l'accueille le plus chaleureusement. Elle le questionne à n'en plus finir sur l'Union soviétique vieillissante, l'épuisement économique du pays et les craquèlements du système qui conduiront à l'élection de Mikhaïl Gorbatchev et à la Perestroïka, puis à l'effondrement des régimes communistes en Europe de l'Est. On n'en est pas encore là, mais Michael Schindhelm et Angela Merkel nouent une amitié profonde. Elle vient du nord de la RDA, lui du milieu, en Thuringe. Ils ont en commun la passion de la Russie, du théâtre, de la musique, de la peinture, et surtout le protestantisme. Une religion fondée sur la morale et que la dictature a érigée en ennemi instaure immédiatement des liens de confiance entre ceux qui s'y reconnaissent. «Dans une dictature où l'État cherche à s'immiscer et à s'infiltrer dans vos vies quotidiennes, le protestantisme créait un sentiment de solidarité et de protection», analyse Michael Schindhelm, écrivain, cinéaste et conservateur de musée, qui partage maintenant sa vie entre la Suisse italienne et Singapour. «Alors qu'il fallait toujours être sur ses gardes, faire attention à qui vous parliez, on se sentait en sécurité dans ce cadre. On sentait qu'entre nous on pouvait se parler librement. Angela, comme moi, se sentait rassurée avec les personnes de ce milieu.

C'était un mode de vie alternatif, en quelque sorte.» Sur la photo de 1986, le soir où Angela fête sa soutenance de thèse dans la baraque du département de chimie théorique, Michael est le barbu au visage assis à table à la gauche d'Angela, entouré de bières et de saucisson. «Angela était incroyablement intéressée par les gens, curieuse de tout, très intuitive et empathique. C'était toujours intéressant et joyeux de parler avec elle», témoigne son ami. Pendant les six années de la RDA finissante, ils se promènent dans la ville, vont ensemble au concert, au théâtre, au cinéma, et se rencontrent surtout à la maison, chez les uns ou les autres. On évite les restaurants, où la nourriture est mauvaise et où les voisins sont dangereux pour les conversations. «On ne savait jamais qui était assis à la table d'à côté. Les restaurants et les cafés étaient les lieux à éviter», dit-il.

La vie quotidienne en Allemagne de l'Est consiste à être confronté en permanence à la question suivante : «Est-il ou est-elle en train de m'espionner?» Il faut vivre avec ce doute. Angela Merkel maintient tranquillement sa politique de prudence. L'intitulé de sa thèse de doctorat, comme celle de son mémoire de fin d'études à Leipzig, lui a épargné toute accusation de pensée politique subversive : «Étude du mécanisme des réactions de décomposition avec rupture de la liaison simple et le calcul de leurs constantes de vitesse sur la base de la chimie quantique et des méthodes statistiques». En ces années 1980, Elle lit *1984*, de George Orwell, effrayée de se découvrir au cœur du régime de surveillance totale qu'il décrit. Dans le même temps, elle achète comme tout le monde le quotidien soviétique de propagande, la *Pravda*. Une fois la dictature tombée, elle découvrira que des camarades du laboratoire ont rendu compte aux autorités des commentaires désobligeants sur la RDA qu'elle avait pu laisser échapper parfois, se croyant « entre amis ». Le dossier de la Stasi sur Angela Merkel, daté de 1984, établi à partir des informations d'un « ami », indique qu'elle se montre « très critique de notre État » et « s'enthousiasme » pour le syndicat Solidarność en Pologne. « Il était très difficile de distinguer les "un peu" coupables des "très" coupables, explique-t-elle à Hugo Müller-Vogg. Chacun a dû faire des compromis, y compris moi. » Angela Merkel porte en elle cette Allemagne de l'Est faite de mensonges, de ruses permanentes et de délation. Cette grisaille sur les visages et sur les murs. Cette omniprésence, visible ou non, de la Stasi, la police politique de la RDA. Cette peur diffuse d'un danger d'autant plus subtil qu'il se manifeste rarement et qu'on le redoute partout. Cette pesanteur de la surveillance et de la suspicion. Une fois qu'elle sera devenue chancelière, Jean-David Levitte l'interrogera à propos de *La Vie des autres*, le film magistral de Florian Henckel von Donnersmarck, couronné aux Oscars en 2007, sur la surveillance d'un artiste par la Stasi. « La vie quotidienne ressemblait-elle à cela ? » lui demande le conseiller diplomatique de l'ex-président Nicolas Sarkozy. Réponse d'Angela Merkel : « Non, c'était bien pire. Je n'ai jamais vu, comme dans le film, un agent de la Stasi au bon cœur auquel on pourrait finir par s'attacher… »

« À Adlershof comme partout, explique Michael Schindhelm, il y avait ceux qu'on appelait des "Karder". Des *apparatchiki* qui se mêlaient aux scientifiques pour nous surveiller et profiter en retour des avantages du système. On le savait. S'il y a une personne dont on pouvait être sûr que ce n'était pas un "Karder", c'est l'homme qu'Angela a commencé à fréquenter ces années-là. » Celui qui deviendra le mari d'Angela Merkel a cinq ans de plus qu'elle. Parmi les douze chercheurs du département de chimie théorique, se rappelle Michael, « Joachim Sauer était d'une droiture et d'une indépendance d'esprit absolues. Sa force de caractère prenait toute la lumière ». Il introduit Angela à la musique d'opéra, dont il est passionné, et ils ne manqueront pas une année le festival Wagner de Bayreuth, une fois le Mur tombé. Ils emménagent ensemble dans un des appartements abandonnés du quartier de Prenzlauer Berg que l'on pouvait squatter avec l'autorisation tacite des autorités publiques. L'ironie de l'histoire veut que cet appartement ait pour adresse Templiner Strasse – la « rue de Templin », comme si elle ne pouvait jamais se défaire de ses racines du Brandebourg. Ils aiment l'un et l'autre la physique, la musique, les marches en montagne. Il a déjà deux enfants, qu'elle élèvera comme les siens. Ils n'en auront pas ensemble et elle n'a jamais donné à cela la moindre explication, sinon qu'à partir de 1989 la politique l'a trop absorbée. Ils finiront par se marier en toute discrétion le 30 décembre 1998, et n'ont pas encore idée des deux cataclysmes qui, bien avant cette date, révolutionneront leur vie : la chute du mur de Berlin et l'obsession soudaine de sa compagne pour une chose qui jusque-là ne la préoccupait pas outre mesure, la politique.

Le Berlin-Est des années 1980 ne ressemble pas au Templin des années 1960 et 1970, et encore moins au paradis du Waldhof. La ville est certes moins pauvre et sous-développée que la campagne du Brandebourg, mais l'époque n'est plus à l'optimisme de la RDA toute jeune où certains, comme le pasteur Horst Kasner, croient encore à l'avenir radieux du socialisme réel. L'espoir d'un monde meilleur et juste s'est flétri. L'économie s'enfonce à une vitesse vertigineuse dans le déclin et la décrépitude. Mais surtout il y a cette ville martyre et étrange, Berlin, cette ville violemment coupée en deux où chaque côté se toise et se vit comme un concours de vitrines, cette ville où chacun doit vivre avec la présence fantôme de l'autre moitié interdite. Comme Angela et Joachim, Michael Schindhelm habite Prenzlauer Berg, au centre de la ville. Matin et soir, pour faire le trajet entre leur appartement et le labo d'Adlershof, au sud-est, ils prennent le train S-Bahn qui longe le mur de Berlin, protégé par des barbelés, des miradors et de larges bandes de sable qui dénoncent la moindre tentative d'intrusion. Ils regardent par la fenêtre, avec ce sentiment résigné d'oppression qui caractérisait la plupart des citoyens d'Allemagne de l'Est. « Le décalage grandissant entre l'Est et l'Ouest était tragique à Berlin parce qu'il était flagrant, note Michael. Il fallait faire avec cette autre partie, notre ennemi, qui était toujours plus prospère, plus éclatant, alors que la propagande nous martelait le contraire. On vivait en permanence confrontés à la réalité du mensonge. » Le début des années 1980 enregistre le record du nombre d'évasions de la RDA vers la RFA.

Ils envient la liberté. Elle est là à portée de main, de l'autre côté. Pourquoi Angela Merkel n'est-elle pas partie ? Elle aurait pu. Dès le milieu des années 1980, les choses bougent. Angela Merkel, qui poursuit sa carrière scientifique sans faire de vagues, n'y est clairement pour rien, mais elle en apprécie les effets : l'adoucissement du régime, les moments de tolérance qui apparaissent parfois avant de se refermer. La relation entre Allemagne de l'Ouest et Allemagne de l'Est s'assouplit. En 1985, Helmut Kohl, chancelier de la RFA depuis 1982, et Erich Honecker, le Premier ministre est-allemand depuis 1979, se rencontrent pour la première fois à l'occasion des funérailles du dirigeant de l'URSS Konstantin Tchernenko. Les voyages à l'Ouest sont un peu facilités. En 1986, Angela Merkel profite de l'anniversaire d'une tante souabe pour lui rendre visite et faire un voyage en RFA. Le gouvernement est-allemand a donné l'autorisation de sorties exceptionnelles du territoire en cas de nécessité – ou de « motif impérieux », selon l'une de ces expressions auxquelles le coronavirus nous a désormais, nous aussi, habitués. Il semble que l'anniversaire de sa tante avait été admis comme suffisamment impérieux pour justifier le passage de la frontière. Elle a souvent voyagé dans les pays du bloc, en Russie ou en Tchécoslovaquie, et en famille à Hambourg, en 1961, l'année de la construction du Mur. Mais c'est la première fois de sa vie adulte qu'elle franchit le rideau de fer. Elle est impressionnée par l'Allemagne de l'Ouest, la beauté des villes, les paysages soignés, le niveau de vie, la liberté. Elle est divorcée de son ex-mari, n'a pas d'enfants, pas de responsabilités ni d'obligations. Angela aurait pu rester. Mais elle est revenue. Pourquoi ? À son retour, Michael Schindhelm lui a posé la question. Elle lui a répondu simplement : « Parce que ma place est ici. » Pour Michael, Angela Merkel n'a jamais imaginé une seconde quitter son pays. « Elle admirait le monde de l'Ouest, mais elle a senti qu'elle n'y appartenait pas, dit-il. Contrairement à moi, elle n'a jamais douté de son identité est-allemande. »

La chancelière rendra pourtant hommage nommément à son « ami Michael Schindhelm », dans son discours du 3 octobre 2006, lors de la cérémonie marquant le jour de l'unité allemande. Elle y rapporte le souvenir d'un livre que lui avait offert Michael avec une dédicace : « *Gehe ins Offene !* » (Pars vers le grand large ! Échappe-toi) Et elle ajoute : « C'était une des plus belles choses qu'on pouvait me dire à l'époque. Comme beaucoup d'autres, je suis partie vers le large, vers la nouveauté. »

Le 9 novembre 1989, dans l'après-midi, le porte-parole du parti communiste de RDA, Günter Schabowski, annonce les réformes qui permettront la liberté de circulation vers l'Ouest. Les derniers mois étaient chaotiques et Angela Merkel avait commencé, tardivement, à se joindre à la marée de l'opposition. Elle écoute le discours du porte-parole à la télé et appelle sa mère. « Nous disions toujours qu'une fois le Mur tombé nous irions au Kempinski manger des huîtres, raconte-t-elle à Müller-Vogg. Je lui ai dit que c'était le moment. Et je suis allée au sauna comme chaque semaine. » Car elle a ses petites habitudes. Tous les jeudis soir, dans son quartier de Prenzlauer Berg, Angela Merkel va au sauna avec une amie et elles prolongent la soirée en allant boire une bière. Lorsqu'elles en sortent à 21 heures, ce jeudi 9 novembre, le poste-frontière de la Bornholmer Strasse est ouvert. On partage l'impatience du journaliste qui l'interroge après coup : et alors ? qu'a-t-elle fait en voyant que le poste-frontière était ouvert ? « Alors, répond-elle avec une sobriété désarmante, au lieu d'aller boire une bière comme d'habitude, je suis allée me promener à l'Ouest. »

L'indifférence apparente d'Angela Merkel en ce soir historique qui va révolutionner la planète est hallucinante. Elle a 35 ans, son pays est coupé en deux depuis plus de quarante ans, la dictature qui les a étouffés est vaincue, les soldats de l'Est et de l'Ouest pleurent et s'embrassent, le peuple de Berlin escalade le Mur et se retrouve dans la joie, l'Ouest redécouvre la porte de Brandebourg emprisonnée derrière sa muraille, le monde entier est en effervescence et elle passe simplement de l'autre côté. Elle va se promener au lieu d'aller boire sa bière. Pas d'enthousiasme excessif. Elle est comme ça, Angela.

Une fois à l'Ouest, elle cherche une cabine téléphonique pour appeler sa tante de Hambourg, mais n'en voit pas, et elle en trouverait une que cela ne lui servirait à rien : elle n'a pas de devises. Dans le hasard du désordre ambiant, elle se retrouve dans un appartement avec des inconnus, à l'Ouest. « J'ai pu téléphoner de chez eux. Et puis tous voulurent faire un tour sur le Ku'damm », le Kurfürstendamm, célèbre boulevard de Berlin-Ouest qui symbolisait l'abondance capitaliste. « Moi, poursuit-elle, je suis rentrée, car le matin suivant je devais me lever tôt. Et puis, j'avais rencontré suffisamment d'inconnus pour la soirée. J'ai fait la balade sur le Ku'damm le lendemain avec ma sœur. »

Voilà, c'est tout. Mais en fait, non, ce n'est pas tout. Angela Merkel, comme toujours, a maîtrisé ses émotions pour n'en laisser rien paraître. Ne pas se presser, analyser d'abord, agir ensuite : le secret de son leadership, appris à l'école de la prudence, à l'Est. Les conversations qu'elle a avec son ami Michael, dans les jours qui suivent la chute du mur de Berlin, sont d'une autre teneur. « Elle n'était pas du tout impassible, encore moins indifférente, assure-t-il. Elle manifestait au contraire une grande excitation et un grand bonheur devant la vie qui s'ouvrait. »

À la fin, tu es las de ce monde ancien, chantait Apollinaire. Depuis ce jour, Angela Merkel n'est plus la même. Après analyse mûrement réfléchie et en raison d'une nécessité impérieuse, la femme politique prend le pas sur la physicienne. En mars 1990, plus personne ne la revoit à l'Académie des sciences.

6

Le désordre de Prenzlauer Berg

« Je m'intéresse à votre mouvement.
– Tu sais te servir d'un ordinateur ?
– Oui. »

Il lui aura fallu cinq mois pour mûrir sa décision. Dans les premiers jours de décembre 1989, elle franchit la porte d'un local situé au rez-de-chaussée, numéros 12 et 13 de la Marienburger Strasse à Berlin. Elle habite à deux pas, dans ce quartier ouvrier de Prenzlauer Berg, déjà branché, mais délabré alors. Les derniers arrivés à Berlin-Est viennent à l'époque s'installer à côté des artistes et des non-conformistes de tout poil, dans de spacieux appartements sans électricité et chauffés au charbon. Les dissidents y apprécient les cachettes et les sorties offertes par les enfilades de cours. Dans cette RDA policière, poussiéreuse et étouffante, Prenzlauer Berg vit dans l'ombre de la capitale, mélange de culture underground et d'opposition. La chute du Mur en fait d'autant plus un point de ralliement. La Stasi continue à veiller, mais la société est en ébullition et le régime craque de partout.

Décembre 1989, Marienburger Strasse. Un groupuscule d'opposition, créé en octobre en plein fouillis révolutionnaire sous le nom de «Renouveau démocratique» (*Demokratischer Aufbruch*), s'est mué en parti et a établi sa base dans ce local humide prêté par un artisan. Ils sont habitués à voir venir les curieux, en cette période agitée. Entre alors une jeune femme coiffée et habillée à la garçonne. «*Hallo*...» Günter Nooke, l'un des fondateurs du parti, lève le nez de son bureau. Il reconnaît vaguement Angela. Protestant, il a connu son père et a été en fac de physique à Leipzig avec son frère, Marcus, pas plus politisé que sa sœur aînée.

«Je m'intéresse à votre mouvement, dit la jeune femme. J'aimerais voir comment je peux vous aider.

– Tu sais te servir d'un ordinateur? demande Nooke.

– Oui.

– Ça tombe bien. On vient d'en recevoir un et personne ne sait le faire marcher.»

Il conduit Angela à la Maison de la démocratie, sur Friedrichstrasse : c'est le bâtiment du parti au pouvoir en Allemagne de l'Est, le Parti socialiste unifié (SED), lequel a été contraint de céder la place aux groupuscules de l'opposition après la chute du Mur pour préparer les élections libres. La jeune femme se voit confier une première mission : déballer des ordinateurs qui viennent de l'Ouest et expliquer aux autres comment s'en servir. Un émerveillement pour elle qui se plaignait tant de ne pas en avoir à Adlershof, où l'on passait des heures à s'acharner devant des machines désuètes qui ne fonctionnaient pas toujours. Elle participe à l'aménagement du QG.

Comment, dans ce grand désordre, Angela Merkel finit-elle par se retrouver à la tête du plus grand parti conservateur de l'Ouest, l'Union chrétienne-démocrate (CDU) ? Elle n'a pas d'avis bien arrêté et, comme toujours, prend son temps. De la dictature, elle a appris la prudence. Des sciences, elle a retenu la lenteur. Hypothèse, expérience, théorisation. Toujours laisser reposer avant de conclure puis, une fois la décision prise, s'y tenir fermement. Elle commence par consulter son supérieur hiérarchique à l'institut de chimie-physique d'Adlershof, Klaus Ulbricht, qui participe à la création du SPD en Allemagne de l'Est. La rhétorique du parti et les chants révolutionnaires ne lui plaisent pas trop. Une petite musique qui lui rappelle le parti unique d'avant. Elle réserve son opinion. « Tu es la bienvenue ici, lui dit Ulbricht. Mais va voir aussi au Renouveau démocratique pour te faire une idée. »

Elle va voir, donc. Et s'y plaît. Le Renouveau démocratique a la caractéristique d'être largement composé de protestants, voire de théologiens. Rainer Eppelmann, dissident célèbre de RDA et cofondateur du mouvement, est un pasteur passé par le séminaire du père d'Angela. La fille d'Horst Kasner se sent là en famille et en communauté morale. Comprendre Angela Merkel, c'est ne pas oublier d'où elle vient et où elle a grandi, non seulement à l'Est et sous la dictature communiste, mais également dans les cercles évangéliques au sein de cette dictature. « Je l'ai vue débarquer à la Maison de la démocratie, raconte Andreas Apelt, cofondateur et ancien président du Renouveau démocratique. Elle ressemblait à une étudiante arrivée en retard. Pas maquillée, cheveux courts, pull vert, pantalon de velours marron. Elle se fichait complètement de son apparence. On se disait : elle n'a pas de grandes ambitions politiques mais elle a l'air sérieux. Le fait qu'elle se mette au service d'une grande cause sans aucun orgueil l'a rendue immédiatement sympathique. Elle vivait pour le travail. »

Angela Merkel veut d'abord apprendre, s'imprégner, écouter. Elle commence par assister à une réunion du mouvement, début décembre. Elle demande juste à s'installer en bout de table. « Elle s'est assise et elle n'a pas posé une seule question, poursuit Andreas Apelt. Elle est partie aussi silencieusement qu'elle était arrivée. Beaucoup de gens venaient, à l'époque, j'ai pensé que je ne la reverrais plus jamais. » Non seulement elle revient mais, en janvier 1990, quand le mouvement se transforme en parti politique, en prévision des premières élections législatives libres de RDA, le 18 mars, la question se pose de savoir si elle veut s'engager dans le parti.

Fidèle à elle-même, esprit scientifique et prudence historique obligent, elle demande vingt-quatre heures de réflexion et revient le lendemain. « Oui. »

Les membres du nouveau parti, anciens dissidents venus de toutes parts, ne connaissent rien à la politique et n'ont aucune idée de ce qu'est une campagne électorale. Ils sont douze salariés et doivent tout inventer quand le Parti communiste d'État, face à eux, compte quelque 6 000 employés. Dans l'opposition à une dictature, il est facile de s'entendre, quand l'objectif commun est de s'en débarrasser. Mais rester unis une fois la dictature tombée est plus compliqué. L'après « chute du Mur » impose à la nébuleuse de mouvements nés de la dissidence de mettre sur pied un programme, chercher des alliances, définir ce qu'on est, ce qu'on veut. Les douze salariés conviennent de la nécessité d'organiser la communication. La tâche en revient à Andreas Apelt et Angela Merkel. « Quand on est tous sortis de la clandestinité, explique Apelt, on a pris conscience qu'on était très différents. Il fallait forger une identité collective. C'était le chaos du matin au soir. Il fallait dans le même temps mener campagne et créer de toutes pièces un parti. Angela Merkel maîtrisait le chaos de façon incroyable. On admirait son calme dans la tempête. Elle a une façon tranquille de penser rationnellement sans se laisser gagner par les émotions. Ce calme, c'est sa plus grande force. »

Dès qu'il s'est agi de donner une ligne politique au Renouveau démocratique, le parti s'est inévitablement divisé. Voulait-on une Allemagne unifiée ou une RDA réformée ? Épouser le modèle sociétal de l'Allemagne de l'Ouest ou maintenir l'identité de l'Est ? Les plus à gauche rejoignent le Parti social-démocrate (SPD), plus réservé sur la réunification. Les plus conservateurs aspirent à se fondre dans la CDU de l'Ouest, dont le représentant est l'illustre chancelier Helmut Kohl, chantre de la réunification. Angela Merkel se range à la cause pragmatique, majoritaire : la RDA est exsangue et, sans réunification, elle ne survivra pas.

Les hommes sont plus nombreux que les femmes dans les mouvements d'opposition. Mais ce n'est pas en tant que femme qu'Angela Merkel se fait remarquer. La RDA, où les bus et les grues pouvaient avoir des conductrices féminines, n'était pas une société sexiste. Si elle se distingue peu à peu dans la bataille, c'est par sa pensée analytique, ses décisions argumentées, son calme, sa modestie. Le fait que cette ancienne gradée des jeunesses communistes soit acceptée si chaleureusement par ces dissidents de la première heure est un signe que son activité auprès du régime a dû rester limitée. Ils ont l'humilité de l'admettre : l'héroïsme n'est pas donné à tout le monde et dans une dictature, chacun fait comme il peut. « Tout le monde l'appréciait parce qu'elle n'était pas une figure de polarisation, note Apelt. Elle ne mettait jamais d'étiquette sur les gens. Quand il y avait une discussion collective, elle se tenait en retrait et intervenait à la fin en proposant une solution avec laquelle tout le monde était d'accord. » Sa force tranquille rassure. On la charge de confectionner des tracts pour communiquer sur le parti. En février 1990, Wolfgang Schnur, président du Renouveau démocratique, confie à la petite nouvelle le poste de porte-parole.

À peine arrivée, Angela Merkel se trouve face à une crise majeure. Une semaine avant les élections de mars, Schnur est accusé d'avoir été un agent infiltré de la Stasi. Il est loin d'être le seul, dans un système totalitaire qui a tenu par la peur de l'autre et la multiplication des doubles jeux. Mais pour un parti qui fait campagne sur les « mains propres » et la table rase de l'ancien régime, l'affaire fait désordre. « C'était un immense choc, se rappelle Andreas Apelt. On était tous crevés, on bossait dix-sept heures par jour pour la campagne. On était en colère et on ne voulait pas y croire. » Rainer Eppelmann tente d'obtenir des explications de Schnur, lequel tombe malade et refuse de lui parler. À l'Ouest, Helmut Kohl devient nerveux : le Renouveau démocratique est un allié pour construire la nouvelle Allemagne. Il envoie deux émissaires au chevet de Schnur qui leur répond du bout des lèvres : « Il y a du vrai sur la Stasi. » Affolement. Réunion de crise. C'est le 15 mars, trois jours avant les premières élections libres de RDA. Une foule de journalistes attend dehors, sur Friedrichstrasse, la conférence de presse. Angela Merkel rédige le communiqué et le lit. « Elle a assuré », note Apelt.

Le Renouveau démocratique, plombé par l'affaire Schnur, fait un score désastreux aux élections libres du Parlement de RDA, le 18 mars 1990. Le parti obtient moins de 1 % des suffrages. Seuls quatre députés sont élus, dont Eppelmann. Mais l'Union chrétienne-démocrate (CDU) locale, le parti du chancelier Helmut Kohl avec lequel le Renouveau démocratique s'est allié en faveur de la réunification, l'emporte. Lothar de Maizière, avocat, président de la CDU de l'Est et donc alter ego d'Helmut Kohl, devient le dirigeant du premier gouvernement d'Allemagne de l'Est librement élu. Il est chargé de constituer un gouvernement en grande coalition avec les sociaux-démocrates. Rainer Eppelmann, la personnalité de référence au Renouveau démocratique, lui souffle le nom d'une inconnue : Angela Merkel.

Voilà comment Angela Merkel, future chancelière d'Allemagne, est arrivée jusqu'à la CDU : par le hasard d'une porte franchie un jour de décembre 1989, à Prenzlauer Berg. « Quand on voit la politique aujourd'hui, on constate qu'elle aurait pu faire carrière aussi bien au Parti social-démocrate (SPD) », constate Rainer Eppelmann.

7
L'école de la Baltique

« T'as qu'à prendre la Merkel.
– Qui c'est, ça ? »

À 77 ans, Lothar de Maizière a toujours le même air austère venu de ses origines huguenotes, les mêmes lunettes rectangulaires à la soviétique, un cabinet d'avocat à Berlin et la même barbichette, plus blanche qu'avant, sur sa peau rose. Celui qui fut le premier et dernier chef d'un gouvernement démocratiquement élu en Allemagne de l'Est avait une mission insolite : diriger un pays avec l'objectif de le faire disparaître. Après la chute du mur de Berlin, il est chargé de préparer la réunification des deux Allemagnes avec le chancelier de l'Ouest, Helmut Kohl, et d'assurer la transition. C'est le fameux traité « 2 + 4 », qui sera signé entre les deux Allemagnes et les quatre puissances alliées pour assurer la souveraineté allemande, le retrait des puissances occupantes, la fin de la division de

Berlin en quatre zones. La République démocratique allemande (RDA) sera absorbée dans la République fédérale d'Allemagne (RFA) et les deux ne feront plus qu'une.

Dans son appartement vieillot et encombré d'objets, Chausseestrasse à Berlin, il sort de sa bibliothèque un livre de poche tout usé et un tas de feuilles jaunies et annotées : le traité d'unification qu'il a lui-même corédigé, en juriste attentif. Il a aussi encadré et accroché sur un mur le menu, tapé sur une vieille machine à écrire, du petit déjeuner partagé à Moscou, le 12 septembre 1990, jour de la signature du traité. Le survivant de l'Est le décroche et contemple cette pièce de musée. Ils ont mangé du caviar, de la salade de crabe, des côtelettes, une poire au vin. Les convives ne sont autres que les représentants des quatre puissances occupantes de Berlin depuis 1945. Ils ont apposé leur signature au dos du menu, en souvenir : le président soviétique Mikhaïl Gorbatchev et les ministres des Affaires étrangères – le Soviétique Edouard Chevardnadze, l'Américain James Baker, l'Allemand de l'Ouest Hans-Dietrich Genscher, le Français Roland Dumas, le Britannique Douglas Hurd. Angela Merkel a accompagné la délégation allemande pour les négociations préalables et a fait là ses premiers pas dans la politique mondiale. « Dès le début, raconte Lothar de Maizière tout en regardant encore une fois d'un air songeur le voisinage de ces signatures qui ont fait l'histoire, j'ai pensé que les capacités intellectuelles d'Angela

Merkel la mèneraient loin. Mais je n'imaginais pas qu'elle aurait la capacité du pouvoir. » Sur ces mots, il raccroche au mur le précieux menu de Moscou.

Quand Rainer Eppelmann recommande à Lothar de Maizière cette jeune inconnue, Angela Merkel, pour l'assister dans sa conduite du dernier gouvernement d'Allemagne de l'Est, le dirigeant l'a en fait déjà repérée. Il est loin de se douter qu'il installera par hasard son cabinet dans l'immeuble où elle habite avec son mari à Berlin, sur Kupfergraben, que son cousin Thomas de Maizière deviendra ministre du gouvernement d'Angela Merkel, ou encore moins qu'elle deviendra chancelière d'Allemagne. Mais il a été frappé par ses qualités avant les premières élections libres de RDA du 18 mars 1990, lors d'une réunion à Leipzig avec Helmut Kohl et tous les groupes d'opposition, dont celui de Rainer Eppelmann, le Renouveau démocratique. Elle en est alors la porte-parole. De Maizière l'observe pendant la réunion, car elle a une manière très particulière de parler avec tout le monde en aparté et de mettre les gens d'accord. « Je suis allé la trouver, dit-il. C'était la scientifique de RDA typique : hostile à l'élégance, habillée en sandales avec une grande jupe ample. Vraiment rien de flatteur. Elle m'a parlé de sa thèse de doctorat de physique, je n'ai même pas compris le sujet. Mais elle venait de m'épater par sa manière de gérer les conflits entre les groupes de l'alliance, avec ses apartés. Elle a aussi donné une conférence de presse qui était admirable de clarté, concentrée sur l'essentiel. » Si bien que, lorsque Eppelmann prononce son nom, Lothar de Maizière n'hésite pas une seconde. Angela Merkel est nommée porte-parole adjointe de son gouvernement.

Lorsqu'il convoque la première réunion de son cabinet, le chef de cet étrange gouvernement d'Allemagne de l'Est, destiné à disparaître, annonce la couleur : « Notre mission, c'est de nous abolir nous-mêmes. » Merkel est là. Leur tâche consiste à assurer la transition et à dissoudre le gouvernement d'Allemagne de l'Est après avoir concocté et achevé le traité de réunification avec son homologue de l'Ouest, Helmut Kohl. Lothar de Maizière travaille donc étroitement avec Kohl. « Admiriez-vous Helmut Kohl ? » lui demandé-je. La réponse est franche et nette : « Non ! » Pour parler de ce chancelier légendaire de la République fédérale allemande, chef de la CDU et du gouvernement allemand pendant seize ans, mort au printemps 2017, mon interlocuteur ne mâche pas ses mots. « Kohl était un colosse catholique, sans culture, sans sensibilité. Brutal, arrogant, méprisant, il se permettait de tutoyer tout le monde. Il y a des gens, quand ils entrent dans une pièce, la pièce est remplie. On ne pouvait pas respirer à côté de Kohl. » En parlant de Kohl, de Maizière énonce une vérité plus étendue : le sentiment d'humiliation des Allemands de l'Est face aux notables de l'Ouest, confortablement installés du bon côté de la prospérité. Et à l'inverse, le complexe de supériorité et d'arrogance de ces derniers à l'égard des oubliés de l'histoire. À l'issue d'une réunion, n'en pouvant plus de la condescendance de Kohl, de Maizière le tacle : « Monsieur le chancelier, de la même façon que je vous respecte en tant que "monsieur le chancelier", je vous demande de me respecter en tant que "monsieur de Maizière". » « Kohl ne l'a pas bien pris », dit de Maizière, visiblement encore énervé.

Le gouvernement de Maizière dure cent quatre-vingts jours, du 12 avril à la réunification allemande, le 3 octobre 1990. Angela Merkel est une porte-parole idéale : pédagogue, disponible, claire et concise, d'humeur égale. Elle accompagne de Maizière dans ses déplacements et découvre l'Ouest. Ensemble, ils vont au Parlement européen de Strasbourg, rencontrent Margaret Thatcher à Downing Street et François Mitterrand à l'Élysée. Le président français lui a laissé un souvenir impérissable, lors de cette visite de juillet 1990. Alors que les deux hommes parlent pendant deux heures de littérature et de musique, échangeant leurs commentaires sur Theodor Fontane ou Berlioz, Angela Merkel les écoute, trop timide pour s'en mêler. Le président les a raccompagnés sur le perron de l'Élysée. « Il m'a dit : "Enfin un homme politique allemand qui a de la culture !" » François Mitterrand avait donc deviné que rien ne pouvait réjouir davantage son invité qu'une petite vacherie à l'adresse du chancelier Kohl. Lothar de Maizière en jubile encore. « Cela a été rapporté à Kohl », ajoute-t-il, perfide.

Pour son premier voyage à Moscou, Lothar de Maizière décide d'emmener sa porte-parole adjointe. Elle parle bien le russe, mais un détail le dérange et il n'ose pas le lui avouer : sa façon de s'habiller, avec des sandales et des robes ou des pantalons informes. « Elle ne pouvait pas représenter la RDA dans la capitale de l'URSS avec des tenues pareilles ! raconte-t-il. Je n'osais pas le lui dire, alors j'ai demandé à mon assistante de lui passer le message : "Sylvia, peux-tu dire à Mme Merkel de s'acheter des tenues plus décentes ? On ne nous laissera pas entrer au Kremlin si elle est habillée comme ça..." » Peu après, Angela arrive au bureau avec une jupe de dame et un blazer à carreaux, plus adaptés à la fonction mais pas nécessairement plus seyants. « Ah, c'est beau ! » lui lance le chef du gouvernement. Angela rougit.

Ils se rendent à Moscou le 29 avril 1990. De Maizière charge sa collaboratrice russophone de tâter le pouls du pays. « Prends le bus, le métro, parle avec les gens : je veux savoir ce que les Russes pensent de la réunification allemande. » Le soir, Angela Merkel revient de mission avec une seule phrase : « Les Russes disent : "Staline a gagné la Seconde Guerre mondiale et Gorbatchev est en train de la perdre." » Dans son appartement, le petit homme à barbichette médite encore cette phrase profonde. « Je pense que les Russes ont le même avis aujourd'hui, ajoute-t-il. Les Européens adorent Gorbatchev ; les Russes le détestent et aiment d'autant plus Poutine, parce qu'ils ont l'impression qu'il les venge. »

Lothar de Maizière s'en va. C'était prévu. Il accepte un intérim de trois mois supplémentaires entre la réunification officielle des deux Allemagnes, le 3 octobre, et les premières élections de l'Allemagne réunifiée, le 2 décembre. Son contrat est terminé, mais il a eu le temps d'observer de près sa porte-parole adjointe. « Angela était très travailleuse, elle tenait ça de son père. Elle était imbattable en logique formelle, claire et précise. Au gouvernement, ils étaient deux à se partager la revue de presse du matin. Quand c'était au tour de Merkel, elle casait autant d'informations en deux fois moins de temps. Elle avait de bons réflexes sur ce qu'il valait mieux ne pas exprimer, comme le désastre financier dans lequel se trouvait la RDA : il fallait conserver un minimum d'autorité vis-à-vis de Kohl... »

Kohl dit à de Maizière : « Je voudrais placer une femme de l'Est à un ministère "mou". Vous verriez qui ? » De Maizière : « Prenez Angela. C'est la plus intelligente. » En sortant de la chancellerie à Bonn, capitale provisoire de la nouvelle Allemagne, de Maizière croise Angela Merkel dans le parc situé à côté. Il la prévient : « Va vite à côté de ton téléphone [ah, l'époque où les portables n'existaient pas !], Kohl va t'appeler. » Le ministère « mou » qui lui est confié est celui des Femmes, de la Jeunesse et des Sports. Au préalable, le chancelier a pris soin de faire examiner son dossier de la Stasi, pour s'assurer que sa future ministre n'est pas suspecte. On ne sait jamais avec ces gens de l'Est... Il la convoque par ailleurs à la chancellerie, à Bonn, quelques semaines avant les élections fédérales de décembre 1990. Car, parallèlement, Angela Merkel a déjà commencé sa campagne pour devenir députée, condition pour obtenir un ministère et, surtout, s'imposer en politique.

Quelques mois plus tôt, des militants de la CDU de la circonscription de Poméranie-Occidentale-Rügen, du côté Est de l'Allemagne, cherchent un candidat pour les législatives du 2 décembre. Un cadre de la CDU locale, Wolfhard Molkentin, cogite avec ses camarades. Ils ont un problème : les candidats à l'élection envoyés par le parti sont des militants venus de l'Ouest, qui ont vu une occasion de gagner à l'Est un poste qu'ils n'avaient jamais réussi à décrocher chez eux. À l'Est, personne n'a été formé à la politique, ou ceux qui le sont l'ont été à l'école de la Stasi. Comment dénicher pour la circonscription un candidat CDU qui soit à la fois compétent, élevé à l'Est et sans lien avec l'ancienne dictature ?

C'est Wolfhard Molkentin qui s'en charge. « L'homme sans qui je ne serais pas devenue chancelière », dit Angela Merkel. Le mentor aux sourcils broussailleux nous retrouve à Stralsund, chef-lieu de l'arrondissement de Poméranie-Occidentale-Rügen, au bord de la Baltique. Dans un café de la place du marché, Molkentin se souvient : « Nous avions la possibilité de prendre notre destin en main pour la première fois de notre histoire, et personne de chez nous ne faisait l'affaire. C'était lamentable de se retrouver dans cette situation. J'ai appelé Günther

Krause. » Celui-ci est alors secrétaire d'État parlementaire auprès de Lothar de Maizière.

Molkentin : « On a un problème, j'ai besoin que tu m'aides. Il nous faut un bon candidat, pas un étranger, quelqu'un de chez nous qui a la tête sur les épaules, les pieds sur terre et représente notre mentalité. »

Krause : « T'as qu'à prendre la Merkel.

– Qui c'est, ça ?

– La porte-parole adjointe de De Maizière.

– T'as qu'à me l'envoyer. »

La conversation se termine là-dessus. « On la fait venir et on verra bien », se dit Molkentin. Rendez-vous est pris à Grimmen, trente kilomètres au sud de Stralsund, à l'été 1990.

Angela Merkel arrive de Berlin, où siège le gouvernement de RDA, avec plus d'une heure de retard. Elle se retrouve face à une petite dizaine de représentants locaux de la CDU qui l'interrogent et la scrutent. Ce n'est pas sur une vision politique qu'elle est attendue, mais sur une attitude. La CDU veut la réunification et couper le moindre lien avec l'ancien régime d'Allemagne de l'Est. Le reste est sans importance. Le candidat qu'ils cherchent doit avoir un caractère bien trempé et être prêt à se battre.

« Il faut bien comprendre, insiste Molkentin, nous voulions nous débarrasser des gens liés au parti d'État, qui étaient les seuls professionnels de la politique. On renonçait à un potentiel d'intelligence, on acceptait une part de risque et d'incertitude. Tout était nouveau pour nous. On arrivait dans un nouveau pays. Nous étions prêts à tenter l'aventure. Nous étions nous-mêmes l'aventure. »

La rencontre dure deux ou trois heures. Ils aiment la modestie et la simplicité d'Angela. « Elle nous ressemblait, dit Molkentin. À la fin, on s'est tous dit : C'est avec elle qu'on veut y aller. »

Reste à convaincre les autres militants. Une réunion secrète a lieu dans une cave à Rügen entre Angela Merkel et cinq personnes décidées à contrer les candidats venus de l'Ouest. Ils veulent la rencontrer avant l'assemblée où sera élu le candidat CDU de la circonscription de Stralsund-Rügen-Poméranie. Elle les met dans sa poche pour les mêmes raisons : volonté, modestie, clarté. Et en mettant en avant les trois thèmes qui comptent : l'Est, le protestantisme, la réunification. Dans la cave, Andrea Köster est conquise : « Elle a insisté sur le fait qu'elle était à la fois de l'Est et protestante, deux marqueurs importants pour nous qui l'étions tous. »

Angela Merkel est élue candidate de la CDU par les militants quelques jours plus tard, le 27 août 1990, lors d'une soirée officielle. Le 2 décembre 1990, Helmut Kohl triomphe aux élections fédérales. La CDU et sa sœur bavaroise la CSU (Union chrétienne-sociale) remportent ensemble 48,4 % des sièges. Quand ont lieu ces premières élections parlementaires de l'Allemagne réunifiée, les partis de l'Est et de l'Ouest ont déjà fusionné. Le Renouveau démocratique s'est dissous dans la CDU tout naturellement, car les deux partis ont en commun l'objectif de la réunification et une forte composante chrétienne, celle-là même qui a séduit Angela. Lothar de Maizière est nommé « ministre avec affectation spéciale » dans le nouveau gouvernement, chargé d'accompagner la mise en œuvre du contrat de réunification. Sa mission fait long feu : des rumeurs de collaboration avec la Stasi mettent fin à sa carrière politique. Angela Merkel est élue. Elle a 36 ans et a franchi une étape importante de son apprentissage politique : elle doit son succès au soutien de Wolfhard Molkentin et à la réunion secrète dans la cave. Une règle d'or en politique : on n'arrive à rien sans un noyau de fidèles. La future chancelière le comprend ici, entre Stralsund et l'île de Rügen.

Stralsund, Ossenreyerstrasse 29. Sur le mur, une plaque en cuivre indique sobrement le bureau de permanence de la députée Angela Merkel : *Wahlkreisbüro Bundestagsabgeordnete der CDU Dr Angela Merkel.* Pour tout le monde, Stralsund est devenue « la ville de Merkel », comme il y a « la cabane de Merkel » chez les pêcheurs de l'île de Rügen, en face. La chancelière continue à s'atteler sérieusement à sa tâche de députée et se rend dans sa circonscription environ une fois par mois. Elle inaugure des crèches, visite des écoles, écoute les doléances sur une mauvaise récolte ou un permis de construire. Parfois, pour aider un candidat, il lui arrive de débarquer sans prévenir sur la place d'un village pour distribuer des tracts.

Le noyau dur de ses débuts, elle l'a gardé. Ils sont sa deuxième famille et les premiers invités chaque fois qu'elle a été élue chancelière, en 2005, 2009, 2013 et 2017. Wolfhard Molkentin, éleveur, lui fournit son oie de Noël tous les ans et a joué de la trompette à la chancellerie pour son soixantième anniversaire. Elle-même le reçoit régulièrement à son bureau. Et elle n'a jamais manqué une occasion de venir faire un discours à Bergen, sur l'île de Rügen, pour soutenir son amie Andrea Köster, élue maire de la ville quatre fois de suite. Andrea a les cheveux blonds, courts, un tee-shirt rose pétant et des yeux couleur locale, le «bleu Merkel». Une version souriante et joyeuse d'Angela. Elle lui envoie des SMS pour l'encourager quand elle est critiquée. Angela l'appelle pour prendre de ses nouvelles. «Comment trouve-t-elle le temps de penser à nous?» s'étonne Andrea, admirative. Il y a vingt-cinq ans, elle a présenté Rügen à Merkel et Merkel à Rügen. Angela n'oublie pas. «Elle ne fait aucune différence entre nous et les grands de ce monde», s'émerveille-t-elle encore. Le président français François Hollande, le couple royal d'Espagne, le couple princier de Norvège ont été conviés à apprécier les charmes de Stralsund et Rügen. Tout le monde a droit à son petit tour en bateau sur la Baltique. En juin 2007, la chancelière a fait venir dans sa circonscription rien de moins que les dirigeants des sept pays démocratiques les plus industrialisés et la Russie, pour un sommet du G8 dans la petite station balnéaire de Heiligendamm.

Le président américain George W. Bush a eu l'honneur de précéder tout le monde pour une visite d'État, en juillet 2006. Angela appelle alors son vieil ami Molkentin : « Dis donc, il y a Bush qui veut venir. J'ai pensé à un dîner à Trinwillershagen, qu'est-ce que tu en penses ? » « Très bien, on va organiser ça », répond son protecteur. Le petit village de Trinwillershagen, un millier d'habitants, n'avait jamais vu ça. Les élus de la circonscription se démènent pour trouver une idée de cadeau au président. Ils fixent leur choix sur des bijoux locaux pour Laura Bush et sur la sculpture en bois d'un aigle (symbole de l'Allemagne et des États-Unis) avec un poisson dans la bouche pour George. Au moment du dîner, Andrea Köster leur apporte leurs cadeaux. « Bush m'a prise dans ses bras, il avait l'air fou de joie, il sautait sur place, j'étais un peu étonnée, raconte-t-elle. Il nous a donné l'explication de sa surprise : son ranch au Texas s'appelait le "ranch de l'Aigle"... » Elle en profite pour essayer de rallier Bush à la cause climatique. En vain. Molkentin est chargé de faire griller le sanglier sur la broche. Il prête même ses lunettes au président américain, qui n'a pas les siennes. Quelques jours plus tard, Andrea reçoit par la poste la Constitution américaine reliée d'or, avec une lettre manuscrite du président Bush. Bref, personne n'est près d'oublier le dîner de Trinwillershagen autour de George et d'Angela.

Quant à Angela, elle n'oublie jamais que c'est ici, à Stralsund et sur l'île de Rügen, qu'elle a commencé son apprentissage du pouvoir.

8
La cabane de la Merkel

« On a envoyé la facture à la Merkel. »
Un pêcheur de l'île de Rügen

La Baltique est plate et grise et il est environ 10 h 30, ce matin de novembre 1990. Les pêcheurs tirent les bateaux sur la plage. Sans un mot, ils déchargent les harengs dans le vent froid. Une jeune femme dans sa longue jupe-culotte en jean les aborde, un peu gênée. « Je suis candidate pour les élections du 2 décembre au Bundestag. Je peux vous parler ? » Les pêcheurs se jettent un coup d'œil amusé. Un barbu à casquette de marin, Eberhard Heuer, l'invite d'un geste de la tête : « Ben, t'as qu'à entrer boire un schnaps. »

Ils se dirigent vers la cabane en parpaings située sur la dune, qui sert à entreposer le matériel et surtout à boire. « Je suis du parti CDU », annonce-t-elle en entrant. L'Union chrétienne-démocrate, le parti du chancelier de l'Allemagne de l'Ouest, Helmut Kohl.

Ici, à l'Est, pour les habitants de l'île de Rügen, cela paraît un autre monde. Tout est allé si vite… Le 9 novembre 1989, le mur de Berlin est tombé. Le 18 mars 1990, ils ont voté librement pour la première fois et élu le Parlement de la République démocratique allemande (RDA). La réunification entre les deux Allemagnes a été signée le 12 septembre, officialisée le 3 octobre. Et là, le 2 décembre, vont avoir lieu des élections législatives historiques : les premières de l'Allemagne entière depuis mars 1933.

La cabane sent le tabac et le poisson. La bouteille de schnaps est en place avant tout le monde. Angela Merkel trouve une chaise, les cinq pêcheurs s'installent. Heuer, face à elle, veille à ce qu'il y en ait toujours dans son verre et Angela Merkel a beau être novice en politique, elle saisit vite l'enjeu électoral contenu dans chacune de ses gorgées. Au fur et à mesure que le temps passe, son visage s'estompe dans le brouillard de la fumée des cigarettes. Le militant qui accompagne la candidate a immortalisé la scène. La photo, légendaire, pourrait être un tableau du romantique allemand Caspar David Friedrich.

Hans-Joachim Bull, 60 ans. Sur la photo, il est à gauche, caché par la tête d'un autre pêcheur. Ses copains et lui ont vendu leur bateau, leurs derniers poissons et ont arrêté la pêche. Heuer, celui qui servait le schnaps à Angela, vient de mourir brutalement. Le père de Bull, qui regarde vers la fenêtre, est mort lui aussi. Il n'y a quasiment plus de pêcheurs sur l'île de Rügen, à cause des quotas et du prix du poisson écrasé par la concurrence. Hans-Joachim Bull a trouvé un poste d'agent municipal et loue la maison de ses parents à des vacanciers. Ceux-ci sont un peu surpris de trouver sur le mur des photos de leur hôte avec la chancelière allemande. « Jusqu'ici, personne n'a demandé qu'on les décroche », dit-il en rigolant.

On prend la voiture vers la plage, à cinq minutes de là. À pied, on s'avance sur la dune. La cabane est là, face à la mer. « La cabane de la Merkel », comme il l'appelle. Elle est à l'abandon. Un restaurant et un parking ont été aménagés à côté, au bord de la Baltique. Lui garde sa casquette de marin sur la tête comme du temps où ils vivaient du poisson. La fin du régime communiste a tout chamboulé.

« La Merkel a discuté deux heures avec nous. C'était la première fois qu'on voyait un politique. Celui qui veut discuter avec nous, il doit savoir boire du schnaps et je dois dire qu'elle a bien tenu le coup, se rappelle Hans-Joachim. Nous, les pêcheurs, on vivait plutôt bien en RDA. On avait toujours un peu peur que les vacanciers soient des espions, mais bon. Là, on entrait dans un autre monde, on savait pas trop… » À la candidate, ils expliquent leurs craintes. Les problèmes nouveaux qui arrivent : le prix du poisson, les quotas. Elle ne prend pas de notes, écoute et les quitte sur cette phrase : « J'enregistre vos problèmes et je les emporte avec moi. Je ne peux rien vous promettre, mais je vais voir ce que je peux faire. » Elle leur explique d'où elle vient : de l'Est, comme eux. Comme eux, elle a expérimenté il y a quelques mois ces élections libres.

Une fois « la Merkel » partie, les pêcheurs débriefent. « Elle vient de la RDA, elle s'engagera plus que les autres pour la région. » Tous votent pour elle. « On y croyait. Et puis on a mis la clé sous la porte et on a arrêté d'y croire, dit Hans-Joachim. Un jour, on s'est mis à la voir à la télé. J'ai dit aux gars : "Eh, c'est la dame qui est venue boire le schnaps à la cabane !" »

En 2009, Angela Merkel, chancelière depuis quatre ans, a demandé à revenir discuter avec eux, avec un photographe du journal populaire *Pild*. À l'annonce de sa venue, Eberhard Heuer a grogné : « Bon, on va pas non plus l'emmener à la cabane chaque fois qu'elle vient… » Ils se décident tout de même à faire l'effort de l'accompagner. « Elle était sympa, il faut bien le dire, elle avait l'air contente de nous revoir, admet Hans-Joachim Bull. On s'est tutoyés comme la première fois. Celui qui boit un schnaps avec nous, on lui dit "tu". Et puis elle avait été élue avec nos voix, elle le savait. » La cabane est propre et ne sent plus le poisson : ils l'ont fait nettoyer avant sa venue. « On a envoyé la facture à la Merkel », note le pêcheur, impassible.

Ils disent son fait à la chancelière : ils sont déçus. « Tu ne nous as pas écoutés. Ça n'a fait qu'empirer, rien n'a été réglé. » Elle leur redit : « J'emporte vos problèmes avec moi… » Hans-Joachim soupire. « Quand elle est partie, on s'est dit : "T'as vu, on ne peut même pas lui reprocher de nous avoir menti. Elle ne promet rien, elle emporte toujours nos problèmes avec elle… Elle est très forte !" »

9
Les goûters de Mme Breuel

« Elle était furieuse : il ne fallait pas le dire. »
Volker Schlöndorff

C'est une garden-party comme il y en a dans les Hamptons, au bord de l'Atlantique, où les élites new-yorkaises s'invitent les unes les autres dans leurs résidences secondaires. Volker Schlöndorff y a tourné l'un de ses derniers films, *Retour à Montauk*, mais cette petite fête d'été n'a lieu que dans la belle maison du cinéaste à Potsdam, en banlieue de Berlin. En ce mois d'août 1999, le commandeur de la réunification allemande et bientôt de l'euro, Helmut Kohl, règne sur le grand parti chrétien-démocrate depuis vingt et un ans, et sur la République fédérale d'Allemagne depuis douze ans. Il ne se doute pas qu'il vit son dernier été paisible à la tête du pouvoir. Les amis de Volker Schlöndorff non plus. Ils savourent leur insouciance et prennent le thé dans le grand jardin en bordure du Griebnitzsee, un des nombreux lacs de Potsdam. Les mythiques studios de cinéma de Babelsberg, que Schlöndorff a dirigés, sont à deux pas. Certains se souviennent que l'ancienne frontière entre l'Est et l'Ouest passait là, au milieu du lac, et qu'elle avait servi de point de passage, la nuit, à des Allemands prêts à risquer leur vie pour s'évader de RDA. Les chances de réussite à la nage d'une rive à l'autre, entre les phares des miradors, étaient maigres. À cet endroit-là précisément, dix-huit candidats à la liberté sont morts dans les années 1980. Volker montre à une convive les photos du jardin au temps sinistre des barbelés, qu'il a accrochées sur son mur. Une invitée arrive et est conduite à travers la grande pièce pour rejoindre les autres dans le jardin. Elle est secrétaire générale de la CDU, mais la plupart des Berlinois cosmopolites présents – acteurs, réalisateurs, écrivains ou journalistes – sont plutôt de gauche, n'auraient jamais l'idée de voter pour le parti conservateur et se croient plus importants qu'elle.

Volker Schlöndorff introduit la nouvelle venue auprès d'un ami producteur qui se dépêche de poser son verre pour pouvoir lui serrer la main. « Je te présente la première femme chancelière d'Allemagne ! » lui lance Volker, content de son effet. Incertain quant au niveau du trait d'humour et ne sachant pas s'il fallait rire ou la féliciter, le producteur la salue poliment, dans le doute. Angela, elle, foudroie Volker du regard. Des années après, le réalisateur des *Désarrois de l'élève Törless* et de *L'Honneur perdu de Katharina Blum*, rodé au décryptage des âmes secrètes, savoure encore cette scène historique dont il se remémore tous les détails. « J'ai dit ça pour rire, mais aussi pour la tester, car elle me frappait par son intelligence et nous avions appris à assez bien nous connaître. Aussi prétentieux que ça puisse paraître, je n'avais aucun doute sur le fait qu'elle deviendrait chancelière. Mon ami producteur, qui contrairement à moi était un vieil électeur de la CDU, a cru que j'avais perdu la boule : personne n'imaginait une seconde que cette petite ministre occuperait un jour le fauteuil d'Helmut Kohl. Mais elle, en revanche, elle était furieuse : il ne fallait pas le dire. Par son regard, j'avais la confirmation de mon intuition. Elle savait que j'avais raison, mais elle ne voulait pas que cela se sache. » Trois mois plus tard, Angela Merkel écrivait sa fameuse tribune dans le *Frankfurter Allgemeine Zeitung*, déboulonnait la statue Kohl et s'imposait sur la route du pouvoir.

Volker Schlöndorff et Angela Merkel se sont rencontrés un ou deux ans plus tôt. Ils ont immédiatement sympathisé, alors qu'ils n'avaient pas grand-chose en commun. Lui, social-démocrate invétéré, est un citoyen du monde artiste et polyglotte, fils d'un médecin d'Allemagne de l'Ouest et parti sur un coup de tête en France, à l'adolescence, pour devenir pensionnaire dans un collège jésuite, avant de briller à Paris au lycée Henri-IV. Il a travaillé aux États-Unis et avec les plus grands metteurs en scène français, obtenu un Oscar à Hollywood et la palme d'or à Cannes pour son film *Le Tambour*… Rien ne le conduisait a priori à croiser la route de cette jeune députée chrétienne-démocrate venue de RDA, alors ministre des Femmes et de la Jeunesse dans le gouvernement d'Helmut Kohl. Rien que cet intitulé, « les Femmes et la Jeunesse », et l'idée de les ranger dans un même ministère, quel conservatisme aberrant aujourd'hui !

La chute du Mur et le foisonnement fabuleux du Berlin de l'après-guerre froide ont provoqué leur rencontre improbable. L'Allemagne réunifiée fait ses premiers pas, tout est nouveau. Fonctionnaires locaux et fédéraux font régulièrement la navette entre Bonn, où siègent encore le gouvernement et les institutions, et Berlin, qui s'apprête à devenir la capitale administrative. La ville en pleine mutation se réorganise autour des ruines de l'ancien Mur. La Potsdamer Platz n'est pas encore construite. En l'espace de deux ans, toute l'industrie est-allemande doit passer des mains de l'État à des investisseurs privés, de la planification quinquennale à la compétition des marchés. Les studios de Babelsberg, orphelins de la République démocratique allemande disparue, ne reçoivent plus de commandes de l'État et traversent une phase difficile. Volker Schlöndorff a été mandaté par la compagnie française Générale des eaux pour négocier l'achat des studios. Pour cela, il a affaire à la Treuhandanstalt, l'institution chargée de privatiser les entreprises de l'ancienne RDA, et à sa toute-puissante directrice. Une forte femme, cette Birgit

Breuel. Personnalité influente de la CDU, redoutée et détestée dans la nouvelle Allemagne, elle dirige la Treuhandanstalt d'une main de fer. Elle habite à Berlin un appartement situé sur Wilhelmstrasse, pas loin de la porte de Brandebourg et du Reichstag, dans l'un de ces immeubles modernes que la RDA avait fait construire par des Scandinaves juste derrière le Mur, pour faire à la fois écran et vitrine vis-à-vis de l'Ouest. Des fenêtres, on voit les ruines de l'ancien Mur, là où se dresse aujourd'hui le mémorial de l'Holocauste.

Alors, me direz-vous, pourquoi tant de digressions inutiles et ce long détour du côté de Wilhelmstrasse ? Eh bien parce que Mme Breuel s'est liée d'amitié avec sa voisine de palier. Laquelle voisine n'est autre que la jeune ministre des Femmes et de la Jeunesse du gouvernement d'Helmut Kohl. Laquelle ministre a aussi un pied-à-terre à Bonn et se rend le samedi à Stralsund, dans le Land du Mecklembourg-Poméranie-Occidentale, sa circonscription, mais revient passer le dimanche dans son appartement de Berlin avec son compagnon, rencontré une dizaine d'années plus tôt à l'Académie des sciences d'Adlershof, à Berlin-Est, du temps où elle était chercheuse, comme lui, en physique quantique… Bref, les voisins de palier de Birgit Breuel se trouvent être Angela Merkel et Joachim Sauer.

Birgit est de Hambourg, à l'Ouest, et Angela, de Templin, à l'Est. En discutant, elles se rendent compte qu'aucune ne sait rien de ce qui s'est passé du côté de l'autre, pendant ces décennies. Elles ont l'idée de former un petit groupe de cinq ou six personnes pour discuter des deux Allemagnes réunifiées. Birgit Breuel en parle un jour à Volker Schlöndorff. « Nous nous réunissons pour le thé chez moi un dimanche par mois. Venez vous joindre à nous », lui propose Birgit. Volker est coopté au début de l'année 2013. Il y a là un petit groupe de personnes de l'Ouest et de l'Est – ces dernières surnommées « Ossies » par les premières. Parmi elles se trouvent une écrivaine, un théologien, un banquier, une comtesse, un professeur de l'hôpital La Charité, et Joachim Gauck, pasteur et opposant célèbre, qui deviendra président fédéral d'Allemagne en 2012. Et aussi cette jeune ministre, avec ses yeux bleu clair et sa frange coupée trop court, toujours accompagnée de Joachim Sauer. « Elle m'a tout de suite intéressé », raconte Schlöndorff.

Les goûters de Mme Breuel deviennent une habitude, pour ne pas dire une institution mensuelle à laquelle se joignent conjoints et compagnons. À tour de rôle, chacun reçoit dans son appartement, sa maison ou sa datcha. On se retrouve vers 16 heures et on refait le monde jusqu'à ce que vienne le moment d'improviser un dîner. Gens de l'Est et de l'Ouest s'étudient les uns les autres, se racontent leur enfance, leur adolescence, leurs expériences, comparent leur « *Sozialisierung* » respective, les comportements et la manière d'être chez eux dans leur société, de chaque côté de l'ancien Mur. Les gens de l'Ouest sont plus à l'aise et plus bavards, ceux de l'Est, plus réservés. «Celui qui invitait avait la priorité du récit», raconte Schlöndorff, qui le consigne ainsi dans ses mémoires : «Nous nous demandions : pourquoi et comment restions-nous si clairement distincts en tant qu'Allemands de l'Est ou de l'Ouest? Quels signaux secrets, quels vocables, quel langage gestuel trahissaient notre origine? La personne qui recevait parlait de ses années d'école, de ses professeurs, de ses amis et de ses attentes professionnelles, de son mariage et de son rapport à la société, de son engagement politique ou de son refus d'engagement. Et avec ça, il y avait, selon les endroits, des spaghettis ou de la *soljanka*, du vin rouge ou de la bière Radeberger.» Ils ont le sentiment de vivre un moment unique. Ils parlent de la chance énorme que représentait pour l'Allemagne la réunification, de cette occasion qui leur est donnée de façonner le pays différemment en réunissant le meilleur des deux mondes. Ils estiment que tout le monde doit se mettre ensemble à la reconstruction et fixent ainsi un objectif à leurs réunions : comment contribuer à la construction de la nouvelle Allemagne? Ils établissent l'inventaire de ce qu'il faudrait essayer de garder de l'Est et de l'Ouest, le meilleur des institutions et des habitudes. Côté Ouest, les avantages coulent de source : la liberté d'entreprendre, la liberté d'opinion, la liberté de la presse, les procédés démocratiques. Côté Est, cela paraît moins évident, mais il y a en fait l'embarras du choix : l'entraide, la modestie, la solidarité entre les gens, les activités communes du samedi entre voisins, les crèches gratuites, l'égalité professionnelle entre hommes et femmes… « Nous étions ce qu'on pourrait appeler bêtement un groupe de gens de bonne volonté, analyse Volker Schlöndorff. Entre l'Allemagne de l'Ouest et celle de l'Est, on a beau parler une même langue et avoir une même histoire, il y a plus de différences qu'entre des Français et des Esquimaux. Tout le système de société dans lequel nous avons grandi est si diamétralement opposé que le décalage dure jusqu'à ce jour. Ils trouvent qu'on est superficiels, nous trouvons qu'ils sont rigides. Par sa mentalité et dans beaucoup de ses jugements, Angela Merkel est typiquement, viscéralement, de l'Est. »

Angela et Volker deviennent amis. Elle est souvent venue dans sa maison de Potsdam. Il se souvient de leur première vraie conversation, à l'été 93 dans sa datcha de l'Uckermark. « Joachim Sauer et elle avaient acheté leur maison en RDA et ils avaient enfin pu trouver les briques, la peinture et autres matériaux qui manquaient pour terminer les travaux. Ils achevaient de déménager, il n'y avait même pas de barbecue ! On a mangé une soupe et des saucisses. » Après le déjeuner, ils font une longue promenade à travers champs. « Je marchais à côté d'elle, on avait une conversation relax, mais d'un sérieux très prussien et très moral, sur ce qui nous avait amenés là où on était : moi à m'occuper des studios de Babelsberg, elle à quitter la science pour la politique. Le moment historique et littéralement extraordinaire de la chute du Mur se prêtait à un certain lyrisme et nous avions des conversations graves, comme je n'en avais plus eu depuis mes années d'études à Paris. Nous n'étions pas toujours du même avis. Pour elle, j'étais un anarchiste intellectuel gauchiste, ce qui dépasse son entendement. Pour moi, elle était une fille de pasteur d'Allemagne de l'Est, ce qui n'est pas mon truc. Je suis social-démocrate avec un passé d'extrême gauche. Elle n'est pas de droite, mais elle a toujours été au centre et n'a pas l'ombre d'une compréhension pour l'engagement révolutionnaire. Pourtant, on s'est senti, elle et moi, quelque chose de très fort en commun. Un même idéalisme avec un devoir moral : la réunification était une chance historique extraordinaire et il ne fallait pas la louper. »

La « femme typiquement de l'Est » parle peu et écoute beaucoup. « Aux goûters de Mme Breuel, elle était très polie, se contentait de remarques sobres et toujours pertinentes », note Volker Schlöndorff. Seule femme parmi les hommes au département de chimie théorique d'Adlershof, elle se retrouve maintenant entourée d'hommes « typiquement de l'Ouest » dans le gouvernement d'Helmut Kohl. Elle a réussi à compter parmi les plus proches du chancelier, lequel est l'exact contraire d'elle-même, ce qui lui vaut le surnom de « *Kohl's Mädchen* », « la gamine de Kohl », « la petite ». Depuis qu'il l'a remarquée dans le gouvernement de transition de Lothar de Maizière, personne ne comprend trop ce qu'Helmut Kohl trouve à sa jeune ministre, peu causante, habillée comme l'as de pique. Le chancelier a réussi à la faire pleurer une fois : il a rejeté l'une de ses propositions de ministre de l'Environnement et lui a passé un savon après une réunion. Elle l'a pris comme une défaite personnelle et a laissé échapper quelques larmes. « Il y a quelque chose que j'aime dans cette personne, dans sa vie », a confié Kohl à Klaus Preschle, alors directeur de la politique économique et sociale au siège de la CDU.

On la sous-estime. On se moque d'elle. C'est sa force : Angela Merkel n'inquiète ni ne dérange, ni n'attire le regard. Dans ce monde de brutes pleines d'arrogance qu'est la CDU de l'Ouest, composée presque exclusivement d'hommes, qui plus est catholiques, mariés, pères de famille, élevés au grade de la notabilité régionale par une implantation politique travaillée dès le berceau, bref, bien comme il faut et sûrs d'eux-mêmes, la « *Mädchen* » est un ovni absolu. Femme, de l'Est, protestante, divorcée, sans enfants, sans les codes vestimentaires ni l'aisance sociale de ses collègues. Son portefeuille ministériel n'a pas de poids. Sa nomination est perçue comme un faire-valoir symbolique, et c'est en effet avant tout la raison pour laquelle elle a été nommée : un faire-valoir symbolique. Kohl, pour faire bonne figure, avait besoin d'une femme et d'une Ossie, et il n'en avait pas tant que cela en réserve. Angela s'est trouvée au bon endroit, au bon moment, plusieurs fois de suite. Celle qui se préparait à un avenir de chercheuse en physique s'est retrouvée représentante du grand parti chrétien-démocrate, députée, ministre. Dans le destin d'Angela Merkel, la chance joue un rôle inouï. Mais la suite, elle ne la doit qu'à elle-même. C'est elle qui la fabrique.

À Bonn, elle fait profil bas, écoute et apprend. À Stralsund et Rügen, sa circonscription au bord de la Baltique, elle affirme naturellement son autorité. Angela Merkel est en terrain connu dans le Mecklembourg-Poméranie-Occidentale. Elle comprend les gens de l'Est, cette inamovible et insoutenable pesanteur de l'Est. Elle ressent avec empathie leur difficulté à s'adapter dans un monde nouveau où leurs emplois sont perdus. « À Stralsund, observe Klaus Preschle qui fut aussi secrétaire général CDU du Land, elle conceptualise quelque chose de sa personnalité : assumer sa différence avec l'Ouest, ne pas faire comme eux, ne pas être comme eux. »

Elle sait ce que ceux de l'Est ont vécu sous la dictature de l'État communiste. Certains ont été victimes, d'autres ont été acteurs et les plus nombreux n'ont été ni l'un ni l'autre, comme elle le fut elle-même : ni héros ni bourreaux, juste contraints à une passivité déshumanisante, soumis aux petites compromissions pour s'éviter les ennuis dans la machine totalitaire qui fait de l'État une toute-puissance intrusive et de chaque citoyen un délateur en puissance. Elle connaît ces vertèbres cassées par l'obéissance et la méfiance. Elle connaît la réserve et la prudence acquises au quotidien dans une société sous surveillance. À Stralsund et Rügen, la députée Merkel a l'assurance de la familiarité. L'une de ses missions quasi quotidiennes est précisément de gérer les « cas de la Stasi ». Celui qui a été nommé commissaire fédéral pour dépouiller les archives de l'ancienne police politique de la RDA en est un fin connaisseur : le pasteur Joachim Gauck, invité des goûters de Mme Breuel et futur président de l'Allemagne fédérale, fut un des porte-parole de l'opposition à la dictature. Dissident, il a dénoncé les crimes commis par l'ancienne police secrète, et continue, dans les années 1990, à divulguer l'identité des personnes impliquées. Les noms qui sortent des archives sont souvent connus. Et pour certains, tout près de la députée.

Angela Merkel a l'habitude. Juste après avoir rejoint le Renouveau démocratique quelques mois après la chute du Mur, elle s'est retrouvée porte-parole de ce parti d'opposition au régime de la RDA et a dû faire face au moment délicat où le président du parti en personne a dû avouer être un espion infiltré. L'affaire a fait scandale. Mais au fur et à mesure que les archives sont exhumées, elle apparaît presque banale. Dans un régime totalitaire qui surveille, écoute et établit des fiches sur tout un chacun, combien ont le courage et la morale de rester droits et incorruptibles ? Combien n'ont pas, à un degré divers, trempé dans les compromissions avec la Stasi ? La jeune ministre du gouvernement Kohl, députée et également élue présidente de la CDU du Mecklembourg-Poméranie-Occidentale, doit faire face. Klaus Preschle est chargé du sale boulot. « C'est moi qui les convoquais, explique-t-il. Je leur suggérais de démissionner, faute de quoi on ferait une déclaration publique… » Chaque semaine, un notable de la CDU dans le Land, comme d'autres partis et comme ailleurs, se fait épingler par le bureau de Gauck. Un maire, un député, un fonctionnaire, un conseiller s'avèrent avoir appartenu à la Stasi. « Angela Merkel était décontractée et très directe dans ces affaires, se rappelle-t-il. Elle connaissait bien ce terreau de la RDA, les mensonges, les chantages, les menaces de dirigeants. Elle faisait des déclarations simples et justes envers tout le monde. Elle n'écoutait pas leurs arguments de défense, elle ne disait pas "c'est dommage" ou "j'aurais cru que…", elle allait droit au fait sans s'encombrer de fioritures. Elle disait : "Chacun est responsable de ses actes. Si tu as fait ça, tu ne peux pas être membre du Parlement. C'est tout." » Avec elle, le passé de l'Est devient une affaire réglée. Les choses sérieuses peuvent commencer.

10

Arsenic et vieilles dentelles

« Le 22 décembre 1999, j'ai compris
qu'Angela Merkel serait
la première femme chancelière d'Allemagne. »
Wolfgang Schäuble

Helmut Kohl meurt le 16 juin 2017. Le jour même, Angela Merkel prononce une brève déclaration télévisée depuis Rome (elle a rendez-vous avec le pape François), en hommage à l'homme de la réunification qui a changé le destin de l'Allemagne. « Il a beaucoup changé aussi ma façon de vivre », ajoute-t-elle. Le *Spiegel* sort un numéro spécial. Sur la couverture, trois personnages : au centre, Helmut Kohl. À gauche, sa veuve, Maike Kohl-Richter, sous des lunettes noires. À droite, Angela Merkel, le regard sévère. Et un titre : « Bataille autour d'un mort. L'héritage empoisonné d'Helmut Kohl. » En plus des haines familiales qui apparaissent au grand jour entre le chancelier, ses enfants et sa deuxième épouse – son fils Walter ayant refusé d'assister aux obsèques et s'étant fait refouler par sa belle-mère de la maison où reposait le corps de son père –, l'enterrement du grand homme tourne au vaudeville politique : Maike Kohl-Richter tente d'empêcher Angela Merkel de prendre la parole à la cérémonie en son hommage le 1er juillet à Strasbourg. La chancelière prononce un discours, malgré tout : « À la fin de ses mandats, dit-elle, l'Allemagne était unie et, pour la première fois de son histoire, en paix avec tous ses voisins. » Mais le clan Kohl n'a pas fini de ruminer ses rancœurs et il a quelques raisons : celle qui occupe aujourd'hui la place de son mentor n'est arrivée là que parce qu'elle est parvenue à le tuer. « Le crime était presque parfait », disait Alfred Hitchcock. Mais là, non, pas « presque » : il était parfait. De son point de vue à elle, rien à regretter. Kohl et la disparition politique de Kohl à laquelle elle s'est personnellement attelée ont indéniablement, outre la réunification allemande, « beaucoup changé sa façon de vivre ».

Avec ses airs de ne pas y toucher, Angela Merkel est une *serial killer*. Dans un film de Frank Capra, on la verrait bien dans le rôle de Martha, l'une des deux vieilles tantes d'*Arsenic et vieilles dentelles* qui, avec bienveillance, accumulent les meurtres de messieurs en retraite et les enterrent dans leur cave. Celle que les Allemands ont surnommée avec une pointe d'ironie « Mutti » (Maman), en raison de sa tranquillité protectrice et de ses louvoiements adaptés à l'opinion, a aussi quelques meurtres politiques à son actif. Pour être parvenue en 2005 au sommet de la chancellerie allemande – un poste jamais occupé par une femme –, pour avoir été classée au moins dix fois « femme la plus puissante du monde » par le magazine *Forbes*, pour être restée plus d'une décennie à la tête de la première puissance économique européenne, il faut en avoir éliminé plus d'un. Ce que fit Mutti. Calmement, silencieusement, efficacement.

L'irrésistible ascension de la « *Mädchen* » commence après le ministère des Femmes et de la Jeunesse que Kohl lui a confié, pour témoigner de son esprit d'ouverture et parce qu'elle satisfaisait à trois critères : femme, jeune et Ossie. Au bout d'un mandat, Angela Merkel a fait ses preuves et n'est plus une affaire de quota. Lorsque Helmut Kohl est porté au pouvoir pour la quatrième fois en octobre 1994, les résultats de la CDU-CSU sont en baisse et l'obligent à former une coalition avec les libéraux. Merkel, elle, est en position de force dans sa circonscription de Stralsund. Elle a obtenu 48,6 % des voix, soit sept points de plus que le parti à l'échelon national. Le chancelier la récompense en lui offrant un portefeuille plus dur et plus sérieux : celui de l'Environnement.

Ce deuxième ministère lui donne confiance et Angela Merkel surprend tout le monde. On la connaissait joyeuse et espiègle, prête à faire l'idiote et à partir dans des fous rires enfantins, on la découvre capable d'être très cassante. Elle assoit son autorité là où on ne l'attendait pas : les collaborateurs qui ne lui conviennent pas, notamment un secrétaire d'État, elle les vire sans complexes et dès son arrivée. Elle fait entendre sa voix lors des négociations pour le protocole de Kyoto de 1997, premier grand accord multilatéral sur la limitation des gaz à effet de serre. Le métier rentre. Elle commence à s'imposer comme une femme politique au cuir épais, à la fois négociatrice efficace et habilement réactive aux mouvements de l'opinion, quitte à passer pour opportuniste, changeante et sans ligne claire. Par exemple, elle défend ardemment le nucléaire et bataille contre les sociaux-démocrates du SPD et les Verts, très actifs depuis l'accident de Tchernobyl de 1986. Puis elle fait un demi-tour à cent quatre-vingts degrés en décidant soudain de programmer l'arrêt définitif du nucléaire après la catastrophe de Fukushima de 2011. La direction de la CDU, qui avait prôné l'inverse, est médusée, mais Angela Merkel, à son habitude, réussit à convaincre le groupe du parti au Bundestag. Les acteurs économiques sont furieux. Angela Merkel, d'un naturel prudent et adepte du « pas de vagues », vient de prendre la première et l'une des rares décisions politiques audacieuses de sa carrière, qui trouvera son écho en 2015, quand elle décidera d'accueillir en Allemagne un million de migrants. La motivation de son revirement après Fukushima est à la fois instinctive et calculée : instinctive, parce que la destruction des vies humaines sous l'effet de l'explosion de la centrale l'a bouleversée et fait réagir. Calculée, parce qu'elle a su percevoir l'évolution de l'opinion sur le sujet et s'y adapter, sa grande spécialité. A-t-elle eu raison d'abandonner le nucléaire ? Le lui reprocher fait partie du sport national en France, souvent pour de mauvaises raisons : l'Allemagne n'a pas opté pour le charbon, contrairement à la légende, mais ce tournant a conforté sa dépendance au gaz russe. En tous les cas, le passage d'Angela Merkel au ministère de l'Environnement marque un tournant. Malgré les contradictions de la politique énergétique allemande, et malgré les oppositions des milieux d'affaires, Angela Merkel commence à faire de la lutte contre le réchauffement climatique une affaire personnelle. Ce sera un sévère sujet de conflit avec Donald Trump, lorsque le président américain dénoncera l'accord de Paris sur le climat, le 1er juin 2017.

Mais nous n'en sommes pas encore là. Au gouvernement, la jeune ministre fait avant tout son apprentissage du pouvoir. Côté circonscription, elle commence à en maîtriser le fonctionnement. À la tête dc la CDU dans le Land de Mecklembourg-Poméranie-Occidentale, elle expérimente la gestion des conflits, qui ne manquent pas. Elle a le don de débloquer les situations. « Quand elle était à Bonn et moi au parlement du Land à Schwerin, raconte Klaus Preschle, l'ancien secrétaire général du parti dans le Land, je l'appelais pour lui faire état de nos problèmes de coalition avec le SPD. Alors, elle passait des tas de coups de fil et elle prenait tout le monde de court. Untel disait : “Oui, je l'ai déjà eue”, et tout le monde se rendait compte qu'il avait déjà eu Merkel ! Et elle pouvait toujours répondre : "C'est déjà fait." Elle savait comment organiser le pouvoir et sa force était d'aller très vite. C'était d'autant plus efficace que son image publique était celle de quelqu'un d'effacé et de timide. On ne la soupçonnait pas. » Les portables arrivent sur le marché et la scientifique Angela Merkel, toujours fan des nouvelles technologies, découvre l'art du SMS avec jubilation. À la CDU, la présidente asperge tout le monde de ses messages. Son assiduité à la chose en devient comique. La blague circule : les SMS sont rebaptisés « *Short Merkel Service* ».

Elle règle pareillement les conflits avec les vieux de l'Ouest : par les coups de téléphone et les tête-à-tête plus que par les réunions, qu'elle n'aime pas. Elle fuit les meetings du matin au siège du parti, estimant qu'elle peut lire la presse toute seule. Elle cultive sa différence dans la CDU en se positionnant comme la jeune Ossie venue d'ailleurs qui n'est pas tributaire du passé, des contentieux et des lourdeurs. Elle affronte aussi ses contradicteurs un à un, afin de tuer la contestation dès son émergence. « Si Kohl se sentait contredit, même à un tout petit niveau, note Klaus Preschle, qui a travaillé avec les deux, il appelait la personne et la poussait dans ses retranchements : "Que vouliez-vous dire ?" Comme lui, Merkel a toujours affronté ceux qu'elle sentait critiques envers elle. C'est sa méthode et elle la tient de Kohl. »

La gamine aime Helmut Kohl. Il est un père pour elle. Un monument de l'histoire allemande. Elle l'admire. Elle lui est entièrement dévouée. Et elle le tue.

Elle choisit d'accomplir son meurtre quand Kohl est affaibli. En briguant un cinquième mandat, il a perdu les élections en septembre 1998 et cédé sa place de chancelier au social-démocrate Gerhard Schröder, en coalition avec les Verts, après vingt-deux ans de règne sans partage sur la CDU et quatre mandats à la tête de la chancellerie. Face à Schröder, il doit rendre les armes. Il a 68 ans, seize ans de pouvoir derrière lui et voit débarquer un homme neuf, qui n'en a que 54, un beau gosse d'un milieu modeste ayant acquis le goût du clinquant. Né à la fin de la guerre, il peut incarner une Allemagne capable d'émerger du traumatisme du nazisme, de n'avoir plus de comptes à rendre à l'histoire. Kohl s'assure d'installer à sa place son homme de confiance, Wolfgang Schäuble, qui lui succède donc à la tête du parti. Et au secrétariat général, cette ministre de l'Environnement inoffensive qui sait se tenir et n'a pas fait de fausse note : Angela Merkel. Elle est largement inconnue au bataillon, mais Kohl s'est bien entendu avec elle pendant toutes ces années communes au gouvernement. Schäuble la soutient aussi. Elle plaît aux deux à la fois et, forte de ce beau consensus, elle est donc la seule candidate au congrès de Bonn de 1998, où elle est élue facilement secrétaire générale de la CDU. C'est la première fois qu'une femme atteint un tel niveau hiérarchique dans le parti chrétien-démocrate. La « *Mädchen* », si discrète et si gentille ! Kohl comme Schäuble sont sûrs qu'elle ne les gênera ni l'un ni l'autre. Autant dire qu'ils font preuve là d'une intuition politique de génie : elle les tuera l'un et l'autre.

Personne n'ose s'attaquer à Helmut Kohl. Intouchable même en cet hiver 1999 où il se trouve empêtré dans le scandale des « caisses noires » de la CDU concernant le financement de ses campagnes. Le chancelier a notamment mis en place un fonds illégal pour financer des « donations à titre personnel » destinées à attendrir les électeurs et les Länder, entre autres arrangements et commissions occultes transitant sur des comptes de la CDU en Suisse. L'enquête judiciaire avance. Les auditions opérées au Bundestag et les investigations internes apportent leur lot quotidien d'informations, de suspicions et de consternations. La presse n'a d'yeux que pour l'affaire des caisses noires. La statue du Commandeur vacille sérieusement mais tient bon. Angela l'aide à tomber. Elle est devenue secrétaire générale de la CDU après la défaite électorale. C'est le moment. Son heure à elle.

L'arme du crime est une tribune signée Angela Merkel et publiée dans le *Frankfurter Allgemeine Zeitung* (*FAZ*) le 22 décembre 1999. Sur un ton certes poli, avec les respects d'usage et la gratitude due au vieux chef, elle ne demande rien de moins que de le laisser tomber et de tourner la page de l'ère Kohl. Kohl, le géant, plus de seize ans à la tête du pays, la figure historique de la réunification, l'incarnation même de l'Allemagne ! « Les processus mis en place par Helmut Kohl ont nui au parti, écrit-elle. L'avenir ne peut être construit que sur des bases solides. Le parti doit apprendre à marcher seul, à se faire confiance, à engager le combat contre ses concurrents sans compter sur son vieux destrier, comme Helmut Kohl aimait se définir lui-même. Il doit, comme un adolescent à la puberté, quitter le domicile familial pour tracer son propre chemin. »

Quel culot ! Tout le monde est sidéré. Angela Merkel est la petite ministre que personne n'a vue venir. Elle commence à peine à siéger dans les instances dirigeantes de la CDU. Elle a tout préparé en douce. Même Klaus Preschle, l'un de ses plus proches collaborateurs, n'a pas été prévenu. Il tombe des nues. « Ça a été un choc. Elle savait que je désapprouverais ce texte et que j'en parlerais à Schäuble. C'était une action déloyale. Totalement inappropriée. Nous n'avions pas à nous émanciper de Kohl, nous n'étions pas opprimés ! J'étais perturbé, profondément. Je n'avais plus confiance en elle. Deux ans plus tard, nous avons eu un autre conflit et je suis parti. »

Volker Schlöndorff, son ami, est estomaqué lui aussi. « Je détestais Kohl et j'avais de la sympathie pour Merkel avant qu'elle ne le descende. Je ne l'en ai que plus aimée après. Ce qu'elle a fait était d'un courage insensé. Dans le monde de la CDU de l'Ouest, il était impensable de toucher à Kohl. Elle me fait l'effet de Siegfried dans l'opéra de Wagner, qui, un peu naïvement, n'a pas peur de s'attaquer à Wotan. »

Angela Merkel commente cet épisode dans ses entretiens avec Hugo Müller-Vogg. Elle se félicite d'avoir évalué correctement la question du rôle futur d'Helmut Kohl, « ce qui a eu pour conséquence un affaiblissement de son rôle de politicien actif », constate-t-elle sans s'attendrir : «Si vous voulez, l'article était un peu un signal d'alarme.» Elle reconnaît aisément avoir pris le «risque certain» de ne pas avoir averti Schäuble de son initiative. «Quelle aurait été l'autre solution? Lui demander l'autorisation? Il aurait certainement dit non. Je n'aurais pas réussi à le convaincre.» Elle l'assure : «J'ai écrit l'article pour l'aider [Schäuble], en pensant qu'autrement nous continuerions à nous enfoncer.»

À l'entendre, c'est un vrai conte de fées. En réalité, Wolfgang Schäuble a dû s'étrangler en lisant ces mots, car il est la deuxième victime, plus discrète, d'Angela Merkel. Elle n'a même pas à mentionner son nom dans son texte du *FAZ* : le président de la CDU, impliqué autant que l'ancien chancelier, est emporté avec lui dans l'affaire des caisses noires. D'une pierre deux coups. Merkel n'a qu'à donner une dernière pichenette. Schäuble, qui a d'abord nié avoir été lui-même bénéficiaire d'une «donation», finit par le reconnaître, présente ses excuses et démissionne le 16 février 2000. À la CDU, c'est l'embarras. Approuver Merkel ou s'indigner? La base du parti veut en finir avec le scandale et la suit. Certains représentants de la nouvelle génération, comme Friedrich Merz, la soutiennent plus clairement. D'autres ravalent leur contrariété en silence. Ses adversaires les plus puissants sont alliés dans ce que les médias ont décrit comme une sorte de société secrète de la CDU, exclusivement masculine : l'«Andenpakt». Ces barons de l'Ouest n'envisagent pas que la succession de Kohl puisse être assurée par cette femme qu'ils voient comme « un accident de parcours », une incongruité. Angela Merkel les laisse à leurs traumatismes et ne chôme pas. Elle a deux mois pour préparer le congrès de la CDU à Essen, qui décidera de la succession de Schäuble. Deux mois pour arpenter l'Allemagne, bichonner les électeurs de tous les Länder, leurs dirigeants, leurs militants, insister sur la rénovation du parti qu'elle incarne par sa personnalité particulière. Elle se dit « hors système » (déjà !), joue sur sa différence – une femme, jeune et de l'Est, simple, proche des gens, pas protocolaire, dépourvue des vieux codes. Elle s'affirme chrétienne et démocrate, CDU oblige, mais jongle entre la droite et la gauche du parti, bien au centre... Tous ces mots ne vous rappellent-ils pas quelque chose ? À sa façon, Merkel est un Macron avant la lettre. Un ovni politique. À l'issue du congrès d'Essen, le 10 avril 2000, elle est élue présidente de la CDU. Elle était la seule candidate. Les barons vieux et moins vieux ont bien été tentés de lui opposer une alternative, c'était perdu d'avance. La modernité du parti, l'image de renouveau dont il avait besoin, c'était elle et elle seule. Angela Merkel l'emporte avec un score quasiment digne de la Corée du Nord, par 897 voix sur 935.

Helmut Kohl peut bien regretter de lui avoir jadis tendu la corde avec laquelle elle a fini par le pendre : il est trop tard. Pour Angela Merkel, la conquête du pouvoir commence. Elle apparaît dans une conférence de presse aux côtés de Schäuble et de Kohl, lequel fait sa dernière apparition publique. Il n'adressera plus la parole à sa «*Mädchen*» avant plusieurs années. Il appartient au passé. L'Allemagne découvre sa future chancelière.

La CDU aussi. Après sa lettre dans le *FAZ*, la nouvelle présidente du parti confie à son ami Volker Schlöndorff : «*Die Luft wird dünn*» (L'air va se faire rare). Elle a coupé les têtes et sait qu'elle a peu de gens sur qui compter. Contrairement à Kohl, qui avait tous les numéros de téléphone de tous les secrétaires du parti dans la moindre commune, elle n'a pas de relais dans les Länder. Les relations affectives et les services rendus ne sont pas son mode de fonctionnement. Elle s'appuie sur ses réseaux et notamment sur le fidèle des fidèles : Peter Altmaier, qu'elle a toujours gardé à ses côtés, comme directeur de la chancellerie ou ministre au gouvernement. Elle s'est mariée un an plus tôt, presque jour pour jour, avec Joachim Sauer, qui avec elle ne parle pas seulement de physique quantique. Elle s'est constitué une équipe resserrée de deux femmes de confiance qui l'accompagnent encore à la chancellerie : Beate Baumann et Eva Christiansen. Les seules mises dans le secret de la fameuse lettre, à laquelle la première des deux, qui écrit la plupart de ses discours, a probablement contribué.

Pour Angela Merkel, Helmut Kohl est le deuxième mur qui tombe. Comme celui de Berlin, sa chute était inenvisageable. «Angela était la seule à pouvoir oser s'attaquer au géant, analyse Michael Schindhelm, son

Paradoxalement et contrairement à la légende, Angela Merkel passe une enfance heureuse en Allemagne de l'Est à Templin, dans le Brandebourg.
En haut : en 1960, à l'âge de 6 ans. En bas : une partie de volley-ball à l'occasion d'un voyage scolaire à Wandlitz et Berlin, en 1972. Angela est au filet. Elle a 18 ans.

Cette photo est tirée de l'album de Hartmut Hohensee, un ami d'enfance d'Angela Merkel. « Tiens, ça, c'était en 1973, quand on est allés camper au lac Stolpsee, sur la route de Fürstenberg ! » me dit-il.

Herlind Kasner. Angela Merkel décrit sa mère comme « gaie, amusante et ouverte » et dit tenir d'elle « son plaisir de la conversation, que certains qualifient de bavardage ».

Quel est le moteur de l'ambition d'Angela Merkel ? ai-je demandé à plusieurs de ses amis. L'un de ses anciens camarades de classe m'a répondu sans hésiter : « Son père. » Le pasteur Horst Kasner.

Une soirée de réveillon au Waldhof, le 31 décembre 1971. Angela Kasner et son ami Hartmut Hohensee dansent un slow – « C'était peut-être sur "Fernando", de Abba », me dit-il. Ils ont 17 ans.

À l'Académie des sciences d'Adlershof, en 1986, Angela Merkel fête sa soutenance de thèse dans les locaux du département de chimie théorique, avec ses camarades chercheurs. À sa gauche est assis Michael Schindhelm, son meilleur ami de l'époque. À sa droite, celui qui deviendra son mari : Joachim Sauer.

Lors d'un stage de physique à Prague, dans l'ancienne Tchécoslovaquie, en 1982. Angela Merkel a rendu visite régulièrement à son professeur de chimie quantique Rudolf Zahradník (le deuxième sur la gauche), jusqu'à sa mort en octobre 2020.

Angela Merkel en mars 1990, quatre mois après la chute du mur de Berlin. Après la dernière élection à la Chambre du peuple de la RDA, en 1990, elle est devenue porte-parole du gouvernement de Lothar de Maizière.

Revue de presse avec Lothar de Maizière, premier et dernier dirigeant démocratiquement élu de la République est-allemande, en 1990.

En 1992, avec le chancelier Helmut Kohl. Angela Merkel a été élue au Bundestag, en décembre 1990, députée du Mecklembourg-Poméranie-Occidentale, puis nommée dans la foulée ministre fédérale des Femmes et de la Jeunesse.

La première campagne électorale d'Angela Merkel dans le Mecklembourg-Poméranie-Occidentale, en décembre 1990. Des pêcheurs de l'île de Rügen l'invitent à boire un schnaps dans leur cabane qui sent le tabac et le poisson,

au bord de la Baltique. L'un d'eux, Hans-Joachim Bull (à gauche, caché par la tête de l'autre pêcheur), m'a raconté cette visite dans ce qu'il appelle maintenant «la cabane de la Merkel» (chapitre 8).

Angela Merkel en 1995. Elle a été nommée ministre fédérale de l'Environnement, de la Protection de la nature et de la Sécurité nucléaire le 17 novembre 1994.

La célèbre féministe Alice Schwarzer (à droite) est devenue amie avec Angela Merkel lorsqu'elle était ministre des Femmes et de la Jeunesse (1991-1994).

Angela Merkel, élue chancelière en 2005, est entourée par deux de ses principales victimes politiques. À sa droite, Edmund Stoiber, ministre-président de Bavière. À sa gauche, le chancelier Helmut Kohl.

Le fameux losange de la chancelière. C'est en 1998 qu'Angela Merkel, mal à l'aise avec ses mains dont elle ne savait pas quoi faire en public, trouve l'astuce de réunir ses doigts en forme de losange. Ce geste deviendra iconique.

Le Girls camp. *Bien avant d'accéder à la chancellerie, Angela Merkel s'est entourée de deux femmes dont elle a fait sa garde rapprochée et qui ne l'ont plus quittée. Le trio s'est formé et soudé face aux hommes qui tenaient la CDU.*

À gauche, Eva Christiansen, « cheffe de la planification politique, de l'innovation et de la politique numérique à la chancellerie fédérale ». À droite, sa conseillère spéciale « cheffe de bureau » : la mystérieuse Beate Baumann.

Les quatre mandats d'Angela Merkel ont été marqués par une série de crises, dont chacune a correspondu à un président français. Lendemain du « non » au traité constitutionnel européen avec Chirac. Crise financière mondiale et crise

des dettes souveraines avec Sarkozy. Guerre en Ukraine, attentats islamistes, crise des migrants, référendum sur le Brexit et élection de Donald Trump avec Hollande. Pandémie du coronavirus et plan de relance européen avec Macron.

Angela Merkel avec Vladimir Poutine dans sa résidence de Sotchi, en 2007. S'étant renseigné sur les faiblesses de la chancelière et ayant obtenu un détail intéressant sur sa peur des chiens, le président russe a pris plaisir à laisser Koni,

son labrador, prendre part à leur réunion. « Je les connais par cœur, lui et ses méthodes. C'est typique du KGB », a confié la chancelière. Regardez le sourire sarcastique et jubilatoire de Vladimir Poutine !

Angela Merkel face au président Donald Trump, le 9 juin 2018, lors du G7 à La Malbaie, au Canada. Le président américain est arrivé en retard, parti plus tôt, et s'est désolidarisé de ses alliés sur à peu près tous les sujets.

En juin 2007, la chancelière convie les dirigeants du G8 pour un sommet dans sa circonscription, dans la petite station balnéaire de Heiligendamm. Ici, avec le président américain George W. Bush et le Premier ministre britannique Tony Blair.

Les relations se sont mal engagées entre Angela Merkel et Barack Obama. Elle supportait difficilement l'arrogance du président américain et sa manière hautaine de lui donner des leçons. Il est le seul dirigeant à l'avoir poussée au bord des larmes.

« Wir schaffen das » (Nous allons y arriver). Par ces mots prononcés le 31 décembre 2015 au sujet de l'intégration des réfugiés en Allemagne pendant la crise migratoire, Angela Merkel a incarné la politique d'accueil et a sauvé l'honneur de l'Europe. Elle en a aussi payé le prix politique.

Angela Merkel à Bruxelles, au Conseil européen de 2017. Le quatrième et dernier mandat de la chancelière est celui de sa révolution européenne.

ami physicien du temps de l'Académie des sciences à Adlershof. Parce qu'elle était différente. Parce qu'elle était la seule à ne pas être du sérail. Parce qu'elle n'était pas écrasée, comme les autres, par l'autorité de Kohl. Parce qu'elle avait pris le goût de l'échappée vers le grand large. Dans l'Allemagne réunifiée, nous les gens de l'Est n'éprouvions pas la même timidité face aux générations précédentes. À l'Ouest, nous n'avions pas de pères. »

Ce n'est pas fini. Il reste de la place dans la cave et un stock d'arsenic. Or un homme fait encore de l'ombre à Angela Merkel : Edmund Stoiber. Il est le ministre-président de Bavière et patron de la puissante et conservatrice Union chrétienne-sociale (CSU), la sœur bavaroise de la CDU. Il a le vent en poupe pour être candidat à la chancellerie aux élections de 2002.

À l'époque, Angela Merkel est plutôt mal en point. Au pouvoir, le chancelier Gerhard Schröder s'est montré extrêmement habile. Ses réformes libérales, inattendues de la part d'un social-démocrate, sont appréciées par les milieux économiques. La présidente de la CDU les approuve au fond d'elle-même et sera la première à en bénéficier, mais le jeu politique le veut autrement, qui exige certaines postures. À l'intérieur de son propre camp, la société secrète de l'Andenpakt veille au grain. Des figures influentes du parti, comme le Bavarois Edmund Stoiber ou le jeune avocat Friedrich Merz, s'opposent à elle. Roland Koch, alors ministre-président de Hesse, lui déconseille fortement de se présenter aux élections de 2002. « À l'hiver 2001, je lui ai fait comprendre très clairement au téléphone que je ne pensais pas que son projet de se porter candidate à la chancellerie était dans l'intérêt de la CDU », dit-il dans le documentaire d'Arte. « À l'époque, elle n'avait pas la stature, l'aura nécessaire. » Les barons des Länder jouent leur carte et se déchirent. Schröder a bien joué : il a réussi à diviser le camp conservateur et à l'affaiblir. Lors d'un congrès de la CDU-CSU à Nuremberg, fin 2001, les militants bâillent et lisent ostensiblement le journal pendant le discours de Merkel qu'ils méprisent, alors qu'ils acclament Stoiber en héros.

Merkel a bien compris l'affaire. Les élections approchent et elle est en mauvaise posture pour gagner la bataille de la chancellerie face à Schröder. Comment éviter d'aller au casse-pipe sans avoir l'air de se défiler ? Là est toute la question. La tactique par laquelle elle résout ce dilemme révèle l'extraordinaire animal politique qu'elle est en train de devenir : une mixture faite d'esprit scientifique, de valeurs solides et d'une longue imprégnation dans les arcanes du pouvoir, à laquelle s'ajoute un air de ne pas y toucher, ce côté oiseau tombé du nid, qui continue à tromper son monde. Cela donne Angela Merkel, politicienne hors pair. Une artiste.

Dans ce premier combat mal engagé pour la chancellerie, elle apparaît au sommet de son art. D'abord elle joue le temps et fait durer le suspense. Le parti a fixé au 11 janvier 2002 le moment de trancher sur le choix du candidat. Ils sont trois possibles : Merkel, Stoiber, Merz. Elle attend le dernier moment, début janvier, pour se déclarer officiellement candidate. Stoiber n'a encore rien officialisé. La veille du jour où doivent se réunir les instances du parti, à Magdebourg, la présidente de la CDU se rend en Bavière et prend le petit déjeuner chez Edmund Stoiber à Wolfratshausen, au sud-ouest de Munich. Là, ils s'arrangent. Se sachant perdue, elle la joue grand seigneur – renoncement, abnégation, loyauté – et fait l'honneur à Stoiber de lui demander de se porter candidat à sa place. Elle commence par lui caresser le plumage : « J'aurais bien aimé me présenter, lui souffle-t-elle amicalement. J'ai une vision et peut-être aussi une approche différente de la tienne, mais je sens qu'il y a trop de résistances. Alors je suis d'avis qu'il vaut mieux que ce soit toi qui te présentes. » C'est magnifique. Du grand et beau machiavélisme. Stoiber en roucoule d'aise.

Elle laisse passer du temps et revient peu après à Munich. L'ambiance joyeuse de la fête de la bière, en octobre, lui fournit l'occasion de s'entretenir avec Edmund Stoiber à la chancellerie d'État de Bavière… et de poursuivre leur conversation. En échange de renoncer à la chancellerie, suggère-t-elle, elle aimerait, « en cas de défaite de la CDU », cumuler deux postes : la présidence du parti, qu'elle exerce déjà, et celle du groupe CDU-CSU au Bundestag, laquelle est occupée, cela tombe bien, par un de ses rivaux : Friedrich Merz. Elle rejoue avec Stoiber le vieux classique du corbeau et du renard : « Tout flatteur vit aux dépens de celui qui l'écoute », dit la fable de La Fontaine. Stoiber, le corbeau flatté, en ouvre le bec et laisse tomber sa proie. Merkel, la renarde flatteuse, sait parfaitement qu'elle envoie Stoiber le corbeau dans la gueule du loup, car Schröder est dur à battre. En feignant de se sacrifier, elle s'est ménagé la place de Merz (la présidence du groupe au Bundestag), lequel n'est pas encore au courant. Si ça, ce n'est pas de l'art…

Sa chance fait le reste. Pendant la campagne, des inondations dramatiques ravagent le sud de l'Allemagne. Le candidat Schröder sait en tirer parti : chaussé de bottes, chaleureux, réactif, près du peuple, il passe sur toutes les télévisions. Stoiber n'est pas dans le coup. Le 22 septembre 2002, Schröder l'emporte d'extrême justesse (par 6 000 voix) et se retrouve à la tête d'une coalition avec les Verts. Angela Merkel attend son heure. Elle s'entoure d'un groupe de députés CDU partageant sa vision centriste du parti, qui deviendront ses hommes de confiance et ses inconditionnels supporters. Parmi eux, le tout nouveau président de la CDU Armin Laschet, son concurrent malheureux à l'élection du parti Norbert Röttgen, les anciens ministres Friedbert Pflüger et Eckart von Klaeden, et le fidèle parmi les fidèles, ancien directeur de la chancellerie et actuel ministre de l'Économie, Peter Altmaier. L'hebdomadaire *Stern* les surnomme « *Angie's boys group* ».

Merkel peut compter ses trophées de chasse : Kohl, Schäuble, Stoiber, Merz et quelques autres, dont Roland Koch, ministre-président du Land de Hesse, qu'elle s'est employée à isoler. Il y a au moins cinq cadavres dans la cave de Mutti. Des deux derniers rivaux, l'un est renvoyé en fond de court en Bavière, l'autre lui a cédé sa place à la tête du puissant groupe parlementaire CDU-CSU à Berlin : à deux pas de la chancellerie. C'est son calcul, son pari. Et elle gagne : en joueuse d'échecs, elle transformera sa défaite annoncée face à Stoiber en victoire à la chancellerie, un mandat plus tard. La tactique Merkel consiste à jouer celle que ça n'intéresse pas plus que ça. Elle n'affronte pas ses adversaires de la CDU comme les mâles en ont l'habitude dans la jungle politique : elle les attaque tout en douceur et les laisse s'éliminer entre eux. Une fois devenue chancelière d'Allemagne, Schlöndorff a redéroulé le film. « Elle a vraiment été fine tacticienne, observe-t-il. Elle savait qu'elle ne passerait pas et supposait que Stoiber se casserait la gueule. Elle m'en parlait à l'époque. Au bout du compte, elle est arrivée en sauveuse. Un coup à la de Gaulle ! Je l'ai félicitée. » Quant à Friedrich Merz, à quoi pensait-il en janvier 2021, en tentant à nouveau sa chance pour gagner la présidence de la CDU, et en perdant à nouveau face à Armin Laschet, le candidat favori d'Angela Merkel et le plus évidemment merkelien ? Depuis dix-neuf ans, il ruminait sa vengeance contre la chancelière qui l'avait sacrifié sans vergogne en janvier 2002. Elle n'est pas intervenue dans sa succession et ne s'est aucunement mêlée à cette campagne, mais il n'a pas dû échapper à sa victime qu'elle avait réussi à le tuer une deuxième fois.

Je suis allée voir Wolfgang Schäuble en 2009. Il était ministre des Finances à l'époque et l'homme fort du gouvernement. Il est assis dans un fauteuil roulant depuis le jour de 1990 où un déséquilibré a tenté de l'assassiner au cours d'un meeting électoral, lui sectionnant la moelle épinière. Il a un sourire respectueux et laconique pour parler de la chancelière et du meurtre de Kohl : elle s'est imposée à ses dépens. «Angela Merkel a une volonté de pouvoir certaine et la patience est l'une de ses grandes forces», me dit-il d'un air entendu. À l'évocation de la fameuse lettre du *FAZ* de 1999, dont il a fait les frais, Schäuble balaie avec magnanimité la moindre idée de rancune de sa part. «Avec cette lettre, dit-il, elle a joué à quitte ou double. Elle aurait pu perdre, elle a gagné.» Imperturbable et le regard d'aigle, installé à son bureau, il ajoute seulement : «Le 22 décembre 1999, j'ai compris qu'Angela Merkel serait la première femme chancelière d'Allemagne.»

11

Le *Girls camp*

« Les femmes de pouvoir
sont toujours suspectes. »
Élisabeth Badinter

Ce dernier coup de maître – l'élimination de son rival Edmund Stoiber, après avoir réglé leur compte à l'ex-chancelier Helmut Kohl et au président de la CDU Wolfgang Schäuble –, Angela Merkel n'est pas seule à le fomenter. Une éminence grise, aussi effacée qu'omniprésente, se trouve comme toujours à ses côtés : la secrète Beate Baumann. Cette proche collaboratrice et âme damnée de la future chancelière a confié, en riant beaucoup, la manière dont Angela avait mené Stoiber par le bout du nez pour obtenir ce qu'elle voulait : « Elle réussissait à lui faire croire qu'il prenait toutes les décisions lui-même, alors que c'est elle qui les lui dictait. Il faisait tout ce qu'elle voulait sans le savoir. C'était fabuleux. »

Angela a la jambe cassée quand elle rencontre Beate. C'est en 1992. Ministre des Femmes et de la Jeunesse, elle est la jeune novice du gouvernement d'Helmut Kohl et la «*Mädchen*» du chancelier. Un ami de la CDU lui rend visite à l'hôpital : Christian Wulff, qui deviendra bien plus tard président de l'Allemagne fédérale et qui est alors membre du directoire de la CDU en Basse-Saxe. Au hasard de la conversation, elle lui glisse qu'elle cherche une collaboratrice. «Tu devrais demander à Beate Baumann, lui dit-il. Elle se destine à être professeure d'anglais et d'allemand, mais elle est active à la Junge Union (organisation des jeunes de la CDU) en Basse-Saxe et elle est bien.» C'est fait. Beate Baumann a 29 ans et abandonne sa thèse pour se mettre au service de la ministre. La jambe dans le plâtre, Angela Merkel lui confie un poste de chargée de mission au ministère des Femmes. Elle le renouvelle en 1994, quand elle est nommée ministre de l'Environnement. Cette précieuse collaboratrice la suivra partout, à la CDU, au groupe politique du Bundestag, à la chancellerie.

Beate Baumann se rend vite indispensable. Surtout quand éclate le scandale des «caisses noires» de la CDU, qui éclabousse le chancelier Helmut Kohl et le président du parti, Wolfgang Schäuble, en 1999. Angela Merkel, alors secrétaire générale de la CDU, est tenue à l'écart des agissements des chefs. Beate Baumann se montre envers elle d'une loyauté totale. Dans cette période trouble et explosive, elles mettent au point un petit rituel. Beate se rend chaque soir à la gare centrale pour acheter les journaux du lendemain et les épluche. Le matin, elle passe une tête dans le bureau d'Angela. Même pas « Bonjour ». Juste : « Rien de grave » (*Nichts schlimmes*). Angela hoche la tête d'un air entendu. Voilà comment l'histoire d'Angela et de Beate a commencé, celle de la dévotion de la seconde vis-à-vis de la première, et d'une influence qui n'a cessé de croître. Leur proximité agace. Elle agaçait déjà Klaus Preschle, secrétaire général de la fédération de la CDU dans le Land de Mecklembourg-Poméranie-Occidentale, quand Angela Merkel en était la présidente. « J'ai toujours désapprouvé l'organisation selon laquelle tout devait passer par Baumann, et la présidente n'aimait pas que je le lui dise. Beate Baumann sécurise Angela Merkel, elle est sa deuxième peau. » Angela n'a rien changé pour autant. Beate règle tout et élimine les raseurs quand il le faut de ce claquement sec qu'ils reconnaîtront : « On fait ça comme ça. La chancelière le veut. »

Une autre se joint au duo un peu plus tard, à l'automne 1998. Eva Christiansen. Angela Merkel est secrétaire générale adjointe de la CDU, Eva devient sa porte-parole. Une catholique de l'Ouest, comme Beate, et Angela sait leur rappeler à toutes deux à quel point la liberté est un cadeau qui ne va pas de soi. Le trio se forme dans la complicité soudée face aux hommes qui tiennent la CDU, dans l'ambiance de scandale des « caisses noires » du parti et dans le secret qui aboutit au meurtre politique d'Helmut Kohl. Elles ne se sont plus quittées depuis. À la chancellerie, Beate est « cheffe de bureau ». Eva est conseillère média, cheffe du planning et de la stratégie.

Eva et Beate. La blonde souriante et la brune revêche. La féminine à queue-de-cheval et tee-shirt rose, la masculine aux cheveux courts, abonnée aux couleurs sombres, sans bijou ni maquillage. La bavarde et la taiseuse. Le gentil flic et le méchant flic, *good cop, bad cop*. Toutes deux autour de la cinquantaine, quand Angela a dépassé les 60 ans. Ses deux fidèles à la vie à la mort, qui emporteront ses secrets dans leur tombe. Les deux seules à avoir été mises dans la confidence de la fameuse lettre de 1999 envoyée par Angela Merkel au *Frankfurter Allgemeine Zeitung* pour tuer le père, Helmut Kohl. Beate la brune a été prévenue avant Eva la blonde. Fort probable qu'elle ait été bien plus que prévenue et qu'elle ait mis la main à la pâte, comme c'est le cas pour tous les discours et textes d'Angela quand ils sont importants. Et jamais aucun n'aura été plus important que ce meurtre de Kohl dans le *FAZ*. De telles complices inconditionnelles s'avèrent d'autant plus indispensables qu'Angela Merkel a créé le vide autour d'elle. À force d'écarter ceux qui peuvent vous faire de l'ombre, de fonctionner sans idéologie et de contourner les chapelles, on n'a plus beaucoup d'amis sur qui compter. « L'air se fait rare ! », confie-t-elle alors à Volker Schlöndorff. Agacés, les hommes de la CDU ont tôt fait de surnommer le trio féminin le « *Girls camp* », comme s'il s'agissait de trois filles dans un camp de scouts. La condescendance contenue dans l'expression n'a pas échappé à Angela Merkel qui la commente auprès d'Hugo Müller-Vogg : « *"Girls camp"*, c'est une des trouvailles linguistiques les plus intéressantes que j'aie entendues. Des femmes à des postes à responsabilités, entourées par d'autres femmes, cela paraît toujours étrange et on y associe facilement une atmosphère de ragots. C'est pourquoi cette expression est à la fois perfide et amusante. »

Angela Merkel est-elle féministe ? À l'Est, où l'idéologie égalitariste s'applique aussi aux rapports entre les hommes et les femmes, le féminisme n'est pas pour elle un sujet. Elle commence à le comprendre en intégrant l'Union chrétienne-démocrate (CDU), alliée à sa sœur bavaroise plus conservatrice encore, l'Union chrétienne-sociale (CSU), deux partis dominés par des mâles catholiques pas particulièrement séduits par les idées progressistes en matière d'égalité et de mœurs. Lorsque le chancelier Kohl la convoque sur recommandation de Lothar de Maizière, pour satisfaire son besoin de quota de femmes et d'Ossies et lui proposer un portefeuille ministériel, elle est interloquée par l'une de ses premières questions : « Est-ce que vous pourriez vous entendre avec des femmes ? » lui demande-t-il. Cette phrase lui revient en mémoire peu après, alors qu'elle a gagné son siège de députée de Poméranie-Occidentale-Rügen et que, dans la nuit même, Helmut Kohl la nomme ministre des Femmes et de la Jeunesse. Elle est heureuse d'être ministre, bien sûr, mais le domaine de responsabilités qui lui est imparti n'est pas sa préoccupation première. « À vrai dire, pendant les grands changements en Allemagne, je ne m'étais pas beaucoup intéressée aux thèmes de la femme et de la jeunesse », confesse-t-elle à Müller-Vogg. Ministre des Femmes, elle découvre le mépris machiste et les sarcasmes des hommes. Si Thomas de Maizière l'a incitée avec courtoisie à modifier ses tenues vestimentaires, ses efforts ne suffisent pas toujours à lui éviter moqueries et commentaires désobligeants. Le tabloïd *Bild* prend plaisir à montrer le ridicule de ses longues robes un peu hippies et démodées. Elle saisit la force des préjugés sexistes en Allemagne de l'Ouest, surtout dans la CDU-CSU, et l'importance des trois « K » dans la société : « *Kinder, Kirche, Küche* » (enfants, église, cuisine), comme trois commandements réservés aux femmes et qui ne correspondent pas à son éducation.

Alors, Angela Merkel est-elle féministe ? La question lui est posée en avril 2017 lors du sommet du G20 des femmes organisé à Berlin, où la chancelière partageait l'estrade avec Christine Lagarde, directrice du Fonds monétaire international, et Ivanka Trump, fille du président américain. « Madame la chancelière, considérez-vous que vous êtes féministe ? » lui demande un journaliste. « Pour être honnête, j'aimerais… Je me retrouve en partie dans l'histoire du féminisme mais pas entièrement, donc je ne veux pas usurper ce qualificatif », répond-elle, toujours soucieuse des mots exacts. « Par exemple, Alice Schwarzer [célèbre journaliste et féministe allemande] et les femmes comme elle ont mené tellement de combats difficiles que je ne peux pas arriver après, m'attribuer leurs succès et dire comme ça : "Super, je suis féministe !" Donc ça me va très bien si vous pensez que j'en suis une, mais je ne veux pas me coller cette étiquette. »

La fameuse Alice Schwarzer, justement, repère vite Angela Merkel. Dès sa première année au ministère des Femmes, la féministe suit attentivement son projet de loi sur l'égalité entre hommes et femmes, destiné à sanctionner le harcèlement sexuel au travail, la discrimination dans les entreprises à compétences égales et la parité dans le service public. C'est trop tôt : la ministre est accueillie par des grossièretés misogynes et, au mieux, se fait traiter de « gentille fille » par les plus polis du parti. Les médias y vont sur le même ton. Alice Schwarzer, qui a fondé et dirige encore aujourd'hui la revue *Emma*, est indignée. Elle appelle Angela Merkel pour la rencontrer. « Je voulais me déplacer jusqu'à Bonn, bien sûr, raconte Alice Schwarzer. Mais elle a insisté pour venir elle-même à Cologne, à trente kilomètres, où se trouve la rédaction d'*Emma*. Elle est toujours très courtoise, d'ailleurs. On a dîné ensemble chez un Italien, Tullio, au bord du Rhin. Elle m'a impressionnée par son intelligence et sa franchise. » La ministre revient alors d'un voyage aux États-Unis avec Helmut Kohl, à l'été 1991. Elle lui raconte sa joie de découvrir l'Amérique dont elle a tant rêvé. Ils avaient été à Beverly Hills rendre visite à l'ancien président Ronald Reagan, vieil ami du chancelier, et avaient rencontré George Bush à la

Maison-Blanche. Toutes deux plaisantent sur le culot avec lequel Reagan véhiculait l'idée selon laquelle le travail des femmes est facteur de chômage.

Angela lui parle aussi d'un livre qu'elle a lu au cours de son voyage américain et qui est en train de devenir un best-seller mondial : *Backlash. La guerre froide contre les femmes*, de Susan Faludi. L'auteure dénonce un retour de bâton sexiste qui prévaut aux États-Unis depuis les années 1980. Face à son enthousiasme, Alice lui propose d'en faire un article pour la revue *Emma*. Angela est ravie. Cela donnera un article de la ministre des Femmes intitulé «La Marche au pouvoir». Le ton n'est pas très ministériel et encore moins chrétien-démocrate, mais plutôt un décalque de celui des rédactrices militantes de la revue *Emma*. «En Allemagne, ce sont les hommes qui forgent l'opinion en se parant de quelques femmes alibis», écrit-elle, dénonçant le fait que les femmes n'ont pas de position élevée dans les médias, les partis politiques, les groupes d'intérêt, le monde des affaires, les activités sociales. «L'une des leçons que je tire de ce livre est que nous, les femmes, nous devons poursuivre notre marche vers la conquête des institutions et participer à la puissance publique. On ne peut l'instaurer par la loi. La lutte pour l'égalité entre hommes et femmes est un développement en spirale : un pas en arrière, un pas en avant, petit à petit.»

Le soutien d'Alice Schwarzer à Angela Merkel dérange et déplaît. Une grande figure du féminisme et de la gauche allemande qui s'emballe pour une ministre de la conservatrice CDU ! Depuis leur premier déjeuner de 1992 chez l'Italien, elles se voient une fois par an, au restaurant, chez Alice à Cologne ou à la chancellerie. La gauche reproche à Alice Schwarzer de faire la promotion d'une adversaire politique. « Elle m'intéresse et je l'aime bien, répond-elle, parce qu'elle n'est pas conservatrice, bien qu'elle représente un parti conservateur. Est-elle féministe ? Je n'en sais rien. Nous n'en avons jamais parlé de façon explicite. L'égalité des sexes, cela va de soi pour elle. Mais comment elle compte en faire un combat, je l'ignore. »

Au ministère, Angela Merkel apporte un peu de l'Est avec elle. Les féministes de l'ex-Allemagne de l'Ouest se réjouissent de voir nommée à ce poste une femme de RDA pour qui l'égalité entre hommes et femmes est en théorie une évidence. La ministre porte un projet de loi sur l'avortement où, là encore, la RDA se montrait plus progressiste que la RFA, tenue en laisse par les conservateurs catholiques de la CDU. Elle se trouve au cœur du débat connu sous le nom de « Paragraphe 218 », le numéro de l'article du Code pénal rendant l'avortement illégal et passible de plusieurs années de prison. Alice Schwarzer est à la tête des manifestations féministes des années 1970, où ce chiffre était brandi comme un symbole. En 1991, dix-sept ans après l'admirable combat de Simone Veil pour porter sa loi en France, la question agite la société allemande et le Bundestag. Elle divise la coalition au pouvoir, entre les conservateurs de la

CSU et les plus progressistes de la CDU. Helmut Kohl est un peu perdu et confie le dossier à sa ministre. Elle prépare un projet de loi et, pour cela, va consulter l'un de ses mentors en politique, qui présente l'avantage d'exercer la profession d'avocat : Lothar de Maizière. Il l'aide à trouver des solutions juridiques et la loi Merkel sur l'avortement est un mélange centriste très merkelien destiné à plaire à tout le monde, aux chrétiens comme aux féministes : l'avortement est illégal, mais toléré, certes il porte atteinte à la vie, mais la société doit aider les femmes confrontées à cette « difficile décision ». Face à elle, les sociaux-démocrates du SPD et les libéraux du FDP veulent dépénaliser l'avortement. Leur proposition de loi est adoptée au Bundestag, mais au moment du vote, la députée-ministre s'abstient.

Elle n'arrive pas à faire le pas. Aucune des deux positions ne la satisfait, elle ne sait pas choisir entre les deux parts d'elle-même, la fille de pasteur et la femme de l'Est sensible à la cause des femmes. « Je trouvais le projet de la CDU trop dur, et celui du SPD n'était pas conforme à la Constitution. » La réforme finalement adoptée, après avis de la Cour constitutionnelle, est une solution mi-chèvre mi-chou proche du projet de loi Merkel. Fidèle à sa tactique et à son indécision, elle agira de la même manière en 2017 en précipitant le vote de la loi pour le mariage homosexuel au Bundestag, tout en votant contre. En utilisant exactement le même argument et en visant le même objectif : couper l'herbe sous le pied de son adversaire, le SPD, mais le satisfaire dans la perspective d'une future coalition.

À l'intérieur du parti davantage qu'au gouvernement, Angela Merkel fait bouger les lignes. Le fait qu'elle soit femme et Ossie, au-delà des quotas, apporte à la rigide CDU un vent nouveau. Son solide *Girls camp*, Beate Baumann et Eva Christiansen, bien que de l'Ouest, la soutient pour bousculer les habitudes. Mais une troisième femme entre dans le jeu, sur laquelle Angela Merkel va s'appuyer pour remodeler le parti chrétien-démocrate (qu'elle dirige depuis l'année 2000) et plus tard le pays. Cette troisième femme qui malgré ses apparences de conservatrice bien sage sera un élément essentiel de la modernisation, c'est Ursula von der Leyen. La présidente de la Commission européenne, docteur en médecine, est nommée en 2003 ministre des Affaires sociales, des Femmes, de la Famille et de la Santé, au gouvernement du Land de Basse-Saxe. L'année suivante, elle intègre le bureau de la CDU.

Angela et Ursula. Difficile de faire à la fois plus différentes et plus semblables que ces deux Allemandes nées à cinq ans d'écart de chaque côté de l'ancien Mur. Autant Angela est entrée dans la CDU par effraction, en vilain petit canard, autant Ursula est la femme parfaite pour les conservateurs chrétiens : issue d'une vieille famille bourgeoise et catholique, mère de sept enfants, fille d'un baron du parti, cavalière, musicienne, polyglotte, surdiplômée... Mais toutes deux sont scientifiques. Toutes deux sont venues à la politique sur le tard. Toutes deux ont imposé le même style en politique : femmes de dossier, de mesure, de sobriété, de valeurs. Et toutes deux ont secoué le conservatisme de la CDU, notamment par le développement des crèches – y compris au sein de l'armée – qui a rompu avec la tradition de la femme au foyer. Le remodelage et la modernisation de la CDU, Angela Merkel en est l'architecte, et Ursula von der Leyen la première ouvrière.

Une fois installée à la chancellerie, Angela Merkel, fausse conservatrice, ne sera jamais aussi à l'aise qu'à la tête de grandes coalitions, à diriger les deux partis opposés, chrétien-démocrate et social-démocrate. Une alliance impensable en France, où les formations adversaires se retrouvent partenaires au gouvernement, obligées de s'entendre autour de compromis. C'est dans cette alliance des contraires, ce « en même temps », que Merkel excelle le plus. Elle se révélera la reine des négociations et des compromis, précisément parce qu'elle n'est pas une représentante typique de la CDU. Elle n'est pas une vraie conservatrice. Elle vient de l'Est. Elle va sortir le parti conservateur de ses ornières traditionalistes – tout en le laissant désemparé et dépouillé de son identité, mais on le saura plus tard. « D'un parti réactionnaire et repoussant, elle a fait un parti aimable », note son ami comédien, Ulrich Matthes, qui s'étonne lui-même d'avoir voté pour elle en 2017, lui un libéral-libertaire de gauche qui se serait « coupé la main plutôt que de voter CDU sous Helmut Kohl ». Il l'avait d'ailleurs prévenue lors de leur première rencontre : il ne votait que pour le SPD ou pour les Verts. Elle lui avait répondu, tranquille : « Ce n'est pas grave du tout, il y a assez de gens qui votent pour moi ! »

Comme toujours, elle s'appuie sur le socle de ses valeurs pour construire une tactique politique. Redéfinir l'idéologie en recentrant le parti a le double avantage de coller à ses convictions et de couper l'herbe sous le pied de son adversaire, le chancelier Gerhard Schröder, qui fait la même chose en sens inverse : face aux difficultés économiques et au chômage, à la suite de la réunification des deux Allemagnes, la gauche sociale-démocrate allemande change en direction d'une troisième voie inspirée de Tony Blair. Les réformes libérales du gouvernement Schröder provoquent la scission de la gauche. Le ministre des Finances Oskar Lafontaine démissionne en 1999 et cofonde le parti radical Die Linke. Merkel, de son côté, neutralise l'opposition sociale-démocrate en s'appropriant une partie de ses thèmes de campagne. On la surnommera « le meilleur chancelier du SPD ». Elle est machiavélique. Après des défaites en série aux régionales, le chancelier Schröder, acculé, annonce des élections anticipées.

Il perd. Ça le rend fou. Aux élections du 18 septembre 2005, la CDU-CSU menée par Merkel a beau enregistrer son plus mauvais résultat de l'après-guerre, elle devance d'un point le SPD de Schröder. Le chancelier ne peut pas y croire. Lui, le grand réformateur, se faire doubler par cette femme si terne ! En l'absence de majorité claire, ils revendiquent l'un et l'autre le poste de chancelier – lequel n'est élu qu'au terme d'une coalition qui reste à former. Gerhard Schröder n'imagine pas d'autre solution que sa propre victoire, puisqu'il est le seul, dit-il, à pouvoir former un « gouvernement stable ». Il faut revoir ce débat télévisé insensé, le soir de l'élection : vaincu, grossier, goujat, Schröder apparaît tel un roi Ubu ivre de pouvoir et de bordeaux, sa boisson préférée. Il refuse de reconnaître sa défaite, se proclame chancelier et agresse avec mépris sa rivale silencieuse, totalement médusée. Il écarte dédaigneusement toute éventualité de la voir gouverner : « Diriger une coalition avec le SPD, elle n'a pas la carrure, c'est évident. Pensez-vous sérieusement que mon parti puisse répondre à une offre de discussion de Mme Merkel, alors qu'elle prétend vouloir devenir chancelière ? » Tout le monde est choqué. La mère d'Angela Merkel qui était inscrite au parti social-démocrate rend sa carte du SPD. « Elle ne sera jamais chancelière ! » lance encore le chancelier tout bouffi de machisme, sans même lui accorder un regard. Deux mois plus tard, Angela Merkel est élue à la tête d'une coalition avec le SPD et Gerhard Schröder quitte définitivement la politique.

Mais il s'en est passé du temps, avant qu'elle ne soit élue par le Bundestag le 22 novembre, après avoir présenté son contrat de grande coalition avec les sociaux-démocrates. Deux mois ! Les possibilités de coalitions entre différents partis ont donné lieu à des spéculations infinies. Même la CDU-CSU a tergiversé jusqu'au bout sur la légitimité d'Angela Merkel au poste de chancelière. Le sérieux des négociations à l'allemande a certes joué son rôle, mais aussi la difficulté d'un parti essentiellement masculin et catholique à se faire à l'idée d'être représenté à la tête du pays par cette femme de l'Est mal fringuée, qui n'est décidément pas dans les codes. C'est la première fois dans l'histoire de l'Allemagne qu'une femme est désignée candidate au poste de chancelier. Quant à devenir chancelière… la pilule est dure à avaler. Ce grand classique, Élisabeth Badinter l'a rappelé dans *Le Pouvoir au féminin*, son livre sur Marie-Thérèse d'Autriche : « Les femmes de pouvoir sont toujours suspectes. » Suspectes de ne pas être à la hauteur, de ne pas être compétentes, de ne pas avoir le caractère ni la dureté qu'il faut pour gouverner. Suspectes de tout.

En marchant dans le jardin du Luxembourg, à Paris, Élisabeth Badinter tire des bouffées sur sa cigarette électronique et s'amuse à énumérer les éléments de comparaison entre Angela Merkel et son héroïne du XVIIIe siècle, Marie-Thérèse d'Autriche, mère de Marie-Antoinette, dont elle démontre la modernité et la ressemblance avec les femmes du XXIe siècle. Angela, Marie-Thérèse. « Oui, c'est drôle, à y réfléchir, elles ont des points communs ! » observe la philosophe féministe. « Toutes deux marquent la politique par leur personnalité plus que par l'exercice du pouvoir. Toutes deux rassurent le peuple, inspirent protection et confiance. Elles expriment l'une et l'autre une volonté de gouverner "non virile", avec esprit de conciliation et non pas à la trique, en prenant le temps de réfléchir et en ayant l'intelligence d'écouter les autres au lieu de se croire omniscientes. Elles sont toutes deux habiles à l'art du double jeu… » À deux siècles de distance, elles ont en commun de faire figure d'exception : « En règle générale, écrit Élisabeth Badinter, les femmes ne règnent que faute de mieux, c'est-à-dire faute de mâle. » Les mâles, la Marie-Thérèse du XXIe siècle les a tous éliminés et la prédiction de Wolfgang Schäuble en 1999 s'est réalisée : Angela Merkel est la première femme chancelière d'Allemagne, et la plus jeune.

Au moment où son nom est déclamé dans l'enceinte du Bundestag, le 22 novembre 2005, après l'énumération solennelle de tous les chanceliers qui l'ont précédée depuis 1945, elle esquisse juste un petit sourire. Rien de plus. Le premier à la féliciter est son ancien professeur de mathématiques de Templin, Hans-Ulrich Beeskow. Celui qui avait repéré dès son plus jeune âge sa pensée logique, sa capacité analytique, son intelligence tactique. La chancelière nouvellement élue l'a invité à assister au vote de son investiture. « Elle m'a invité à prendre un verre de mousseux dans le bureau du chancelier », raconte sobrement le prof de maths aux yeux bleu clair. Les parents d'Angela, Horst et Herlind Kasner, sont là aussi. Il y a son frère Marcus et sa sœur Irene, ainsi que quelques personnes de sa circonscription du

Mecklembourg, dont sa vieille amie Andrea Köster. Le mari d'Angela, Joachim Sauer, n'est pas parmi eux et il n'est même pas passé ce soir au Bundestag. À ceux qui s'en étonnent, la chancelière répond : « Oh, il suit ça à la télévision ! Il préfère rester tranquille. » Mais le *Girls camp* est là, bien sûr, fidèle au poste. Beate et Eva font leur entrée à la chancellerie.

12

Trois femmes dans une chancellerie

« Je ne suis pas vaniteuse.
Je sais utiliser la vanité des hommes. »
Angela Merkel

Installer son *Girls camp* est la première chose que fait Angela Merkel en arrivant à la chancellerie, en novembre 2005. Son prédécesseur Gerhard Schröder avait placé sa cheffe de bureau au sixième étage, un niveau en dessous du sien. La nouvelle arrivée réorganise le septième étage, celui de « la patronne », de manière que le bureau de Beate Baumann ne soit séparé du sien que par le sas des secrétaires, dont les portes restent le plus souvent ouvertes. La fidèle assistante aurait pu continuer à passer une tête dès le matin pour lui lancer son fameux « *Nichts schlimmes* » (Rien de grave), comme au bon vieux temps du ministère de l'Environnement, si les seize années d'Angela Merkel au pouvoir, de 2005 à 2021, n'avaient pas été qu'une série de crises successives où le grave a fait partie des habitudes. La chancelière a également tenu à avoir à ses côtés le directeur de la chancellerie : le fidèle Peter Altmaier qui, devenu ministre de l'Économie, a cédé la place à son ancien adjoint Helge Braun est installé dans le bureau mitoyen, mais sans le même accès direct et permanent. Quant à Eva Christiansen, qui contrairement à Beate tolère les contacts avec les journalistes, elle reste prudemment à l'étage en dessous, au sixième.

Les trois femmes se vouvoient toujours. Ne vont jamais chez l'une ou chez l'autre. Ne se fréquentent pas en dehors du travail, sauf pour un dîner sur le pouce au resto d'à côté. J'ai pu le constater un soir à la brasserie Ganymed, au bord de la Spree, en voyant surgir par hasard la chancelière et Beate Baumann, qui se sont installées tranquillement à la table du fond, sans que personne ait l'idée de venir les déranger, et sans présence apparente d'aucun garde du corps à l'extérieur. Angela Merkel tient fermement à sa vie privée et à ne pas mélanger les choses. C'est ce qui fonde la solidité de l'équipe, indissoluble, et leur loyauté, sans limites. Elles se parlent avec franchise et analysent leurs erreurs sans détour. Beate encore plus, la seule à se permettre d'engueuler vertement Angela. « Mais comment avez-vous pu dire ça ? » Beate Baumann est si fusionnelle avec sa patronne qu'elle en oublie parfois d'être elle-même et se laisse aller à dire « je » quand elle parle de la chancelière. « *Ich, Merkel* », a ironisé Ralf Neukirch dans un article du magazine *Der Spiegel*. Il est l'un des rares journalistes à avoir rencontré la mystérieuse éminence grise, dont la fonction dépasse largement le titre officiel de « cheffe du bureau de la chancelière ». Beate contrôle tout, prépare les discours, les interviews, les réunions. Elle est à la fois la directrice de cabinet, l'assistante, l'organisatrice, la conseillère en tout et dans l'ombre. La femme d'influence et l'œil de Moscou. Celle par qui tout passe et que l'on ne voit jamais. Au journaliste du *Spiegel* qui lui demandait sa fonction exacte, elle a répondu : « Je suis responsable de la tonalité de la chancellerie. » La *Tonalität*. Il faut voir le regard de dévotion que porte Beate Baumann à la chancelière ! Elle est habillée un peu comme elle, la moins féminine possible. On ne sait rien de sa vie en dehors de son travail auprès d'elle. Beate est devenue la doublure d'Angela, voire son double. Un fantôme omniprésent du pouvoir.

Il serait faux d'en déduire qu'Angela Merkel ne s'entoure que de femmes. Comme elle l'a dit elle-même, cette expression de « *Girls camp* » est « perfide et amusante » : née de la condescendance machiste des hiérarques de la CDU, elle en dit long sur ceux qui l'énoncent. En dehors d'Eva et Beate, la chancelière est plutôt entourée de conseillers hommes, tous également dévoués et plus exceptionnellement compétents les uns que les autres, tels Steffen Seibert, son porte-parole ; Uwe Corsepius, son conseiller Europe qui travaille à ses côtés depuis dix ans ; son ancien conseiller diplomatique Christoph Heusgen ou son ancien directeur des Affaires européennes Nikolaus Meyer-Landrut, dont elle n'a accepté de se séparer, au bout d'une bonne dizaine d'années, que pour les récompenser en leur offrant à chacun un poste d'ambassadeur. La chancelière est une grande fidèle : sa caractéristique est de ne presque jamais changer ses équipes et d'instaurer au fil des années une relation de confiance absolue. La loyauté. C'est, entre toutes, la qualité qui compte le plus aux yeux d'Angela Merkel. C'est aussi ce qui explique la stabilité de son équipe, autant que la permanence auprès d'elle, pendant toutes ces années, des fidèles de la première heure, du *Girls camp* à Peter Altmaier en passant par Ursula von der Leyen. À l'inverse, un premier manquement à la loyauté et elle vous envoie en enfer. Norbert Röttgen, ancien ministre de l'Environnement, en a fait l'expérience en 2009, après la défaite de sa liste aux élections régionales de Rhénanie du Nord-Westphalie. Pour l'avoir entendu déclarer qu'elle était responsable de cet échec, la chancelière a vertement renvoyé du gouvernement – fait rarissime – celui qui était pourtant considéré comme son «*Muttis Liebling*», son chouchou.

Dès l'installation à la chancellerie, en 2005, un quatrième mousquetaire – mâle – a été adjoint au trio de femmes inséparables formé par Angela, Beate et Eva. Il est catholique de l'Ouest, comme ces deux dernières, pis encore : bavarois. Le souriant et brillant Ulrich Wilhelm à la mèche blonde, porte-parole d'Angela Merkel et secrétaire d'État à l'Information de 2005 à 2010, a la singularité d'avoir quitté le navire en cours de route, mais pour des raisons personnelles, à contrecœur et en se faisant regretter. Dès son arrivée, il a acquis la confiance du trio et la haute estime de la chancelière. Ironie de l'histoire, elle l'avait repéré alors qu'il était le porte-parole de son rival – celui qu'elle avait, en en riant avec ses conseillères, si habilement envoyé à l'abattoir : Edmund Stoiber, l'ancien ministre-président de Bavière et candidat malheureux de la CDU-CSU à la chancellerie fédérale, en 2002, face à Schröder.

Ulrich et Beate, pendant leurs cinq années de vie commune à la chancellerie, n'étaient pas toujours au diapason. Ulrich avait tendance à exhorter davantage la chancelière à l'action quand Beate, coulée dans la nature profonde de la patronne, lui recommandait de temporiser. « Il faut montrer que vous êtes capable de réagir ! » suggérait Ulrich à la chancelière qui hésitait à trancher sur la réforme compliquée du système de santé, à l'automne 2006. « Patientez. La précipitation ne vous convient pas, et votre force est de savoir attendre », conseillait à l'inverse Beate. Merkel avait bien sûr tranché pour Baumann, qui n'avait fait qu'anticiper son penchant naturel. Le brillant et polyglotte Steffen Seibert, qui a pris la succession d'Ulrich Wilhelm en 2010, a continué à appliquer, en la poussant à l'infini, la règle merkelienne de la discrétion vis-à-vis du monde extérieur. Demander l'heure semble être à ses yeux un scoop de l'ordre du secret-défense et il le garde pour lui avec une délicieuse courtoisie à l'allemande, en s'en excusant dans un français parfait. Il est fascinant de voir à quel point la morale protestante est-allemande d'Angela Merkel a imprimé sa *Tonalität* à ses collaborateurs. Le respect, la politesse, l'austérité, la discrétion, la loyauté, l'absence totale d'esbroufe et de m'as-tu-vu sont les caractéristiques communes à tous les membres de l'équipe rapprochée. À croire qu'Angela Merkel a déteint sur eux. « Je ne veux pas profiter de ma proximité avec la chancelière pour être connue », m'a dit Eva Christiansen, après une énième demande de ma part de citer ses propos ou de la filmer dans mon documentaire. Alors qu'en France les politiques et leurs conseillers se laissent sans trop de difficultés entraîner dans des bavardages indiscrets et où il arrive même que les présidents « ne devraient pas dire ça », on perdra un temps inutile à tenter d'obtenir des politiques allemands en général, et des collaborateurs d'Angela Merkel en particulier, le récit des mots qu'elle aurait prononcés. « Je ne répéterai pas ce qu'a dit la chancelière, mais… » m'a encore répondu Steffen Seibert, alors que je tentais désespérément de ruser pour obtenir une confidence. Ceux du cercle moins rapproché se montrent également prudents, conscients qu'une indiscrétion de leur part pourrait leur valoir de perdre son amitié, voire d'être proscrits à jamais.

Tous les jours, à 8 h 30, l'équipe resserrée se rassemble dans son bureau. Une demi-heure chaque matin. Avancée à 7 h 45 le mercredi, jour de Conseil des ministres. Et sauf le lundi, jour où la chancelière, également présidente de la CDU, se rend au siège du parti pour la réunion des cadres. Il y a Beate et Eva, bien sûr, le porte-parole Steffen Seibert, le directeur de la chancellerie Helge Braun et son adjoint Hendrik Hoppenstedt qui veille à la coordination entre les groupes parlementaires et les Länder, et Paul Ziemiak, le secrétaire général de la CDU. Le parti et le Bundestag sont toujours physiquement présents et politiquement pris en compte, c'est une caractéristique du pouvoir allemand. La chancelière continue parallèlement à être la cheffe de sa coalition et à remplir avec assiduité son rôle de députée, se rendant au moins une fois par mois dans sa circonscription à Stralsund, où il lui arrive même de distribuer des tracts au marché. Tous les mardis après-midi, elle traverse à pied ou contourne en voiture l'esplanade qui mène jusqu'au Reichstag, l'ancien no man's land qui séparait Berlin-Est et Berlin-Ouest du temps du Mur, et elle arrive au Bundestag pour la réunion du groupe politique. Sa présence aux meetings de la coalition, aux commissions parlementaires, aux séances plénières du Parlement est aussi importante à ses yeux qu'elle l'est au Conseil européen ou au G20.

Observer Angela Merkel au Bundestag est très amusant. Elle se lève, déambule dans les allées, s'assied à côté d'Untel ou d'Unetelle, discute le coup. Elle s'est fait un jour gronder comme une gamine par le président du Parlement, alors qu'elle papotait un peu trop avec un député pendant qu'une autre faisait une intervention au micro. « Madame la chancelière, cela ne peut pas se passer ainsi », lui a lancé vertement Norbert Lammert. La chancelière a fait une petite grimace d'enfant prise en faute et est allée se rasseoir sagement à sa place. Parmi les sièges réservés aux membres du gouvernement, le seul signe de pouvoir qui différencie le sien est d'être installé au premier rang à une extrémité, et d'être muni d'un dossier très légèrement plus élevé que les autres. Son bureau au Bundestag, où elle reçoit pour les entretiens, est tout petit et sans signe particulier. Telle est l'Allemagne d'après-guerre : le contraire absolu et délibéré de ce qu'elle fut au temps du nazisme et de son Führer, jusque dans les moindres détails. Être efficace et puissant, mais le moins grand possible, le moins ostentatoire possible, le plus transparent possible – ce que souligne l'architecture tout en verre du Reichstag conçue par l'architecte Norman Foster. Tel est aussi l'art merkelien : convaincre en ayant l'air de rien, à coups de petits bavardages et de tête-à-tête furtifs. En plus de l'avoir croisée avec ses sacs en plastique au rayon fromages des Galeries Lafayette et dans une brasserie du bord de la Spree avec Beate Baumann, je l'ai vue un jour sortir de la chancellerie, puis monter à l'arrière d'une des deux Audi noires garées devant, après avoir rangé elle-même ses affaires dans le coffre. La barrière de la chancellerie est à peine fermée, contrairement à la lourde porte de l'Élysée. Pas de vitres teintées. Ni sirène ni gyrophare. Le convoi de la chancelière d'Allemagne se résume à ces deux Audi noires, lesquelles s'arrêtent aux feux rouges.

Merkel : l'anti-Schröder, l'anti-Kohl. L'anti-tout. Cette chancelière-là ne ressemble à aucun de ses prédécesseurs, ni à aucun des leaders mondiaux. Ni tambour ni trompette, ni éclat ni fracas. Qui d'autre aurait du mal, comme elle, à supporter l'immensité de la chancellerie, ce bâtiment gigantesque qu'Helmut Kohl, un rien mégalo, avait fait dessiner de sorte qu'il dépasse de trois fois la taille de la Maison-Blanche ? Gerhard Schröder avait pris goût au monumental, mais pour la fille de pasteur, ce ghetto coupé du monde n'est pas taillé à son échelle. Il faut au moins une demi-heure à pied pour atteindre le premier café, dehors, et de longues minutes pour passer d'un bureau à l'autre, à l'intérieur. Tout est moderne, minimaliste, gris clair et feutré. Seuls les pas claquent sur la dalle. Des portes lourdes aux joints caoutchoutés font « flop » comme celles d'un hôpital.

Les chefs d'État et de gouvernement qui rendent visite à Mme Merkel ont tous droit à un passage obligé sur la terrasse qui fait face au Reichstag, siège du Bundestag. La fierté de la chancelière consiste à faire remarquer que la coupole du Parlement a été spécialement conçue pour être plus élevée que le toit de la chancellerie, comme un rappel permanent à l'humilité de sa fonction. De son bureau, elle domine pourtant toute la ville de Berlin, du Reichstag à la tour de la télévision sur l'Alexanderplatz, en passant par l'horizon de la plaine du Brandebourg, la gare centrale, les adolescents qui jouent au foot sous ses fenêtres à deux pas des animaux du zoo, dans le

Tiergarten. Mais la fille de pasteur n'est pas du genre à se prendre pour le centre du monde. Elle a posé sur sa table un portrait de Catherine de Russie, monarque éclairée influencée par la philosophie des Lumières, et elle a accroché au mur, en tout et pour tout, un portrait de Konrad Adenauer, son grand homme, premier chancelier de la République fédérale d'Allemagne après la guerre et l'un des pères fondateurs de l'Europe. Le reste des murs est blanc. Clair, sobre, plein de fenêtres. Elle déteste l'immense table noire de quatre mètres de long qu'a fait installer son prédécesseur Schröder, encore plus mégalo que Kohl qui, lui, s'était tout de même réservé cette immense pièce de 140 mètres carrés. L'ignorer est la première chose qu'elle ait décidée en arrivant à la chancellerie. Elle a mis son fauteuil de l'autre côté de la table, préférant tourner le dos aux visiteurs en contemplant le Bundestag, et ne s'y assoit que pour téléphoner. Elle travaille le plus souvent à la table de réunion, à droite en entrant dans son bureau, et reçoit sur le canapé, dans le coin salon. Elle a aussi fait démonter le lit du chancelier, dans une chambre tout en haut sous les toits, où Schröder passait ses nuits. Pas question pour elle de dormir dans ce palais sans âme. Elle retourne chaque soir dans son appartement tout simple, au bord de la Spree, devant l'île aux Musées. Sur l'interphone a longtemps figuré le nom de son mari : « Prof. Dr Sauer ». L'immeuble désormais célèbre faisant l'objet d'une fiche Wikipédia, ces indications ont fini par être retirées. Mais pas les habitudes. La femme la plus puissante du monde habite toujours au quatrième étage d'un petit immeuble qui en compte cinq et en bas duquel la plupart des passants défilent sans pouvoir soupçonner que les deux policiers qui fument leur cigarette sur le trottoir ne font rien de moins que surveiller la résidence de la chancelière d'Allemagne. Elle fait ses courses seule, le soir, dans le petit supermarché près de chez elle à Mitte, sur Mohrenstrasse. Pas de gardes du corps en vue : elle ne les supporte pas pendant qu'elle fait ses courses, ce qui a le don de les rendre fous. Le week-end, elle se retire dans sa petite datcha au toit rouge du Brandebourg, jardine, cuisine, se baigne dans les lacs et conduit sa vieille Golf. Ses vacances d'été avec Joachim Sauer commencent traditionnellement avec les opéras de Wagner au festival de Bayreuth. « Chaque année, c'est la date d'ouverture du festival de Bayreuth qui nous indique le moment où on peut lever le pied », note un conseiller. La pension de famille perdue en pleine campagne où elle séjourne pendant le festival est à elle toute seule un signe éloquent de son indifférence au confort. Pour le reste, elle partage ses loisirs entre un hôtel à Ischia, le ski de fond et les marches en montagne – qui ont aussi l'immense avantage de l'entraîner hors de portée des réseaux de portable. François Hollande se rappelle la difficulté qu'il y avait à fixer avec Angela des conférences téléphoniques le dimanche ou en vacances. « Elle s'y pliait quand il le fallait, mais ça l'embêtait et elle le faisait sentir », raconte l'ancien président de la République.

Sur sa vie privée, rideau total. Son mari ne l'accompagne presque jamais dans les sommets ou représentations officielles. Joachim Sauer s'est déplacé exceptionnellement à Baden-Baden en 2009, pour une réunion de l'OTAN. Cette année-là, il y avait l'Américaine Michelle Obama, la Française Carla Bruni-Sarkozy, la Canadienne Laureen Harper… Au début du déjeuner, Joachim, qu'on n'imaginait pas aussi taquin, s'est levé pour une déclaration solennelle à ses homologues, toutes féminines : « D'habitude, je n'accompagne jamais Angela, leur avoue-t-il, mais là mes copains m'ont dit : “Tu es fou ! Tu as vu les nouvelles premières dames ?” Alors j'ai décidé de venir… et je m'en félicite ! »

Quatre mandats successifs et seize années à la tête de la quatrième puissance économique mondiale n'ont pas affecté la personnalité d'Angela Merkel, ses principes moraux venus de l'enfance, sa détestation du luxe et des attributs habituels du pouvoir, ceux-là mêmes qui grisent si souvent nos présidents français incapables de se passer du tralala monarchique d'un autre âge. Comme si le fatras de dorures et de grandiloquence devait compenser le déclin de leur importance. Comme si l'arrogance, l'autoritarisme et les signes extérieurs de la puissance étaient les conditions requises du leadership. Angela Merkel, par le fait de sa provenance, a prouvé qu'il n'en était rien.

Parfois, elle rit toute seule devant son iPad. Elle regarde en podcast « Heute-Show », l'émission satirique de la chaîne de télévision ZDF. L'objet de la satire, c'est elle. On y caricature ses discours fades, soporifiques et à mourir d'ennui. Jamais rien de saillant, jamais rien qui fâche, à l'exception notoire de ce « *Wir schaffen das* » (Nous y arriverons !) au sujet de l'accueil des réfugiés, qui lui valut les quolibets de la droite et les cris d'orfraie de ses homologues occidentaux. Les comiques ne la ratent pas et moquent sa manière de déblatérer ses discours d'un ton monocorde, comme si elle en était toujours à passer son doctorat de physique. Sa manie de ne pas finir ses phrases, qui fait s'arracher les cheveux aux sténographes. Les mots qu'elle invente et qui n'existent pas. Devant son écran, la chancelière ne se lasse pas d'écouter l'imitation de ses phrases inachevées. Elle en a le fou rire. Car Angela Merkel, contrairement aux apparences, est une rigolote. Elle adore le fromage avec un bon vin rouge, raconter des blagues et lancer quelques vacheries sur ses copains du Conseil européen et du G8, tous ces mâles importants qu'elle imite à son tour sans pitié. Elle profite du privilège de sa différence de femme de l'Est. Ayant expérimenté le totalitarisme, découvert la liberté dans un monde qui ne savait pas l'apprécier, bousculé à elle seule les plus vieux codes du conservatisme, éliminé ses rivaux un à un jusqu'au sommet du pouvoir…, il faut pour tout cela les qualités qui font l'humour, à savoir une distance ironique sur les choses. En témoigne cette phrase extraordinaire confiée un jour à un proche : « Je ne suis pas vaniteuse. Je sais utiliser la vanité des hommes. »

Son amie féministe Alice Schwarzer, qui ne tarit pas d'éloges envers cette conservatrice atypique, fait l'inventaire des rares femmes qui ont marqué la politique, de l'ancienne Première ministre britannique Margaret Thatcher à l'ancienne ministre française Ségolène Royal. « Thatcher a joué la dominatrice, observe-t-elle, et Ségolène nous a fait poireauter trois quarts d'heure le soir où elle a perdu l'élection, avant d'apparaître en costume blanc. Elle voulait être une femme sexy, incarner la Française, la Parisienne. Tout ça, Merkel, elle s'en fout. Ça lui donne du temps et de la liberté. Une coiffure pratique, une petite veste, et *finito* ! Quand on ne l'aura plus, elle nous manquera, rien que pour son style. »

L'apparence ennuie profondément Angela Merkel. Mais la puissance a ses exigences qui ne pardonnent rien à une femme. Elle a fini par s'y résoudre a minima, s'en expliquant à une proche : « Je me rends compte que je dois faire plus d'efforts. Quand je parle, ils commencent tous par regarder comment je suis coiffée, ce que je porte, et ce n'est qu'au bout de dix minutes qu'ils se mettent enfin à m'écouter. Pour une femme politique, capter l'attention exige plus de temps que pour un homme. » Elle a toujours refusé de se faire conseiller sur son style, mais s'est résignée à se maquiller – un peu. Elle a abandonné sa coiffure à frange plate et courte pour lui donner un volume présidentiel – ou plutôt « fédéral ». Une coiffeuse-maquilleuse l'accompagne partout en voyage. « Elle ne nous demande pas notre avis, sauf quand elle va sur un plateau de télévision, pour décider de la couleur en fonction du décor», dit une conseillère. La chancelière aime feuilleter à l'occasion les magazines de mode et regarder les femmes bien habillées, mais pas pour elle. À un photographe de presse qui lui avait fait remarquer qu'elle portait la même tenue que quand il l'avait photographiée dix ans auparavant, elle avait répondu : «J'ai été élue pour servir le peuple allemand, pas pour être mannequin!» Pas de temps à perdre avec ça, elle va au plus simple : un pantalon, un collier ras du cou, des mocassins plats. Pour le haut, elle a trouvé un jour son bonheur dans un magasin de Hambourg avec une veste à boutons sans col. Elle en a acheté quelques dizaines du même modèle de toutes les couleurs imaginables, du beige fade au vert pétant, qu'elle porte boutonnées comme une tunique sur son pantalon, quel que soit le jour, le temps, la circonstance. On ne va pas s'enquiquiner avec la forme : Angela Merkel ne change jamais rien à elle-même, excepté la couleur. Quand elle va à Hambourg, le vendeur n'a qu'à lui présenter les derniers coloris reçus de la veste Merkel.

Seule incartade à son mépris de l'apparence : en 2009, elle s'est toquée de faire du sport. C'est son ami cinéaste Volker Schlöndorff, lui-même marathonien, qui le lui a conseillé pour l'aider à supporter le stress et le poids du pouvoir. Angela s'est mise à courir tous les matins dans le jardin derrière la chancellerie. Elle s'est lassée très vite. «Elle m'envoyait fièrement ses résultats, raconte-t-il. Ça n'a pas duré.» Angela a cessé de courir et elle a bien fait : le pouvoir ne lui pèse pas. Le goût du pouvoir non plus. Au cours de son ascension au sommet, la fille de l'Est a mesuré à l'usage que son décalage involontaire était politiquement payant. Par nature, Angela est sans artifice. Par tactique, elle en a fait son style. Imaginons un instant son contraire à la tête de la chancellerie : les blagues nulles des mâles, les perfidies des femelles, les excitations agacées…, aurait-elle tenu seize ans ? Angela Merkel neutralise les critiques en n'attisant ni la jalousie des femmes ni la convoitise des hommes. Un charme sans charisme, une autorité sans rivalité, un pouvoir simple. Adaptable, tranquille, durable.

13
Globale Mutti

« Je les connais par cœur, lui et ses méthodes : c'est typique du KGB. »
Angela Merkel

Lorsque Angela Merkel atteint sa troisième année à la tête du gouvernement, en 2008, un surnom commence à faire son apparition en Allemagne : « Mutti » (Maman). Son inventeur présumé, un éphémère ministre fédéral de l'Économie et de l'Énergie qui n'aura sans doute marqué l'histoire de la première grande coalition que pour cette seule raison, ne se voulait pas aimable en l'utilisant. Michael Glos, membre de l'Union chrétienne-sociale (CSU), le parti catholique conservateur bavarois, se moquait au contraire avec agacement de la manière dont la chancelière le traitait « avec une fringante maternité », ainsi que le rapporte *Der Spiegel*. Venant d'un cadre actif de la CSU, appeler la première femme chancelière « Mutti » est une manière de la réduire à ses fonctions maternelles et fleure bon la misogynie. L'extrême droite populiste s'est empressée de reprendre le terme quand Angela Merkel a ouvert les bras à un million de migrants, lors de la crise de 2015. Le slogan «*Mutti Multikulti*» accompagnait les montages photo la montrant coiffée d'un foulard islamique. Mais les supporters d'Angela Merkel – largement majoritaires, comme en témoigne une cote de popularité de près de 70 %, au bout de seize ans de pouvoir, et sans être jamais descendue en dessous de 50 % – revendiquent eux aussi ce surnom de Mutti auquel ils ont donné une connotation affectueuse. Des militants de la CDU encourageaient sa réélection en 2017 à coups de «*Muttiviert*», jeu de mots pour «Motivés», tout en l'accueillant sur la chanson «Angie» des Rolling Stones. Si ce surnom va si bien à Mutti, c'est parce que le secret de sa longévité est d'avoir protégé les Allemands dont elle avait la charge, de leur avoir assuré la stabilité et, plus encore, de leur ressembler. La mère de la nation allemande est devenue une icône pop. Son effigie est vendue dans les boutiques de gadgets, warholisée sur les mugs et les tee-shirts. Le profil de son visage rond sert de moule à gâteau. Car au fur et à mesure de ses mandats, Mutti s'envole. Mutti plane. À la tête de la quatrième puissance économique mondiale, elle est désignée «femme la plus puissante du monde» plus d'une dizaine de fois par le magazine américain *Forbes*. Elle est la référence européenne, celle sur laquelle on doit compter et sans laquelle rien ne peut se faire, la gardienne de la démocratie à qui Barack Obama a réservé son voyage d'hommage à l'Europe juste après le choc de l'élection de Donald Trump. La patronne des mâles mondiaux. Globale Mutti.

Mais son vrai apprentissage du monde, Angela Merkel l'a effectué dans le sens inverse de ses puissants homologues occidentaux : par l'Est. Et par le premier d'entre eux, le maître du plus grand pays de la planète, la mascotte du populisme-nationalisme mondial, l'ennemi déclaré du projet politique de l'Union européenne et des valeurs démocratiques qu'elle incarne : Vladimir Poutine. Angela et Vladimir ont une relation particulière. Ils ont tous les deux très bien connu la dictature communiste, bien que de manière légèrement différente : elle du côté de l'occupée, lui du côté de l'occupant. Au moment où elle préparait sa thèse de physique à Berlin-Est, il se trouvait basé à quelque deux cents kilomètres de chez elle, en RDA lui aussi. En plus d'être ceinture noire de judo, Vladimir s'était montré si zélé dans l'art de rédiger des fiches sur les individus à surveiller qu'il avait été envoyé en poste à Dresde avec le grade de lieutenant-colonel du KGB, l'ancêtre soviétique des services de renseignements russes, où il a servi comme agent pendant près de vingt ans. Le 9 novembre 1989, jour où le Mur est tombé, au moment où Angela Merkel franchissait le checkpoint pour faire la fête et découvrir l'autre côté de Berlin, Vladimir Poutine se trouvait encore à Dresde avec le titre d'« employé consulaire » – joli terme pour enrober la fonction de « recruteur d'espions ».

La RDA, ça crée des liens, même entre oppresseur et oppressée. Poutine et Merkel n'ont pas besoin de se fréquenter beaucoup pour se connaître. Il sait qu'elle sait. Ils se déchiffrent l'un l'autre. Il a eu le temps de bien apprendre l'allemand et elle parle parfaitement le russe, qu'elle aurait rêvé d'étudier puis d'enseigner, plutôt que de se consacrer aux sciences. Lors de leurs réunions de travail, ils s'expriment chacun dans la langue de l'autre, signe de politesse et assurance de contrôle réciproque, pour éviter l'édulcoration éventuelle d'un interprète. Il n'hésite pas à être brutal, elle se permet de le rudoyer sans ménagement. « Tu ne nous as pas respectés ! » lui avait-elle lancé, en russe, en marge du G20 de Hambourg, en juillet 2017. Ils discutaient en petit comité, Macron, Poutine, elle-même et leurs conseillers respectifs, pour évoquer l'invasion de l'Ukraine et les sanctions européennes imposées en retour à la Russie. Muni de son sourire impassible, le président russe a opposé à la chancelière, en allemand, une fausse indignation offusquée. Il se retient nettement moins avec le président ukrainien. « Je vais t'écraser ! Je vais écraser ton armée ! » avait lancé Poutine à Petro Porochenko, entre mille autres amabilités, lors des nuits de négociations passées à Minsk, en Biélorussie, en compagnie d'Angela Merkel et du président français François Hollande, qui jouaient les arbitres face aux deux belligérants, Poutine et Porochenko. Ce cadre de négociations à quatre (Macron a succédé à Hollande) était censé limiter la casse mais s'avérait souvent explosif. « Rien qu'à cause de cette violence, Merkel n'aurait pas pu négocier les accords de Minsk sans la France, affirme l'un des Français présents. Elle a beau le connaître, elle craint sa brutalité. Face à Poutine, il vaut mieux faire bloc.»

La chancelière a reconnu la saveur des vieilles méthodes de son camarade russe dès les deux premières fois où ils se sont rencontrés, lorsqu'il l'a invitée au début de l'année 2006 à Moscou, puis dans sa résidence de Sotchi, sur les bords de la mer Noire, l'été de la même année. Pour la première réunion, un conseiller de la chancelière intervient en amont auprès des services du Kremlin pour demander qu'on évite de laisser le labrador du président entrer dans la pièce : Angela Merkel a été gravement mordue par un chien quelques années auparavant et en a développé une phobie. Quelle n'est pas leur surprise en entrant dans le salon ! «Le président avait sagement obéi, observe le conseiller, mais très bizarrement, il avait installé sur le canapé… un chien en peluche ! C'était incroyablement pervers. On n'en revenait pas.» La deuxième fois, à Sotchi, Poutine «oublie» l'histoire du chien. Koni, le sien, le vrai, est donc là. Un labrador noir à la truffe insatiable, aussi inoffensif que désireux d'aller renifler les invités de très près. Son maître le laisse faire avec une jouissance non dissimulée. Une photo a immortalisé la scène du chien poutinien Koni venant saluer affectueusement Angela, laquelle, le visage crispé, s'incline discrètement en arrière pour l'éviter, tandis que Poutine savoure le spectacle, immobile, d'un air sadique et jubilant. « Pendant la réunion qui a suivi, le chien passait sous la table et nous frôlait les jambes, c'était pénible et la chancelière était déstabilisée », raconte un autre témoin. En sortant, Angela dit à ses conseillers : « Je les connais par cœur, lui et ses méthodes : se renseigner sur les faiblesses de quelqu'un et les utiliser, c'est typique du KGB. »

Parmi les dirigeants, Angela Merkel est cependant la personne que Vladimir Poutine respecte le plus, lui qui n'a que mépris pour ses homologues. Il les écrase tous par son ancienneté au pouvoir, alternant entre président et Premier ministre depuis 1999. Avec Recep Tayyip Erdoğan, chef du gouvernement puis de l'État turc depuis 2003, elle l'égale presque en longévité. Les moyens transparents et démocratiques par lesquels elle se maintient à la tête du gouvernement depuis 2005 doivent sans doute l'étonner, alors qu'il est facile de faire éliminer ses opposants au Novitchok ou de faire taire des manifestants pacifiques en les condamnant à des années de prison. Elle l'épate par son habileté politique à éliminer ses rivaux. Ils se savent adversaires, mais ont pris l'habitude de dialoguer ensemble, or Poutine aime la prévisibilité. Elle lui dit très calmement ce qu'elle pense sur les droits de l'homme. En mai 2017, peu avant le G20 de Hambourg, elle évoque les arrestations et les nombreux cas de torture d'homosexuels en Tchétchénie et lui demande d'intervenir « pour que les droits des minorités soient préservés ». Il reste de marbre. Depuis le début de l'année 2016, elle lui rappelle sans cesse une affaire, montée par les médias pro-Kremlin, selon laquelle une adolescente germano-russe, Lisa F., aurait été séquestrée et violée par des réfugiés – ce que contestent la police berlinoise et même l'avocat de la famille. Régulièrement, jamais agressive et sans hausser le ton, elle lui rappelle les faits. En août 2020, elle n'a pas hésité à accueillir dans un hôpital allemand l'ennemi public numéro un de Vladimir Poutine, Alexeï Navalny, ni à réagir publiquement lorsque la nature du poison qui lui avait été administré a été analysée par l'armée allemande, avant d'être confirmée par des laboratoires français et suédois : le Novitchok. « L'information est déroutante », a déclaré la chancelière. Cet agent neurotoxique militaire désignait le Kremlin comme commanditaire du crime, lequel n'en était pas à son coup d'essai. Un an après l'affaire Skripal (du nom de l'agent double empoisonné au Novitchok au Royaume-Uni), un Géorgien d'origine tchétchène, ancien commandant indépendantiste, était tué par balle dans le Tiergarten, le parc de Berlin situé au pied de la chancellerie, sous les fenêtres mêmes du bureau d'Angela Merkel.

Le chef d'État qu'elle connaît le mieux est de loin le plus opposé à ses valeurs. Poutine et Orbán d'un côté, Merkel et Macron de l'autre sont devenus les emblèmes des forces politiques ennemies en Europe avec, en toile de fond, l'ancien et le nouveau président américain : Donald Trump en soutien des deux premiers, Joe Biden en sympathie avec les deux seconds. Vladimir Poutine, ennemi assumé de l'Union européenne, est l'idole de la plupart des nationalistes-populistes européens, de Marine Le Pen à Viktor Orbán. Les sites d'information Sputnik, Russia Today et autres organes médiatiques pro-Kremlin ont insidieusement soutenu le parti allemand d'extrême droite AfD, comme ils ont encouragé le Brexit et les plus eurosceptiques en Europe, notamment en France pendant l'élection présidentielle de 2017. Pour Poutine, Merkel est la femme à abattre. La représentante d'une Europe qu'il souhaite redessiner à son image en annexant – dans un premier temps – les territoires ukrainiens de Crimée et du Donbass. Il a théorisé sa volonté de détruire cette Union européenne qui lui impose des sanctions, lui fait des remarques désobligeantes sur les droits de l'homme et nuit à la mise en œuvre de sa conception du monde. L'Europe désunie et le retour aux nationalismes lui permettraient de régner sur un continent que la Russie domine déjà par sa taille géographique et d'imposer une alternative aux valeurs de l'Occident qu'il juge décadentes – libérales, laxistes, multiraciales, multireligieuses, multiculturelles, désordonnées, où la démocratie permissive l'emporte sur l'autorité et où l'étalon blanc chrétien n'est même plus maître chez lui.

La chancelière a des valeurs, elle a aussi son talon d'Achille. Celui-ci a pour nom la puissance économique allemande et la pression des milieux industriels dont elle est tributaire. Sa connaissance profonde de Vladimir Poutine, l'expérience de la dictature qu'ils ont en partage, la conscience qu'elle a de son revanchisme, de sa volonté de faire payer à l'Union européenne l'élargissement aux pays baltes, à la Pologne et autres anciens pays satellites du bloc soviétique, tout cela n'a pas empêché Angela Merkel de faire à son plus redoutable adversaire une concession qui équivaut au baiser de la mort : en décidant subitement l'arrêt du nucléaire en Allemagne, après la catastrophe de Fukushima de 2011, elle a accepté de placer l'économie allemande dans une situation de dépendance vis-à-vis du gaz russe et ne s'est jamais opposée à la construction du gazoduc Nord Stream 2. Poutine et Merkel se tiennent par la barbichette. L'Allemagne est le premier partenaire commercial de la Russie, laquelle dépend tout autant de son principal acheteur. Bien qu'elle ne retienne aucunement ses critiques sur les manquements à l'État de droit, bien qu'elle n'ait jamais hésité à voter les sanctions prises contre la Russie, bien qu'elle n'ait pas ménagé sa peine avec la France dans les négociations de Minsk, Angela Merkel s'obstine à défendre ce projet de pipeline qui la met à la botte de l'ennemi de l'OTAN, sème la zizanie en Europe et fâche ses alliés américains. Sa complaisance envers la puissance économique chinoise relève des mêmes causes et aboutit au même flou dangereux. Nord Stream 2 restera sans doute comme le signe de faiblesse et la tache des années Merkel.

La chancelière n'a pas eu de relations plus simples avec certains de ses meilleurs amis apparents. Barack Obama en faisait partie. Les compliments chaleureux que lui adresse le président américain dans ses Mémoires – d'autant plus frappants qu'ils tranchent avec le mépris grossier affiché à l'égard de Nicolas Sarkozy –, la visite d'hommage qu'il lui a rendue à Berlin avant de quitter la Maison-Blanche, les photos les montrant tous les deux complices et souriants sur fond de paysages bucoliques pendant un sommet international ne sont que le cache-sexe d'une relation difficile et électrique. «Angela Merkel n'aimait pas Barack Obama, raconte l'ancien diplomate britannique Ivan Rogers, qui travailla avec Tony Blair, David Cameron et Theresa May. Elle ne supportait pas son arrogance, sa manière hautaine de lui donner des leçons. Ils ont appris à s'apprécier à la fin, mais le premier mandat d'Obama et le début du deuxième a été compliqué pour Merkel, qui s'entendait mieux avec George Bush Junior.»

Seule une personne, à part Helmut Kohl quand elle était jeune ministre, a fait presque pleurer Angela Merkel. Publiquement, devant les mâles mondiaux, chefs d'État et de gouvernement. Et c'était Barack Obama. La scène a eu lieu à Cannes à l'automne 2011, en marge du G20, qui rassemble les dirigeants des principales puissances de la planète.

Ce sommet se présente très mal. Le deuxième plan d'aide à la Grèce, que l'on croyait résolu, ressurgit d'un coup avec la «trahison» de Georges

Papandréou : sans prévenir, le Premier ministre grec vient d'annoncer aux Grecs un référendum sur le plan de sauvetage et d'austérité de son pays décidé quelques jours plus tôt par l'Union européenne. Le soir du mercredi 2 novembre, il est convoqué à Cannes, comme un mauvais élève au conseil de discipline. Au palais des Festivals, l'accueil est glacial. Aucun responsable politique n'est là pour les accueillir, lui et son ministre des Finances. Ils sont dirigés vers la salle où les juges attendent Papandréou : Van Rompuy, Barroso, Juncker, respectivement président du Conseil européen, de la Commission et de l'Eurogroupe, plus un représentant de la Banque centrale européenne. Et au centre, les deux dirigeants allemand et français. Angela Merkel et Nicolas Sarkozy, furieux, lui règlent son compte dans une ambiance à couper au couteau. À eux deux, ils savent y faire : il agresse, elle renchérit sur le mode calme et pète-sec. « Ce que tu as fait est irresponsable. Tu crois que c'est facile de convaincre nos opinions publiques de faire preuve de générosité pour sauver un autre pays ? Nous avons négocié et toi tu nous prends en otages, tu lances un référendum dans notre dos ! » commence Sarkozy. « Tu ne nous as pas consultés. Si je l'avais été, j'aurais dit "pas de référendum". Nous ne pouvons pas agir sans confiance mutuelle », renchérit Merkel, qui a dû, comme toujours, consulter un Bundestag réticent au plan d'aide. Papandréou, à terre, explique l'impasse dans laquelle il se trouve. Il convainc et attendrit, mais repart vaincu. Soit il annule son référendum, soit la Grèce quitte la zone euro. Il va tout annuler. Fini pour lui.

Au tour de Merkel de passer sur la sellette. Le sommet va commencer sans que le sujet Grèce soit réglé et tout le monde est énervé. Le Premier ministre grec s'est vu régler son compte le mercredi soir, l'Italien Berlusconi se fait taper sur les doigts le jeudi matin pour n'avoir pas mené les réformes promises et pour avoir refusé obstinément une ligne de crédit du Fonds monétaire international (FMI). Le soir du jeudi 3 novembre, c'est la chancelière allemande qui en prend pour son grade. Barack Obama se retrouve à dîner en comité restreint avec les quelques dirigeants européens également membres du G20. Le président américain a son air hautain et vexant des mauvais jours. Glacial, professoral, il fait la leçon à ses cousins de la vieille Europe, incapables d'utiliser suffisamment d'argent public pour relancer l'activité dans la zone euro, comme les États-Unis l'ont fait avec leur plan de relance, après la faillite de Lehman Brothers, en 2008. Il sait qu'il n'est pas possible institutionnellement d'ordonner à la Banque centrale européenne une politique monétaire plus laxiste, mais il ironise sur les affaires de famille de ses collègues empêtrés dans la crise de l'euro. Il se moque du président de la Commission, José Manuel Barroso, qui rappelle à tout bout de champ qu'il faut agir « avec la Commission ». « Ah oui, on m'a dit qu'une particularité des Européens est qu'il faut mettre la Commission partout ! » s'amuse Obama. À part le

Britannique David Cameron qui regarde ses ongles, content de ne pas se faire gronder – il est le seul des dirigeants présents à se trouver hors de la zone euro –, tout le monde est mal à l'aise. Surtout Angela Merkel.

Car l'Allemagne, toujours favorable à l'austérité, au strict respect des traités et des règles budgétaires communes, rechigne à participer au sauvetage de l'euro. Elle craint une déresponsabilisation des pays trop dépensiers qui conduirait à un engrenage fatal. Ses homologues dénoncent son absence de vision, son esprit comptable, sa posture de mère Fouettard en ce qui concerne les finances pour se faire bien voir de ses électeurs. Autour de la petite table ronde, à Cannes, d'où les conseillers sont exclus, des regards de reproche se tournent vers la chancelière. Qu'attend-elle pour faire pression sur la Bundesbank ? Barack Obama, fort de la politique monétaire dynamique décidée par la Fed, insiste. Il la rudoie comme il sait le faire, de sa grâce polie et impitoyable : « Quand peux-tu régler ça ? » Merkel : « Je comprends ton raisonnement, mais la Bundesbank n'est pas disposée à être plus interventionniste. » Obama : « Tu dois t'engager au nom de ta banque centrale ! » Merkel : « Ce n'est pas "ma" banque centrale. Je n'ai pas de pouvoir sur elle. Cela doit être débattu avec le président de la Bundesbank et le Bundestag. »

Angela a les larmes aux yeux. La situation est explosive, l'avenir de l'euro est suspendu à un fil, l'Italie refuse de se plier à une aide du FMI et la Banque centrale allemande bloque. Les conseillers, tenus dans une pièce à l'écart, observent la scène sur un écran, médusés. Voir apparaître en gros plan le visage de la chancelière au bord des larmes est très gênant. « La Bundesbank est indépendante ! » lance-t-elle encore une fois. Obama la rabroue : « Mais toutes les banques centrales sont indépendantes ! Nous sommes dans une situation d'urgence. » Sous-entendu : en cas d'incendie, tu ne te demandes pas si l'extincteur est à toi, tu le prends.

Il y a un silence. Angela Merkel semble au bord de craquer. « Je ne peux pas, dit-elle, vous me demandez quelque chose que je ne peux pas faire. Écoutez-moi : c'est vous, les vainqueurs de la Seconde Guerre mondiale, qui avez voulu l'indépendance de notre banque centrale parmi d'autres contre-pouvoirs puissants. C'est vous qui avez imposé à l'Allemagne une Constitution qui interdit d'agir sur la Bundesbank et c'est mon devoir de chancelière de la faire respecter. » L'air est chargé d'émotion. Angela menace de quitter la réunion. Elle répète : « Vous me demandez de violer la Constitution que vous avez dictée au peuple allemand. » Silence. Embarras. La même scène se répète presque à l'identique quelques mois plus tard, au sommet du G20 de Los Cabos, au Mexique, en juin 2012. Les États-Unis redoutaient l'affaiblissement de la zone euro et la « théorie du domino », des effondrements en cascade qu'aurait provoqués une éventuelle sortie de la Grèce. L'inflexible ministre allemand des Finances, Wolfgang Schäuble, y est prêt. Angela Merkel y résiste, mais pas assez pour

Barack Obama. De nouveau, il la brusque en public. Elle n'a pas les larmes aux yeux cette fois, mais est saisie d'une rage qui ne lui ressemble pas. « Je n'ai jamais vu la chancelière dans un tel état, se souvient Ivan Rogers, qui était présent. Elle était offensée par le ton d'Obama, ses manières, son mépris. Elle tremblait littéralement de colère. »

La « mère la rigueur » finira par faire des concessions, jugées trop tardives par les « laxistes ». Angela Merkel porte cette culture allemande de la stabilité jusqu'au dogmatisme. Elle est la tête de Turc des pays du sud de l'Europe, car elle a contribué à leur imposer l'austérité, autant que des populistes qui font leur miel de la colère anti-européenne. En Grèce, elle n'a pas laissé un bon souvenir. La photo d'elle maquillée avec la moustache d'Adolf Hitler est un grand classique dans les rues d'Athènes. Pendant la crise financière, la presse allemande compare la chancelière à Margaret Thatcher. L'hebdomadaire de centre gauche *Der Spiegel* la surnomme « Madame No », celle qui dit d'abord « non », ne comprend pas l'urgence d'agir, impose des restrictions et au bout du compte aggrave la situation. « Non », dans un premier temps, au sauvetage des banques ou de l'industrie automobile, au plan de relance, à l'aide à la Grèce. Attentiste, suiviste. La finance et l'économie ne sont pas ses points forts. Elle l'a avoué en privé, en 2007, au lendemain du G8 où elle avait reçu George W. Bush et les autres à Heiligendamm, dans son fief du Mecklembourg-Poméranie-Occidentale : « Je ne maîtrise pas ces questions économiques. Il faut que je m'y mette.» Comme pour tout, elle s'y est mise, assidûment. Mais faute de vision d'ensemble, elle se cantonne au rôle d'expert-comptable moralisatrice et ne voit la crise mondiale qu'à l'aune du principe rigide de la discipline budgétaire. Nicolas Sarkozy et Gordon Brown, plus réactifs, en restent pantois lors d'un Eurogroupe spécial, en 2008, où le président français a invité le Premier ministre britannique, hors eurozone, pour son expertise financière. Ils parlent de stratégie commune pour affronter la faillite des banques ; la chancelière répond par la supposée bonne santé des banques de ses Länder – jusqu'à ce que celles-ci commencent à s'effondrer à leur tour.

Mais Angela Merkel ne fait rien qu'incarner l'Allemagne. Un pays longtemps traumatisé moralement par sa culpabilité vis-à-vis du nazisme et économiquement par l'hyperinflation des années 1920 qui a précipité son avènement. Un pays parvenu à juguler ses propres déficits au prix d'efforts draconiens, au point d'inscrire la stabilité budgétaire dans sa Constitution, et qui énerve par ses leçons de vertu. Qui se veut gardien des traités et considère que la «solidarité» invoquée par les autres vaut d'abord par le respect à la lettre des règles qui la fondent. L'estimé Mario Monti, ancien président italien du Conseil des ministres et successeur de Silvio Berlusconi, l'a bien résumé : «En Allemagne, l'économie est aujourd'hui encore un pan de la philosophie morale. La croissance est considérée comme le résultat d'un comportement vertueux de la part des citoyens, des entreprises et de l'État. Il n'y a aucun moyen de persuader Mme Merkel, ni l'opinion allemande, que les déficits publics peuvent être une bonne chose. » Des subtilités difficiles à admettre pour les dépensiers partenaires français d'outre-Rhin, et totalement hors d'entendement pour un Barack Obama.

Ces situations de fragilité sur la scène mondiale, la redoutable « *Mädchen* » devenue par son mérite propre la candidate de la CDU à la chancellerie fédérale les avait pressenties et appréhendées. Depuis sa jeunesse, elle avait été habituée à se retrouver seule femme parmi les hommes, du laboratoire de chimie théorique à Adlershof à la présidence de la CDU, en passant par ses débuts dans le gouvernement d'Helmut Kohl. Il lui fallait désormais franchir l'étape suivante, l'échelon mondial. Les bras de fer avec des Poutine, Obama, Trump, Orbán et autres leaders gonflés à la testostérone, elle les avait vus venir et s'en était confiée juste avant son élection à la chancellerie, à celui qui fut l'un des dirigeants avec lesquels elle a préféré travailler, bien que d'un parti opposé au sien : le travailliste Tony Blair. Elle le rencontre personnellement la première fois le 13 juin 2005, à l'ambassade du Royaume-Uni à Berlin – située, comme celles des États-Unis et de la France, près de la porte de Brandebourg. Gerhard Schröder est chancelier ; Angela Merkel, cheffe de l'opposition. Les élections allemandes doivent avoir lieu en septembre. Le Premier ministre britannique repère immédiatement qu'Angela Merkel n'est pas comme les autres. « Tout en elle était différent », se souvient-il dans son superbe bureau londonien de Fitzrovia. « Sa manière de représenter l'Allemagne n'avait rien à voir avec celle de Kohl ni même celle de Schröder. Tout en elle était différent. Elle était d'une autre génération, elle était plus centriste que conservatrice, elle était très attachée à la relation transatlantique. Trois choses qui nous rapprochaient. Elle était du centre droit, moi du centre gauche. Politiquement, nous n'étions pas si dissemblables. Ce qui nous différenciait fondamentalement, c'était une question de provenance : son passé à l'Est. »

À l'ambassade, la candidate, qui semble peu sûre d'elle, commence étrangement par un inventaire d'autodénigrement. Tony Blair et son directeur de cabinet, Jonathan Powell, sont surpris par son étonnante franchise. « Je cumule plusieurs handicaps, leur dit-elle d'entrée de jeu. Je n'ai pas de charisme, je suis une femme, je ne suis pas bonne pour communiquer… » Tony lui donne un conseil. Telle qu'elle se présente, l'élection allemande aboutira vraisemblablement à une grande coalition avec le SPD. « Votre marge de manœuvre en politique intérieure sera réduite, lui dit le Britannique. Mettez plutôt l'accent sur ce que vous pouvez accomplir en Europe. Vous pouvez être celle qui porte les réformes dans l'Union européenne. » Angela prend note avec beaucoup d'attention. Elle n'en fera rien. L'Europe n'est pas sa préoccupation première et ne le sera pas lors de son premier mandat. Mais « Tony et elle s'entendent très bien », raconte Jonathan Powell. Cette première rencontre dure si longtemps que Tony Blair en oublie l'heure du rendez-vous qu'il avait ensuite avec le chancelier. « On est arrivés en retard à la chancellerie, se souvient Powell. Schröder était furieux ! » Entre les deux hommes, c'était la fin d'une idylle. Ils avaient partagé l'élan de la « Troisième Voie », puis divergé gravement en 2003 sur la question de la participation à la guerre américaine en Irak. Tony Blair avait suivi George Bush, Gerhard Schröder s'était rapproché du Français Jacques Chirac lors de son opposition frontale aux Américains, prêts à livrer une guerre sans l'aval des Nations unies, sans objet et sans preuves tangibles que le président irakien, Saddam Hussein, disposait d'armes de destruction massive. Quant à Angela Merkel, qui s'était placée sur la même ligne interventionniste que Blair à l'époque, elle peut se féliciter d'avoir conquis la chancellerie sans avoir risqué de s'engager dans un conflit mondialement honni, qui aurait sans doute mis un terme à sa longue carrière. Mais leur agenda du moment est ailleurs. Elle s'apprête à devenir chancelière ; Tony Blair, à assurer la présidence tournante de l'Union européenne pour le deuxième semestre de cette année 2005. La première fois qu'Angela Merkel prend place parmi ses homologues à un Conseil européen, elle est, comme elle y a été accoutumée à la CDU, la seule femme à représenter un grand pays dans une tribu d'hommes habitués à être entre eux, bien que déjà dérangés quelques années plus tôt par la redoutée Britannique Margaret Thatcher. La nouvelle chancelière allemande est d'autant plus mal assurée qu'elle a arraché l'élection d'extrême justesse à Schröder. Jacques Chirac est aux petits soins avec elle, façon vieille France. Tony Blair confirme ses affinités avec la petite nouvelle chrétienne-démocrate. L'atlantisme est un sujet qui les rapproche. Le libéralisme, la rigueur budgétaire et l'Europe en sont un autre. Le traité de Lisbonne, l'un des engagements de Nicolas Sarkozy avant son élection à la présidence pour compenser l'échec du « non » français au traité constitutionnel européen, finalement signé à Lisbonne pendant la présidence portugaise de l'UE, est largement porté par Merkel et Blair. Celui qui reste le plus europhile des leaders britanniques sera un conseiller occulte pendant les négociations du Brexit, où il a continué à voir Angela « régulièrement, ici où là », me dit-il, laconique.

Pour Jonathan Powell, qui a consigné ses souvenirs à Downing Street dans un livre paru en 2011, *The New Machiavelli : How to Wield Power in the Modern World* (Le Nouveau Machiavel), ces deux-là avaient une autre raison de s'entendre : une passion commune de la politique et une même habileté machiavélique. Les deux Machiavel avaient eu l'occasion d'échanger l'année précédant leur rencontre à l'ambassade du Royaume-Uni, tout occupés qu'ils étaient à un objectif hautement stratégique : dégommer la candidature du Belge Guy Verhofstadt à la présidence de la

Commission européenne. L'ancien Premier ministre belge déplaisait à l'un et à l'autre : le Britannique ne voulait pas d'un fédéraliste européen, horreur suprême au pays des eurosceptiques ; l'Allemande, plus basiquement, préférait défendre un candidat de son groupe conservateur plutôt qu'un représentant du parti libéral. Contre Chirac et Schröder qui soutiennent Verhofstadt, Blair et Merkel s'utilisent l'un l'autre avec brio et manigancent ensemble en faveur de José Manuel Barroso : un homme sans personnalité, libéral dogmatique, qui se montrera incapable de toute vision pendant la crise financière de 2008 et qui a quitté la Commission pour rejoindre Goldman Sachs, symbole de la crise des subprimes… Mais « *tactic is tactic* », et celui-là présente l'avantage essentiel de ne pas risquer de les gêner avec des régulations excessives. « Elle a été très forte pour convaincre les députés européens de son groupe, le Parti populaire européen (PPE), se souvient Jonathan Powell. Elle s'est employée avec nous à constituer une minorité de blocage des petits pays contre Verhofstadt. On a constaté son efficacité au téléphone. » Les « SMS » (*Short Merkel Service*) fonctionnent à plein régime. Verhofstadt est recalé et en juillet 2004 Barroso est élu. Une telle victoire explique la joie de Tony et Angela lorsqu'ils se rencontrent enfin en chair et en os à Berlin, ce 13 juin 2005. Quelques mois plus tard, en novembre, Tony Blair se réjouit de sa victoire à la chancellerie contre Gerhard Schröder, son ancien allié de la Troisième Voie. Ils dînent ensemble plusieurs fois, à Londres et à Berlin, pour fêter ça. Ils rient. « Elle nous a dit que Verhofstadt l'avait appelée pour lui demander d'attaquer les Britanniques et de faire sa première visite d'après-élection à Bruxelles, ce qu'elle trouvait très drôle. C'est à Londres qu'elle s'est rendue, juste après Paris… » rapporte Jonathan Powell dont son *Nouveau Machiavel* mériterait bien un pluriel.

Globale Mutti est lancée. En Conseil européen comme dans les sommets mondiaux, elle se comporte comme chez elle, au Bundestag : elle se lève, se balade, bavarde. Elle est la spécialiste des petits papiers qu'elle va porter à l'un ou à l'autre. Outre un jeu physique, c'est une méthode qu'elle a apprise de son mentor Helmut Kohl : toujours affronter ses contestataires en tête-à-tête pour les prendre de court. La chancelière est une habile maîtresse de cérémonie, qui se méfie des groupes et manie magistralement l'aparté. Quand le ton monte, elle est celle qui calme le jeu, demandant sagement qu'on passe à autre chose. Pas de stratégie à long terme mais une tactique de l'instant et une implacable maîtrise des dossiers. Lente, calme, patiente. Éventuellement cassante. Elle n'a pas de charisme, comme elle l'avoue elle-même. Mais elle a de l'autorité. Angela Merkel sait faire sentir le poids de l'Allemagne sans avoir besoin de hausser le ton. Elle a acquis une tranquillité que n'avaient pas ses prédécesseurs.

La « méthode Merkel ». Sa force à elle est dans le minuscule. Les détails sont sa manie. Elle les aime et elle les maîtrise. Elle ne se rend jamais à une réunion sans avoir exigé au préalable un ordre du jour extrêmement précis. Les dossiers les plus compliqués, les renseignements politiques sur les interlocuteurs, leurs points faibles et les éléments sur lesquels ils peuvent négocier, elle a tout en tête. Elle n'est jamais froide, toujours cordiale, mais ne s'encombre pas de politesses ni de digressions ou considérations inutiles. Elle n'est pas là pour philosopher sur le monde, sur lequel elle se garde d'avoir de grandes théories, mais pour fixer des objectifs et les résoudre étape par étape.

Michel Barnier l'a expérimenté pendant les années où il a mené les négociations du Brexit au nom de l'Union européenne, mais aussi lorsqu'ils étaient l'un et l'autre ministres de l'Environnement à la même période, au milieu des années 1990. « J'ai découvert quelqu'un de très simple, d'extrêmement méthodique. *Straight to the point*, toujours droit au but. Elle regardait les détails de manière inhabituelle chez un homme ou une femme politique français – bien que j'aime les détails aussi ! » Il l'a longtemps observée aussi lors des « sommets PPE », ces réunions du groupe conservateur du Parlement européen organisées une fois par trimestre avant le début de chaque Conseil européen et auxquelles participe la dizaine de premiers ministres PPE, dont la chancelière, et le président et les vice-présidents du parti, dont faisait partie Michel Barnier. « Je me souviens d'une femme extrêmement précise, dit-il, n'hésitant pas à se lever et à s'asseoir avec un autre dirigeant à l'autre bout de la table, demandant à voir elle-même les fonctionnaires du parti pour préciser un texte. Pour elle, les mots comptent parce qu'ils sont écrits ! J'en étais impressionné. Elle était déjà comme elle est maintenant : simple, sobre, directe, franche, très sur les détails. Elle aime résoudre les problèmes, trouver des compromis. » Pascal Lamy, qui a beaucoup travaillé avec elle, a été lui aussi marqué par la « méthode Merkel ». « Une discussion avec Angela Merkel, raconte l'ancien directeur de l'Organisation mondiale du commerce (OMC), c'est toujours utilitaire. On a trois quarts d'heure ensemble, elle a une idée de ce qu'elle veut de la conversation, elle l'exprime au départ et elle la résume à la fin pour être sûre qu'elle a bien tout compris. Elle est la seule à posséder ce systématisme-là. Sarkozy, lui, me faisait un cours de diplomatie commerciale pendant quarante minutes et posait des questions après. Elle, c'est l'inverse. Elle veut maîtriser le sujet avant de le gérer. Bill Clinton était comme ça. Mais elle a cette manière spéciale de butiner ses interlocuteurs. Elle part d'un point, on le discute, elle écoute, et tout à la fin elle dit : "Je comprends mieux." C'est unique ! »

14

Une chancelière, quatre présidents

« Entre Sarkozy et Hollande,
elle a préféré Chirac et Macron. »
Un conseiller d'Angela Merkel

Elle a choisi sa veste rose. Elle est maquillée davantage qu'à l'accoutumée et pomponnée avec plus d'attention qu'elle ne l'était pour Nicolas Sarkozy et François Hollande, lors des cérémonies équivalentes. Son sourire est particulièrement radieux, presque émoustillé. Ce lundi 15 mai 2017, Angela Merkel reçoit le nouveau président de la République française, Emmanuel Macron. Son investiture a eu lieu la veille et conformément aux politesses d'usage entre la France et l'Allemagne, il consacre sa première visite d'État à la chancelière. Elle lui a réservé un subtil traitement de faveur, car ce chef d'État français-là n'est pas comme les autres. Jeune, beau, brillant, solitaire, sans parti, sans histoire, sans usures, marié depuis dix ans à une femme de vingt-quatre ans son aînée. Une femme de l'âge… de la dirigeante allemande. Ce dernier détail fascine Angela Merkel. Dans le monde totalitaire de sa jeunesse à l'Est, toute différence était mal vue et réprimée. Il fallait penser comme tout le monde, se comporter comme tout le monde, ne pas se faire remarquer sous peine d'en payer cher le prix. Elle en a gardé une admiration pour ceux qui assument leur différence. Le courage qu'a eu ce jeune homme de se distinguer du conformisme bourgeois et d'être indifférent au qu'en-dira-t-on la touche particulièrement. « Sa vie témoigne de quelqu'un qui sait ce qu'il veut et qui a des principes », a-t-elle confié à son entourage.

Elle qui n'exprime de sentiments exaltés que très exceptionnellement et uniquement devant un match de la Mannschaft ou du Bayern, s'est presque laissée aller à l'enthousiasme en commentant la victoire d'Emmanuel Macron. Il s'est comparé à Jupiter, le dieu des dieux, en toute modestie ; Angela Merkel serait plutôt du genre Minerve, mais sur l'Olympe, ces deux dieux-là devraient trouver à s'entendre, car ils ont des points communs. Deux ovnis politiques. Elle était la plus inattendue des candidats à la chancellerie, comme lui à l'Élysée. Elle tient à distance les journalistes, comme lui s'est mis à le faire en opposition au trop-plein dont François Hollande a fait usage. Elle a acquis la maîtrise de jongler entre la droite et la gauche en dirigeant une grande coalition, lui a réussi à semer la pagaille avec son « ni droite ni gauche » et son gouvernement hybride. Son tic verbal à lui, le fameux « et en même temps », est un écho au sien : « Il n'y a pas de solution simple », répète-t-elle à tout bout de champ, ce qui a le don d'énerver les parlementaires. Macron-Merkel, ou le radical-centrisme. Comme il est de coutume dans les couples franco-allemands, on est en train de leur chercher un petit nom. Après « Merkozy » et « Merkollande », « Macrel » ou « Merkron » ? Pas terrible. La presse allemande a préféré les baptiser « M&M ». Elle l'avait reçu à la chancellerie, comme elle le fit avec deux autres candidats à la présidentielle, François Fillon et Benoît Hamon. Ils se connaissaient déjà du temps où il était secrétaire général adjoint de l'Élysée auprès de François Hollande, et il l'avait impressionnée. Sur le canapé, dans le vaste bureau de la chancelière, il lui a exposé sa politique comme une évidence logique : « En France, la gauche et la droite sont crispées. J'ai essayé, comme conseiller, de moderniser le pays, mais à gauche comme à droite, on ne peut pas faire de réformes. La seule possibilité pour changer est de constituer une dynamique au centre. » Il prêchait une convertie. Elle a suivi attentivement ce feuilleton fou de la campagne électorale française qui a fasciné le monde entier, de l'explosion en vol du candidat conservateur François Fillon à l'élimination sèche des deux grands partis de gouvernement. Elle a affiché une mine sombre pendant le suspense du premier tour lorsque les sondages donnaient quatre candidats à égalité, dont deux extrémistes anti-européens, Marine Le Pen et Jean-Luc Mélenchon. La victoire finale de l'un de ces deux-là, qui rivalisent de haine pour l'Allemagne et ne cessent de fustiger une France qu'ils disent à sa botte, aurait été la fin de l'Union européenne. La balle n'est pas passée loin.

Macron a déboulé comme un météore, pulvérisé ses adversaires et s'est fait élire bizarrement sur un programme idéologique à contresens des tendances françaises : un centrisme social-libéral réformateur et ultra-européen. Tout ce que l'Allemagne adore, tout ce qu'elle désespérait de voir advenir dans cette France conservatrice coincée entre l'identitarisme de droite et l'égalitarisme de gauche, où « libéral » et « européen » sont des gros mots, où le centrisme est méprisé comme un lâche consensus et où l'on préfère à la réforme soit la révolution, soit le « rien du tout ». Il est le premier président français à avoir célébré son élection sur l'hymne européen, comme il l'a fait le 7 mai devant la pyramide du Louvre. Le premier à avoir composé un gouvernement germanophile où au moins trois ministres, dont le chef du gouvernement, sont aussi germanophones. Macron, pour les Allemands, c'est presque trop beau pour être vrai. À Berlin, la bonne humeur est palpable. Ce lundi 15 mai, pour sa première visite, une banderole bleue a été déployée face à la chancellerie avec un « Au nom de l'amitié » écrit en français. À côté, un haut-parleur diffuse « La Vie en rose » d'Édith Piaf. Alors qu'Angela Merkel reçoit son nouveau partenaire français dans la cour d'honneur de la chancellerie avant de lui montrer Berlin du haut de la terrasse du huitième étage, une foule de quelques centaines de personnes se presse devant les grilles en agitant des petits drapeaux français et européens. On entonne «La Marseillaise» et l'hymne allemand avec l'orchestre. Seule la visite de Barack Obama, venu faire ses adieux neuf jours après l'élection de Donald Trump, en novembre de l'année précédente, avait suscité un même sentiment de joie collective. La chancelière a vite repris ses esprits. Dans son discours d'accueil au jeune président français, elle cite Hermann Hesse : «Au début de toute chose, il y a un charme...», avant de conclure, égale à elle-même : «Mais le charme ne dure que si les résultats sont là.» Autrement dit, ne nous emballons pas. Celui-ci a beau avoir l'air plus européen et plus sérieux que les autres, on verra s'il arrive à libéraliser le marché du travail et à limiter les dépenses publiques comme il le promet. Car malgré tout, l'inamovible Angela Merkel en a vu passer, des présidents français. Quatre : la moitié des chefs d'État de la Ve République ! Elle a même rencontré François Mitterrand, à qui elle avait rendu visite à l'Élysée avec Lothar de Maizière, quand elle était sa porte-parole dans le premier et dernier gouvernement démocratique d'Allemagne de l'Est. Après douze ans de pouvoir et quatre présidents, elle a appris à calmer ses ardeurs. Elle a fini par s'habituer à ces fougueux Français convaincus qu'ils changeront le cours de l'histoire et qui reviennent vite aux joies simples de la réalité.

Elle-même n'a pas la culture de l'Ouest ni la familiarité franco-allemande de ses prédécesseurs à la chancellerie, mais elle s'est vite mise au diapason : cette figure classique de la politique hexagonale consistant à tenter de conclure des alliances de revers contre l'Allemagne pour essayer de ne pas s'enfermer dans une union exclusive et se débarrasser de ce pays allié et complexant, trop bon élève et énervant. Sarkozy comme Giscard d'Estaing ont essayé avec Londres, Hollande comme Mitterrand avec les pays d'Europe du Sud, avant de se rendre compte les uns et les autres, au bout de quelques mois, qu'aucune alternative n'était plus fiable que le bon vieux couple franco-allemand. Merkel a compris qu'entre la solidarité et la responsabilité, ce délicat jeu d'équilibre des dépenses européennes, les Français seraient incorrigiblement toujours les cigales, et les Allemands, les fourmis. Elle sait désormais se méfier de cet art typiquement français que sont les promesses non tenues de réformes structurelles. À peine élu, Jacques Chirac s'est empressé de ne toucher à rien et de se débarrasser de son Premier ministre réformateur, Alain Juppé. À peine élu, Nicolas Sarkozy a fait des cadeaux fiscaux à son électorat le plus aisé et a annoncé, lors d'un Eurogroupe où il n'était même pas convié, qu'il ne respecterait pas le plan de réduction des dépenses. Une fois élu, François Hollande a attendu deux ans avant de lancer son pacte de responsabilité et quatre ans pour entamer une réforme du travail. Dans ces deux quinquennats successifs, Sarkozy et Hollande se sont réveillés trop tard pour avoir l'estime de leur voisine allemande… ainsi que pour se faire réélire. À la manière allemande, elle attend avant tout de ses partenaires la *Zuverlässigkeit*, la fiabilité, le respect des engagements pris. Les Français excellent surtout à verbaliser leurs promesses. Emmanuel Macron est le quatrième président français d'Angela. La déception causée par ses prédécesseurs a placé la barre d'autant plus haut et il le sait : « La France a brisé les règles et donc sapé la confiance », a-t-il dit. Il aurait pu ajouter cette formule pertinente du journaliste et écrivain allemand Kurt Tucholsky : « Il faut comprendre les Allemands pour les aimer ; il faut aimer les Français pour les comprendre. » Lequel des quatre présidents français est préféré de la chancelière allemande ? Je ne me lasse jamais de poser la question à ses conseillers qui, avec cette retenue allemande indécrottable, contrairement aux Français si bavards, prennent toujours le même air gêné et bottent en touche. Jusqu'à ce que l'un d'eux finisse enfin par se lâcher… à l'allemande : « Ce que je peux vous dire, c'est qu'entre Sarkozy et Hollande elle a préféré Chirac et Macron. »

S'il y a un point commun aux quatre mandats successifs d'Angela Merkel, c'est la crise permanente. Une série de crises, plutôt, dont chacune a correspondu à un homologue de la relation franco-allemande. Avec Chirac, il fallut régler les bouleversements nés de l'élargissement de l'Union européenne à dix nouveaux pays, dont la plupart de l'ancien bloc soviétique, et notamment le « non » français au référendum sur le traité constitutionnel. Avec Sarkozy, il y eut le maladroit traité de Lisbonne pour compenser l'échec du traité constitutionnel, l'épopée de la crise financière mondiale, puis les larmes et tremblements dans la crise des dettes souveraines. L'époque Hollande fut chargée : l'annexion de la Crimée par Poutine, la guerre en Ukraine, les attentats islamistes en France, la crise des migrants, le référendum sur le Brexit et l'élection de Donald Trump. Elle termine son règne avec Macron, affrontant à ses côtés le coronavirus, une crise sanitaire et économique d'une ampleur inédite, à laquelle ils répondront ensemble par un plan de relance européen solidaire qui marque une étape tout aussi exceptionnelle dans la construction d'une Union plus politique.

Jacques Chirac semble déjà d'un autre monde lorsqu'elle arrive pour la première fois à la tête du gouvernement en 2005. De tous ses présidents – de tous ses chefs d'État et de gouvernement en général –, il est le seul à la saluer en lui faisant le baisemain à la française. Le seul, aussi, à se rendre au bar du Conseil européen pour lui commander un sandwich et une bière et à les lui apporter sur un plateau. Quand les discussions tournent à l'aigre et à l'impasse, il a cette manière impayable de détendre l'atmosphère en tapotant son stylo sur son verre pour demander le silence et déclarer solennellement : « Mesdames et Messieurs, la France propose… un café ! » Pour Angela Merkel, Chirac est un mentor, la génération du général de Gaulle. À l'instar de ces hommes que les femmes mettent mal à l'aise lorsqu'elles exercent une fonction d'autorité et de pouvoir, il compense par un excès de galanterie et de gentillesse. Avec elle, il la joue à l'affectif, au grand-père, ce qui a le don d'agacer la chancelière : il lui rappelle Helmut Kohl. Mais elle le respecte, l'aime bien et lui fait même envoyer un *Bier Fass*, un tonneau de bière, pour chacun de ses anniversaires. Chirac y est fort sensible. Depuis le début de sa maladie, elle suit de près sa santé, une des premières choses dont elle s'enquiert auprès d'Emmanuel Macron à Berlin.

Les débuts ne sont pas de tout repos, car entre la toute neuve chancelière Merkel et le déjà vieux président Chirac, il y a à la fois une amitié encombrante, Schröder, et un contentieux historique, l'Irak. Jacques Chirac a tissé une relation d'amitié forte avec le chancelier social-démocrate Gerhard Schröder, prédécesseur d'Angela Merkel, bien qu'il ne fût pas de sa famille politique. Leur opposition commune à participer à la guerre américaine contre le dictateur irakien Saddam Hussein, en 2003, en grande partie pour ne pas heurter leurs opinions publiques, les a soudés et éloignés de Tony Blair, lequel a décidé, pour son malheur, de suivre la croisade néoconservatrice du président George W. Bush. Angela Merkel y est également favorable pour des raisons qui, là encore, prennent racine dans sa formation particulière. De par son histoire à l'Est, Angela Merkel est une partisane invétérée de l'occidentalisme incarné par l'Amérique. La Russie reste un danger ; les États-Unis, la garantie de ces valeurs absolues et non négociables que sont la démocratie et la liberté. L'Amérique, c'est le plan Marshall, le pont aérien qui désenclavait Berlin-Ouest (1948-1949), la défense des libertés, le discours de John Fitzgerald Kennedy à Berlin, en 1963 – «*Ich bin ein Berliner*». Invitée de l'Aspen Institute le 19 février 2003, en plein débat polémique sur la guerre en Irak, mais trop prudente pour définir clairement une position, elle prend à revers l'opinion publique en prononçant au Grand Hôtel Esplanade un discours résolument atlantiste. Sans les États-Unis, dit-elle en substance en citant comme références Henry Kissinger et Colin Powell, l'Europe n'est rien. Alignée sur le discours américain, elle insiste sur le fait que les attentats du 11 septembre 2001 ne sont pas une attaque contre les États-Unis mais contre l'ensemble du monde civilisé et que les armes de destruction massive entre les mains des dictateurs nous menacent tous. Or l'Europe ne peut ni ne veut garantir seule sa sécurité : il lui manque les institutions, la volonté, la capacité – les ressources militaires. Il ne reste d'alternative que l'inclusion dans une alliance de défense, conclut-elle.

Le discours de celle qui est alors présidente du principal parti d'opposition est celui d'une femme blessée. Deux jours plus tôt, le 17 février, Jacques Chirac l'a profondément heurtée par le mépris dont il a fait preuve à l'égard des pays de l'Est candidats à l'Union européenne. La Pologne, la Hongrie, la République tchèque, ainsi que six autres pays, ont en effet eu le culot d'adresser une lettre de soutien aux États-Unis dans leur guerre en Irak, ce à quoi le président français a répliqué du haut de son arrogance de vieille puissance condescendante : « Je crois qu'ils ont manqué une bonne occasion de se taire. » Angela Merkel ressent cette phrase comme une offense personnelle. Ces pays de l'Est, c'est elle. Ils ont été annexés par l'Union soviétique et coupés du reste de l'Europe après la Seconde Guerre mondiale, condamnés au totalitarisme de l'autre côté du Mur, sans que ceux de l'Ouest se soucient de leur sort, sommés de rattraper leur retard, après 1989, avant de pouvoir prétendre à intégrer l'Union européenne. Ils étaient le terreau de la culture européenne et l'Europe les a abandonnés. Angela, comme eux, est une arrivante tardive, presque une immigrée en Europe. Elle a été longtemps la petite Ossie, la femme de l'Est aux manières gauches au milieu de barons de l'Ouest sûrs de leur importance. Après avoir tracé son chemin et conquis la chancellerie, elle n'a pas oublié d'où elle venait ni ses affinités avec ces nouveaux venus de l'Est. Comme eux, elle a vu l'Europe commencer sans elle. Lors du traité de Rome de 1957, dont elle a commémoré les soixante ans en grande pompe avec ses homologues, elle était hors jeu, derrière le Mur. Elle défendra l'élargissement de l'Union européenne à ces pays (2004) quoi qu'il en coûte, cela dût-il être le début de l'affaiblissement politique de l'UE. La phrase du président Chirac est offensante pour qui n'a pas grandi avec les symboles et les repères qu'il considère, avec fatuité, comme acquis. Pour autant, Angela Merkel est une femme de tête. Une fois élue chancelière, elle ravale ses griefs. Elle mesure surtout sa chance de s'être si bien tirée de son positionnement au côté du président Bush en faveur de la guerre d'Irak, qui est passé inaperçu. S'être trouvée au bon moment non pas au pouvoir mais dans l'opposition, présidente de la CDU, lui a opportunément évité le choix qu'elle aurait pu faire d'entraîner l'Allemagne dans une guerre absurde achevée en fiasco, emportant ses thuriféraires dans une impopularité durable.

Jacques Chirac en impose à la chancelière par sa connaissance du Moyen-Orient. Elle-même est déjà décidée à ne faire aucune concession au dictateur syrien Bachar al-Assad. Mais l'Allemagne, à l'époque peu au fait de la diplomatie dans la région, s'aligne volontiers sur la France, lui demandant quelle position adopter sur la Syrie ou le Liban. Dans le clan Chirac, on est vite impressionné par la « méthode Merkel » déjà repérée par Michel Barnier, puis par Pascal Lamy et tant d'autres : cette maîtrise dont fait preuve la nouvelle chancelière lorsqu'elle étudie des dossiers complexes dans leurs moindres détails. Ah, cet art du détail ! En la matière, Angela est une grande maniaque. Dans ces sommets où tout se joue au rapport de forces, la connaissance approfondie des sujets est le nerf de la guerre. Elle le comprend vite et en a acquis la méthode depuis ses premières années d'études de physique et sa formation à l'Académie des sciences. Dès le début, c'est sa manière à elle de s'imposer dans les sommets et elle la gardera. Elle est pointilleuse, excelle à l'organisation et au ficelage. Pas de génie visionnaire ni d'idéologie, mais un pragmatisme de l'action au coup par coup, étape par étape, et vas-y que je recoupe les cheveux en quatre. « Paragraphe 3, petit b, 2e ligne, il faut supprimer le "notamment"… » indique-t-elle dans les sommets, le stylo à la main. Elle est infatigable. Ses homologues soupirent, regardent leur montre, laissent faire : il n'y a qu'elle que ça amuse. Mais au bout du compte, sans être guidée par de grandes idées, c'est elle qui a le dernier mot. L'air de rien, comme toujours. « Tu sens que c'est une femme de pouvoir et quand elle dit ça suffit, ça suffit », indique une petite souris des Conseils européens. Quatre semaines après son arrivée à la chancellerie, elle scotche déjà tout le monde à Bruxelles en intervenant avec fermeté dans les négociations sur le budget européen. Après la Britannique Margaret Thatcher, qui s'accrochait au moindre centime – avec ses « yeux de Caligula et sa bouche de Marilyn Monroe », disait d'elle François Mitterrand –, Jacques Chirac saisit que la partie ne sera pas commode non plus avec Angela Merkel, quoique plus douce dans la forme. D'autant que la chancelière se met d'emblée à faire front avec Tony Blair sur le respect de la discipline budgétaire qu'apprécient autant les Britanniques que les Allemands, pour des raisons différentes. Mais malgré ces différends de fond, et bien que le Français lui ait toujours préféré Schröder et ses gros rires virils, les deux années de relation franco-allemande entre Merkel et Chirac se passent dans la plus grande cordialité. Avec baisemain et tout le tralala. Jusqu'à ce que le vieux lion passe la main.

En 2007, Nicolas Sarkozy lui succède. Cette fois, Angela Merkel est dans le rôle inverse : l'Allemande est en place et accueille pour la première fois un président français nouvellement élu. L'Union européenne se trouve alors sous présidence allemande et elle intronise le Français comme Tony Blair l'avait fait avec elle, élue chancelière au moment où c'était au tour du Royaume-Uni de présider l'UE. Ensemble, ils forment le «Merkozy»: un animal étrange composé de deux caractères absolument contraires qui se soudent par nécessité pendant la longue tempête de la crise financière et le sauvetage de l'euro. Les débuts sont difficiles et la suite, agitée. «Ils ont eu de bons moments mais aussi beaucoup de crises. Avec Sarkozy, c'était toujours tendu. Ça l'énervait un peu», résume un proche de la chancelière.

Nicolas Sarkozy est reçu à la chancellerie le lendemain de son investiture, le 15 mai 2007. Leur première rencontre est un bras de fer. La chancelière a été renseignée sur le caractère impulsif et autoritaire de son homologue. Le président est au courant qu'elle a réussi à tuer tous ses adversaires les uns après les autres, à commencer par Helmut Kohl. Cela impose un certain respect, même si Angela Merkel n'est pas encore l'icône qu'elle est devenue : elle a battu Gerhard Schröder, son prédécesseur et adversaire, d'extrême justesse. Elle n'a pas encore acquis son assurance, mais elle a malgré tout un an et demi de pouvoir d'avance sur lui et son pays préside l'Union européenne depuis le 1er janvier 2007 : deux atouts qu'elle a l'intention de faire valoir. Leur dîner inaugural, dans la salle à manger au dernier étage de la chancellerie, ressemble à un test de puissance entre deux mâles alpha d'un même troupeau. Elle le fixe comme une proie de ses yeux bleu clair perçants, lui réplique par son langage corporel énergique de cacou marseillais. Après les préambules polis sur la conjoncture politique en France – félicitations sur l'élection gagnée face à Ségolène Royal, nomination de François Fillon comme Premier ministre, etc. –, on attaque le sujet du traité constitutionnel européen. Les « non » français et néerlandais lors des référendums de 2005 ont bien plombé l'ambiance européenne et paralysent le fonctionnement de l'UE. Nicolas Sarkozy arrive avec une idée de mini-traité (celui qui sera adopté à Lisbonne). C'est une solution intéressante pour la chancelière, car cela lui permet de sortir du blocage institutionnel et de sauver ainsi la face de ses six mois de présidence européenne. 1-0 pour Sarkozy : sur ce coup-là, il prend l'ascendant. À son tour à elle de marquer : forte de son avantage en ancienneté et en maîtrise des dossiers, elle essaie de le coller sur des points techniques des négociations commerciales en cours. Du genre : «Quelle est la position française sur la directive postale?» Il s'en tire plus ou moins. 1 partout, balle au centre. Sarkozy reprend le ballon. Pour le mini-traité, le président français propose même de convaincre lui-même le Premier ministre socialiste espagnol Zapatero et les ingérables frères polonais Kaczyński avec lesquels Merkel a de mauvaises relations, avant le prochain Conseil européen. Il lui retire une énorme épine du pied. 2-1.

Le partenariat Merkel-Sarkozy est une caricature de couple franco-allemand. Entre elle, modérée, calme, tranquillement installée à la tête de la première puissance européenne, qui déteste les grands discours comme les décisions prises dans l'urgence et sans consensus, et lui, le Français énergique, frénétique, entraînant, volubile et bête de scène, ils n'ont rien pour s'entendre. Les manières latines de Sarkozy, qui appelle Angela par son prénom, l'embrasse bruyamment, la prend par le bras ou par la main. «*Nicolas, stop pulling my hand!* [arrête de me tirer la main!] C'est toi qu'ils veulent voir, pas moi!» lui dit-elle pendant une cérémonie du 14 Juillet, à Paris, où il veut l'emmener saluer le public à ses côtés. Ajouté au fait qu'il a nommé par erreur son mari Joachim Sauer «Monsieur Merkel», tout cela fait regretter à la fille de pasteur de l'Est Chirac et ses baisemains vieille France. Elle admire son énergie et sa détermination, mais le trouve incontrôlable, mal élevé,

« bling-bling », insatisfait, impulsif. Cette manière qu'il a de toujours vouloir la bousculer afin qu'elle prenne ses décisions… Lui s'irrite de sa froideur, de sa réserve, de sa lenteur. De cette manie qu'elle a de dire : « Attends. Il faut que je réfléchisse. Je dois consulter le Bundestag. » « Attends, attends… » s'énerve Nicolas Sarkozy en privé en l'imitant. « Il faut toujours qu'elle attende la dernière seconde de la dernière minute ! Moi, j'agis ! » Il se lâche publiquement en conférence de presse pendant la crise financière de 2008, considérant que l'Allemagne tarde à prendre la mesure de la situation : « La France agit l'Allemagne réfléchit. » Angela Merkel n'a pas aimé la formule. Elle réplique peu après en faisant savoir qu'au moment où « la France » parlait l'Allemagne agissait et faisait examiner un deuxième plan de relance par le Bundestag. Le président s'excuse : « Elle agit, la France réfléchit », rectifie-t-il. Nicolas Sarkozy, qui s'entend à merveille avec Tony Blair, est plus séduit par l'humour léger des Britanniques que par l'esprit de sérieux des Allemands et essaie un temps, comme d'autres avant lui, de détourner le traditionnel couple franco-allemand par un crochet du côté de la Manche. Angela Merkel n'apprécie pas la manœuvre, et encore moins l'initiative – vite enterrée mais envisagée par Henri Guaino, le conseiller souverainiste de l'Élysée – d'envisager une « Union pour la Méditerranée » sans le concours des Allemands. L'autorité avec laquelle le chef d'État français prend en main la présidence de l'Union européenne, que le hasard du calendrier attribue à la France au deuxième semestre de l'année 2008, n'arrange pas les affaires.

L'impatient Nicolas Sarkozy, plus encore que les autres présidents français, a du mal à comprendre que la lenteur d'Angela Merkel est non seulement un trait de caractère mais une obligation institutionnelle due à une différence de système. La chancelière n'est pas un président de la Ve République et veille avec une grande rigueur à l'indépendance des pouvoirs. Elle doit prendre en compte l'avis du parti en coalition, s'en réfère très respectueusement au Bundestag, n'omet jamais de consulter les ministres-présidents des Länder et n'exécute rien sans le contrôle de la puissante Cour constitutionnelle. Elle ne va pas au-devant de l'événement, ne se met pas en avant et exerce un pouvoir d'arbitrage dès lors que tous les rites du compromis sont épuisés. Elle l'a encore déclaré à la télévision allemande en mars 2021, en pleine crise de Covid, alors qu'elle échouait à imposer aux Länder sa volonté d'un confinement plus strict : « Une chancellerie autoritaire ne suffit pas au sein d'une démocratie : il faut convaincre. » L'autorité de la chancelière est relative parce qu'institutionnellement partagée. Cela a le don de mettre Nicolas Sarkozy en ébullition et l'a fait littéralement hurler, lors d'un dîner mémorable au Bayerischer Hof de Munich, le palace de la capitale bavaroise, en marge d'une des conférences annuelles sur la sécurité, en janvier 2009. Le géant allemand Siemens, la plus grande société d'ingénierie en Europe, vient d'annoncer qu'il se retire du capital de la multinationale française Areva, principalement liée à l'énergie nucléaire et dont l'État français est actionnaire. Nicolas Sarkozy est furieux et ne peut l'admettre. « C'est quand même incroyable que tu aies permis à Siemens de quitter Areva ! » lance-t-il à la chancelière pendant qu'ils attendent les entrées. Angela : « Qu'est-ce que j'aurais pu faire ? Chez nous, l'industrie, c'est privé. On ne mélange pas les choses. D'ailleurs je ne le savais pas, je l'ai appris comme toi. » Nicolas se met à hurler : « Tu te moques de moi ! Tu détruis le couple franco-allemand ! » Angela, très calme : « Écoute, tu me crois ou pas, mais je ne le savais pas. » Nicolas hausse les épaules, ne veut rien entendre, continue à crier. Les quelques personnes présentes à table sont médusées. Après le dîner, la chancelière commente la chose d'une de ses phrases préférées : « *In der Ruhe liegt die Kraft* » (Dans le calme est la force) – un principe de sagesse qu'elle ressort en toute occasion, quand elle se lasse de son « il n'y a pas de solution simple ». Une autre de ses formules fétiches est en latin : « *Respice finem* » (Considère la finalité des choses). Traduction en langage merkelien : « Cause toujours. »

La crise financière qui affole la planète à partir de septembre 2008, avec la faillite de Lehman Brothers, est la plus révélatrice de ces deux caractères incompatibles. Dès août 2007, le président écrit à la chancelière pour lui demander d'inscrire à l'ordre du jour du G8 les problèmes financiers qui s'annoncent déjà dangereux. « Quelle est l'urgence ? » lui répond la chancelière. Nicolas Sarkozy est bouillonnant d'inventivité et d'initiatives, d'autant plus lorsqu'il est aux manettes de la présidence de l'Union européenne, qui revient à la France au second semestre 2008. Il est meneur et, en l'occurrence, mieux avisé pendant la crise qu'Angela Merkel, dont l'excessive prudence semble pour un long moment à côté de la plaque. Sarkozy fait dès le départ le bon diagnostic. Il veut faire croisade commune. Elle temporise, se méfiant par nature de ces Français qui ne sont bons qu'à vouloir creuser les déficits. En octobre 2008, il a l'idée de convoquer à l'Élysée les chefs d'État et de gouvernement de la zone euro avec en *guest star* le Premier ministre travailliste britannique Gordon Brown, pourtant hors de la zone euro : bien que libéral en économie, il vient de nationaliser plusieurs banques britanniques. Brown recommande de frapper fort : renflouer les banques, laisser galoper les déficits, et faire voler en éclats les règles. Merkel affiche une mine ronchonne. Elle croit les banques allemandes à l'abri du désastre, ne mesure toujours pas l'ampleur de la crise. Jusqu'à ce qu'un coup de téléphone lui annonce pendant la réunion qu'une première banque allemande, Hypo Real Estate, est gagnée à son tour par la gangrène. Elle se tait. Le lendemain, elle se montre étonnamment plus souple.

De la crise financière à la crise grecque, leur paso doble est le même : plus Sarkozy s'énerve, plus elle se braque. Il veut créer un fonds monétaire européen, elle ne veut pas dans un premier temps que l'Allemagne y mette un sou. « Tu as aimé Lehman, tu vas adorer la Grèce ! » lui lance-t-il pour expliquer que trop de temps passé avant d'aider Athènes pouvait être fatal. Suivant l'avis de ses conseillers, il fait parfois de gros efforts sur lui-même pour mettre de l'eau dans son vin et tenter de la convaincre avec plus de douceur. Ce qui, avant un sommet européen, donne alors ce genre de résultat :

Lui : « Il faut faire ça maintenant, Angela. C'est notre proposition, tu peux constater que j'ai pris en compte tes objections. Donc on descend, on leur annonce. »

Elle : « Non. On ne peut pas l'annoncer tout de suite. C'est compliqué. Je vais réfléchir. »

Lui, en aparté : « Vous voyez, j'ai fait l'effort, je tiens compte de ses remarques et il n'y a rien à faire, elle ne veut pas, elle bloque toujours tout ! »

Elle, en aparté : « C'est difficile avec lui. Il veut toujours forcer les choses. Or il n'y a pas de solution simple. »

Les crises les crispent et les soudent. Ils apprennent à se connaître. Se digèrent l'un l'autre. Il leur arrive aussi de se retrouver complices quand il s'agit de dézinguer tous les autres. Un soir d'octobre 2009, à l'Élysée, Angela Merkel et Nicolas Sarkozy rient ainsi à gorge déployée. Comme toujours, le président a veillé au plateau de fromages et aux bons crus de Bordeaux pour la chancelière, déjà égayée par sa réélection toute fraîche. Le traité de Lisbonne s'apprête à être adopté et il leur faut un président du Conseil européen, nouvelle fonction prévue par le traité constitutionnel simplifié. Ils passent en revue les candidats possibles, autrement dit leurs homologues et collègues. C'est un véritable jeu de massacre. Un sabbat digne de Lady Macbeth. Les noms défilent pendant le dîner : Blair, Juncker, Balkenende, Schüssel... Ils rigolent. Passent en revue les qualités et surtout les défauts. Procèdent par élimination. Celui-là ? Allez, ouste. Tu reprends du fromage, Angela ? Au dessert, il faut bien conclure. Sarkozy a poussé la candidature de Tony Blair. Merkel s'y oppose catégoriquement : elle ne veut pas d'une personnalité forte, donc gênante. Sarkozy dit : « Alors, qui ? Van Rompuy ? » Merkel, interloquée : « Qui ça ? » Son interprète est aussi peu familier de ce nom qu'elle. Il n'a pas compris et souffle à l'oreille de la chancelière : « Verhofstadt » (l'ancien Premier ministre belge et député européen, celui contre lequel elle avait déjà comploté avec Tony Blair). L'affaire tourne au dialogue de sourds. Merkel : « Verhofstadt ? Pourquoi Verhofstadt ? » Sarkozy corrige : « Non, non : Van Rompuy, le Premier ministre belge ! » Merkel : « Ah ! Van Rompuy ! C'est une bonne idée. Laisse-moi y réfléchir. » Herman Van Rompuy, consensuel et peu gênant, sera élu président dans la foulée.

Les grincements du « Merkozy » sont légion, les rabibochages aussi. Angela invite Nicolas à passer un week-end dans sa datcha du Brandebourg, avec son jardinet et ses meubles Ikea. Pas le genre clinquant. Il n'a jamais trouvé le temps d'y aller, moyennement emballé à l'idée de découvrir la campagne tranquille de l'ex-Allemagne de l'Est, et préfère convier Angela à dîner chez lui à Paris, avec sa femme Carla Bruni, qui lui fait préparer une fondue savoyarde. Son grand plaisir est d'inviter la chancelière à déjeuner sur la terrasse du restaurant Le Bristol, à deux pas de l'Élysée : elle a un gros faible pour la poularde de Bresse et lui pour les soufflés au chocolat guanaja qu'elle le regarde engloutir goulûment, avec un étonnement amusé, à l'ombre des magnolias et des parasols blancs. La crise financière qui les a divisés finit par les souder dans l'épreuve, à coups de poulardes et de soufflés guanaja. La guerre de Libye est une autre occasion de brouille sur un même scénario répétitif, lui qui bouscule, elle qui recule, lui qui piaffe, elle qui médite, « viens, on y va », « attends, je réfléchis ». Ah, cette manie de réfléchir avant d'agir, même en cas d'urgence… Sarkozy veut intervenir en Libye, où le dictateur Kadhafi menace de perpétrer un massacre à Benghazi, la deuxième ville du pays, dont l'opposition s'est emparée. Merkel n'est pas convaincue de la pertinence de l'opération. Lui : « Il faut agir vite, Benghazi va tomber, nous ne pouvons laisser massacrer la population sans rien faire. » Elle : « *Respice finem.* » Quelle est la finalité de l'affaire ? L'Allemagne est membre provisoire du Conseil de sécurité des Nations unies à l'époque. La France attend son vote et fait pression. Le Premier ministre britannique David Cameron appelle la chancelière pour tenter de la convaincre. En vain. L'Allemagne s'abstient. Sarkozy est furieux.

Leurs différences et leurs différends, ils les ont pourtant regardés en face d'entrée de jeu et s'en expliquent devant une soupe à l'artichaut et aux truffes, le plat préféré du président français, qui l'a invitée chez Guy Savoy. Lors de ce dîner confession, dès le début de l'année 2008, quelques verres de bon bordeaux convainquent la chancelière de s'épancher. Sarkozy, lui, ne boit jamais d'alcool, mais il est bavard même au thé et à l'eau gazeuse. Elle a une admiration pour la manière dont il a sauvé une forme de traité constitutionnel européen après le référendum de 2005. Elle ne sait pas encore qu'il saura prendre la crise financière à bras-le-corps. « Tu me reproches d'être trop lente, lui dit-elle. Je n'ai pas le même rapport au temps que toi. Moi, je suis entrée en politique tard et je n'imaginais même pas que c'était possible. J'étais en RDA, je pensais y rester jusqu'à ma retraite, puis finir mes jours en Allemagne de l'Ouest. La chute du Mur s'est faite brutalement. Je suis quelqu'un qui donne du temps au temps car j'ai vu que dans la lenteur il y avait l'espoir. » Elle omet de dire que déjà petite fille, elle avait peur de sauter du plongeoir et attendait jusqu'au dernier moment le coup de sifflet impatient du maître-nageur. Le destin a aggravé son cas. À son incarnation d'une Allemagne du compromis et de l'équilibre des institutions s'ajoute donc son style à elle : la pesanteur de l'Est. La lenteur d'Angela Merkel.

Mai 2012. De Nicolas Sarkozy, Angela Merkel passe à son troisième président. François Hollande.

D'emblée, elle sent qu'elle n'aura pas à se demander chaque jour, comme c'était le cas avec « Sarko » : « Qu'est-ce qu'il va encore me proposer de faire ? » Avec Hollande, c'est plus calme… « Un peu trop », concède un conseiller côté allemand. « Merkollande » a mal commencé. « On a commis une erreur », avoue un conseiller : ils ont obéi à Sarkozy lorsqu'il a demandé à Merkel, pendant la campagne électorale de 2012, de ne pas recevoir Hollande – alors que celui-ci, chef du Parti socialiste, se présentait contre le président en place.

Nicolas : « En aucun cas tu ne dois recevoir Hollande. Ne le fais pas, ça va l'aider. Tu veux que je gagne l'élection, Angela ? »

Angela : « Naturellement. [C'est naturel car tous deux sont membres du même groupe parlementaire, le PPE, au Parlement européen]. »

Nicolas : « Bon. Alors, dans ce cas, tu ne dois pas recevoir Hollande : ça pourrait l'aider. »

Le conseiller qui raconte la scène pousse un soupir en guise de regret. « Elle a accepté à contrecœur ce que lui demandait Sarkozy et c'était une erreur. On aurait dû recevoir le candidat comme on l'a fait cette fois avec Fillon, Hamon, Macron. » Ce précédent rend difficile le début des relations entre Angela Merkel et François Hollande. La foudre s'y met, pas encore jupitérienne : elle frappe malencontreusement le Falcon dans lequel se trouve le tout nouveau président Hollande lorsqu'il s'envole pour sa première visite à la chancelière à Berlin, le 15 mai 2012, au soir de sa prise de fonction. « Leurs liens se sont vite détendus, précise le conseiller, mais ce n'était pas aussi fluide et évident que ça l'a été plus tard avec Macron. »

Angela Merkel trouve François Hollande « mystérieux » et « peu lisible ». Mais « Merkollande », par contraste avec « Merkozy », a de quoi fonctionner plus souplement. Après un quinquennat de grande agitation, le caractère calme et réservé de François Hollande repose la chancelière. Elle le trouve de contact plus agréable que son prédécesseur. Il ne la brusque pas en permanence et lui laisse son espace. Elle apprécie et estime, comme tout le monde, son intelligence et son humour. D'autant plus que, de caractère, Angela Merkel et François Hollande ne sont pas le contraire l'un de l'autre. Deux gestionnaires de partis politiques, avec ce qu'il faut de souplesse et de cuir épais. Deux tacticiens, deux prudents, deux grands calmes, deux centristes pro-européens attachés au symbole du franco-allemand. Elle s'y connaît en matière de consensus et sa manière de se trouver longtemps à la tête de grandes coalitions, à rassembler des partis adversaires dans un partenariat au gouvernement, n'est pas sans rappeler le socialiste de la « synthèse » et des « transcourants » que fut François Hollande, en des temps plus paisibles que celui de son quinquennat. Le président français m'avait parlé avec un certain amusement de ses ressemblances avec la dirigeante allemande : « Elle aime profondément le compromis », me disait-il dans les jardins de l'Élysée, en insistant sur le fait qu'il s'agit là d'une qualité. « Elle doit y travailler en permanence : dans son propre parti, dans la grande coalition, avec ses Länder, avec la France… Cette idée qu'il faut toujours aller vers le compromis en négociant et en cherchant ensemble la solution, on s'est retrouvés là-dessus. »

Ils se retrouvent moins sur les questions économiques et européennes. « Sur un même sujet, dit-on à la chancellerie, Hollande pouvait être d'accord avec deux personnes qui pensaient l'opposé. Il n'était pas toujours clair ni facile à lire. Elle ne savait pas toujours s'il disait oui ou non… » Et surtout, Angela Merkel, bien que présidente de la CDU et y ayant grenouillé avec tactique, aime penser l'Europe par ses pays plus que par ses partis : un réflexe venu du traumatisme de la séparation des blocs de l'Est et de l'Ouest : l'Europe ne se divise pas, ou ne se divise plus. François Hollande, lui, a eu moins qu'elle le temps de se débarrasser des habitudes claniques. Lors des réunions de préparation pour les soixante ans du traité de Rome de 1957, par exemple, l'idée émerge d'une photo réunissant les chefs d'État et de gouvernement de quatre grands pays européens, dont les deux principaux du flanc sud : France, Allemagne, Italie, Espagne. « François Hollande avait envie de poser avec la chancelière et l'Italien social-démocrate Matteo Renzi, mais la présence de l'Espagnol conservateur Mariano Rajoy le gênait », raconte un conseiller. « Rajoy n'avait pas de majorité, il ne pouvait pas prendre d'engagement », se justifie Hollande qui réussit finement à l'écarter de la photo. Merkel cède. « Pour la chancelière, c'est la relation franco-allemande qui compte. En politique, il y a des moments où il faut insister, et d'autres où il faut laisser tomber », résume ce conseiller avec une grande sagesse. Elle invite Hollande en 2014 dans sa circonscription du Mecklembourg-Poméranie-Occidentale, là où sont venus le président George W. Bush et d'autres dirigeants internationaux pour l'organisation du G8 en 2007. Ils ne vont pas jusqu'à « la cabane de Merkel », celle des pêcheurs de l'île de Rügen, mais ils font un tour amical en bateau. La mairie de Stralsund est si peu habituée aux grands de ce monde qu'elle commet ce jour-là l'erreur de hisser un drapeau des Pays-Bas – à moins que ce ne soit celui du Schleswig-Holstein – à la place du drapeau français, avec le bleu-blanc-rouge à l'horizontale. La France demeure à la fin du quinquennat Hollande le seul pays de la zone euro dont le déficit public excède les 3 %, mais la chancelière a fait son deuil des réformes structurelles promises. La simplicité et le naturel du président lui plaisent.

Comme tous les autres, François Hollande fait l'expérience de la différence d'Angela Merkel. De sa singularité indéchiffrable aux yeux du banal homme de l'Ouest élevé dans le confort de la liberté. « On a exactement le même âge et, vu nos histoires personnelles, pas du tout les mêmes références, constate l'ancien président de la République. En RDA, elle n'était pas familière de la France, des bouleversements de mai 1968 à mai 1981, dans lesquels je me suis construit. Elle s'étonnait que la France soit souvent dans une culture du conflit, pas du compromis. » Mais, comme avec Sarkozy, les crises et les épreuves communes finissent par les rapprocher. Les attentats islamistes en France, l'accident d'avion de la Germanwings, les difficultés budgétaires de la France, leur bataille pour maintenir la Grèce dans la zone euro, le succès de l'accord de Paris sur le climat dont Hollande fut l'un des principaux architectes, la guerre en Ukraine… Ils réussissent à convaincre le président russe Vladimir Poutine de garantir avec eux les accords de Minsk, entre Kiev et les séparatistes ukrainiens, en mettant en place le « format Normandie » : un cadre de négociations né au moment de la commémoration du débarquement en Normandie qui réunira plusieurs fois les deux belligérants russe et ukrainien (Poutine et Porochenko) et deux arbitres européens (Merkel et Hollande). Ensemble, sans obtenir un cessez-le-feu, ils parviennent à stopper les avancées des troupes russes qu'ambitionnait Poutine. Depuis, la situation est gelée.

Une autre crise les attend, qui cette fois n'est pas un grand moment de coopération. Celle qui, à la fin de l'année 2015, contraint l'Allemagne à accueillir 890 000 migrants en détresse. La sauvagerie des guerres de Syrie a lancé des centaines de milliers de civils sur les routes de l'Europe, en passant par la Turquie et les Balkans. Début septembre, ils sont des milliers à s'entasser en Hongrie. «*Allemania ! Allemania !*» L'Allemagne, plus riche et réputée à juste titre plus accueillante, est dans leurs rêves le nouvel Eldorado, car dans la rumeur du Moyen-Orient, la France a perdu son crédit de terre d'asile. Avec l'accord de son homologue autrichien, la chancelière ouvre grand les portes aux migrants arrivés par la Turquie en Hongrie, où ils sont entassés et traités comme des chiens. « *Wir schaffen das* » (Nous allons y arriver), déclare-t-elle le 31 août, avant de le répéter à plusieurs reprises. À la fin de l'année 2015, près d'un million de réfugiés ont demandé l'asile en Allemagne. La société civile se mobilise généreusement pour les accueillir. Les établissements scolaires offrent leurs gymnases. Les habitants se relaient pour la distribution de nourriture. Les Länder y consacrent une part conséquente de leur budget. La France, de son côté, pratique lâchement la politique de l'autruche, se défausse et laisse l'Allemagne faire face à la tragédie humanitaire. Pire encore, le Premier ministre socialiste de François Hollande, Manuel Valls, s'autorise à critiquer publiquement Angela Merkel dans son pays, à Munich, en février 2016. La chancellerie le laisse dire. Angela Merkel, qui a ouvert ses portes sous pression et au nom de la solidarité, a aussi expérimenté, grâce à la France, les limites de la solidarité européenne. Clément Beaune se trouvait présent à un déjeuner de travail à Bercy en février 2016 réunissant les deux ministres allemand et français de l'Économie, Sigmar Gabriel et Emmanuel Macron, et les deux ministres des Finances, Wolfgang Schäuble et Michel Sapin. À l'apéritif, se souvient l'actuel secrétaire d'État aux Affaires européennes, qui conseillait alors le ministre Macron à Bercy, Wolfgang Schäuble avait tenté d'engager la conversation sur les effets de la crise migratoire, dont l'Allemagne portait l'essentiel du fardeau quand la France ne respectait pas ses engagements sur l'accueil promis de quelques dizaines de milliers de migrants. Sigmar Gabriel avait enchaîné sur le sujet – sans trop de succès, selon Clément Beaune : « Il expliquait que des cours de sport avaient été annulés afin de loger les réfugiés dans les gymnases et que, dans certains Länder, il n'y avait plus de meubles chez Ikea car ils avaient été achetés pour les réfugiés par les autorités publiques. Alors Michel Sapin a lancé : "Eh bien, chers amis, levons-nous et allons déjeuner !" »

Le 8 mai 2017, lendemain de l'élection d'Emmanuel Macron, la chancelière a offert un dîner d'adieu à François Hollande. Il a pris le Falcon républicain pour son dernier vol en direction de Berlin avec nostalgie et l'avion, contrairement à l'aller, n'a pas été frappé par la foudre. Angela a choisi le restaurant le plus proche de la chancellerie, au nom étrangement peu approprié à l'événement : Paris-Moskau. Était-ce un hommage inconscient à leurs nuits passées à négocier avec Poutine à Minsk ? Mais avant cela, Angela Merkel et lui ont affronté ensemble une année éprouvante. Un vent mauvais souffle sur l'Europe avec le référendum sur le Brexit, suivi immédiatement après par l'élection de Donald Trump à la présidence des États-Unis. Le 30 août, son ministre de l'Économie, Emmanuel Macron, a démissionné du gouvernement pour se consacrer à son mouvement En Marche et « construire une nouvelle offre politique ». Ils ont parlé de l'Ukraine, de la zone euro, du franco-allemand… et de Macron, bien sûr. Le président n'a pas pu retenir son émotion amère en évoquant cet ancien conseiller surdoué qu'il n'avait pas vu venir et qui lui avait damé le pion sans scrupule. Il a mangé son escalope panée, comme d'habitude à Berlin avec Angela. Ça lui a donné un coup de cafard. Il a repris son Falcon dans l'autre sens, pour la dernière fois.

15

2016, *annus horribilis*

« Je ne suis pas une poète.
Ce n'est pas mon truc. »
Angela Merkel

Angela Merkel a beaucoup hésité avant de se présenter pour un quatrième mandat aux élections générales de septembre 2017. « Ça ne va pas de soi », a-t-elle confié au président François Hollande, tout en demandant conseil à de nombreux proches. Lorsqu'elle officialise sa candidature au siège de la CDU, à Berlin, le 20 novembre 2016, elle avoue y avoir réfléchi « depuis des lustres ». « La décision de briguer un quatrième mandat est tout sauf anodine, après onze ans aux affaires », déclare-t-elle avant de parfaire sa légende de physicienne lente et réfléchie : « J'ai besoin de temps. Les décisions tombent tard. Mais après, je m'y tiens. »

Deux mois plus tôt, le 2 septembre, elle se trouvait avec François Hollande à Évian, au bord du lac Léman, pour les rencontres franco-allemandes d'Évian-les-Bains. À l'occasion du vingt-cinquième anniversaire de ce qui est devenu un rituel, la chancelière allemande et le président français sont venus s'exprimer ensemble devant une trentaine de grands patrons des deux pays et de dirigeants, dont Pascal Lamy, ancien directeur général de l'Organisation mondiale du commerce (OMC). Le lac Léman est joli, tous en conviennent et tous l'admirent pour ne pas montrer leur pessimisme, mais l'ambiance est lourde. L'année 2016 qui s'achève est leur *annus horribilis*. Le ciel est tombé sur la tête de l'Europe avec le Brexit, voté par les Britanniques en juin. Il sera bientôt suivi par l'élection de Donald Trump à la présidence des États-Unis. Le Brexit et Trump ont en commun d'avoir utilisé pour triompher une nouvelle stratégie politique, celle des fake news et des mensonges délibérés, de la mise en doute des faits au profit des vérités subjectives, de la montée en puissance des « followers » au profit des leaders – tout un brouillage ingénieux formidablement propulsé par les réseaux sociaux qui rendent les démocraties hystériques. L'un et l'autre, Brexit et Trump, ont joué sur les peurs et les fantasmes, désigné des boucs émissaires, vendu des solutions simples et imaginaires pour obtenir le pouvoir, tout en promettant de s'effacer devant la « volonté du peuple ». L'un et l'autre ont réveillé la fierté nationale, fait rêver sur la « souveraineté retrouvée », débarrassée du multilatéralisme, de ses règles et régulations. L'un et l'autre, pour des raisons différentes, ont pris pour cible l'Union européenne et ils ont le vent en poupe.

Le modèle des démocraties libérales et parlementaires européennes n'a plus la cote. Ce n'est pas une passade mais une véritable lame de fond qui est en train de faire surface. Partout, les deux grands partis de la gauche sociale-démocrate et de la droite modérée se disloquent en faveur d'un pullulement de formations diverses. Le rapport de forces penche en faveur des autocrates et des nationalistes pour lesquels l'inamovible président russe Vladimir Poutine est à la fois le promoteur et le totem mondial. Le mouvement est enclenché, emporté par l'élan. Dans les mois qui suivent, on assistera à la percée de l'extrême droite au Parlement allemand, à la coalition entre la droite et l'extrême droite au gouvernement autrichien, à la coalition entre l'extrême droite et le fourre-tout antisystème à la tête de l'Italie, à la réélection d'un Orbán de plus en plus « illibéral » en Hongrie, à l'élection d'un militaire défroqué d'extrême droite au Brésil, à l'arrivée de Marine Le Pen au deuxième tour de l'élection présidentielle en France. On est loin de soupçonner que le leader nationaliste néerlandais Geert Wilders subira une défaite aux élections législatives de mars 2017 aux Pays-Bas. L'Italien social-démocrate Matteo Renzi n'a pas encore dû démissionner, mais la popularité du Mouvement 5 étoiles de Beppe Grillo menace. La politique française est dans un état de grand désordre et d'incertitude inquiétante. On ne sait pas encore si François Hollande va briguer ou non un second mandat. Personne ne songe une seconde à Emmanuel Macron, – en dehors de lui-même. Le « Penelopegate » n'a pas commencé, François Fillon n'a même pas encore remporté la primaire de la droite et du centre et la campagne électorale française n'a pas encore atteint le niveau de folie totale qui en fera le plus hallucinant feuilleton politique de la Vᵉ République. Une victoire de Marine Le Pen est encore possible. Dans son QG de campagne de la rue du Faubourg-Saint-Honoré, symboliquement à deux pas de l'Élysée, la présidente du Front national avait d'ailleurs affiché un poster du Brexit, en guise de porte-bonheur.

Angela Merkel est la mieux placée pour analyser ces manifestations d'un nouveau cycle de l'histoire : née elle-même dans une Europe coupée en deux, élevée du mauvais côté où la liberté était interdite et rêvée, elle avait cru comme tout le monde à la fin des deux grands totalitarismes et à l'avènement de la démocratie globale, dans l'euphorie de la chute du mur de Berlin. Elle a assisté à la montée de la mondialisation, à sa brutalité, au bouleversement des sociétés, à la montée du ressentiment. Elle a vu la démocratie libérale, si chèrement acquise, produire en près de trente ans une aspiration à ses exacts contraires : la résurgence identitaire et nationaliste, l'ultra-conservatisme, l'autoritarisme, la « démocrature », l'« illibéralisme ». À Évian, ce 2 septembre 2016, la déprime rôde et on cherche à retrouver l'optimisme. Dans la grande salle de réunion de l'hôtel Royal qui donne sur le lac, Pascal Lamy et les patrons interpellent la chancelière allemande et le président français : « Madame la chancelière, monsieur le président, c'est à vous deux de donner à l'Europe une vision, une narration. Enchantez-nous ! » François Hollande affiche une mine perplexe, lui qui a déjà affaire à des tirs groupés dans son pays et qui achève son mandat avec une cote de popularité abyssale. Il tente une blague : « Vous savez, enchanter les gens, par les temps qui courent… » Angela Merkel répond après lui avec cette franchise minimaliste dont elle a le secret : « Vous avez raison, mais je ne suis pas une poète. Ce n'est pas mon truc. Ne me demandez pas de devenir le chantre de l'Europe, je ne sais pas faire. »

Les élections législatives en Allemagne sont prévues pour le 24 septembre 2017 et Angela Merkel n'est pas emballée à l'idée d'enchaîner un quatrième mandat. Elle a 62 ans, elle en aura 63 au moment des élections et aura déjà gouverné pendant douze ans. C'est lourd et, pour les électeurs, lassant. Depuis la Seconde Guerre mondiale, seuls deux chanceliers (tous deux membres de la CDU) ont tenu plus longtemps à ce poste : Konrad Adenauer pendant quatorze ans, de 1949 à 1963, et Helmut Kohl, pendant seize ans, de 1982 à 1998. « L'idée de battre le record de longévité a contribué à la motiver », estime François Hollande. Mais elle est consciente du risque qu'il y a à faire, comme Kohl, le mandat de trop. Fin 2016, même si la tendance s'inverse peu à peu en sa faveur, elle n'est pas au mieux de sa forme. La CDU a subi plusieurs revers aux élections régionales. Le geste d'humanité d'Angela Merkel à l'égard d'un million de migrants lors de la crise de 2015 lui vaut l'admiration des médias internationaux mais lui coûte cher politiquement. Son « *Wir schaffen das* » (Nous allons y arriver) n'a pas été compris ni apprécié par ses électeurs. « *Wir schaffen das, wir schaffen das*, c'est facile à dire ! Elle accueille tout le monde, elle fiche le bazar et elle nous laisse nous débrouiller avec ça ! » me disait au cours de l'année 2016 une vieille sympathisante de la CDU, qui n'était pas la seule à s'agacer bruyamment. La chancelière s'est mis à dos une partie de sa formation, l'aile droite de la CDU et les ultra-conservateurs de la CSU. Elle a favorisé l'essor d'une extrême droite allemande, Alternative für Deutschland (AfD), jusqu'ici peu visible. Après Paris, Bruxelles et Nice, avant Manchester et Londres, le terrorisme islamiste va frapper Berlin en décembre, sur un marché de Noël. Pour les propagandistes du Brexit, le geste d'Angela Merkel fournit une occasion en or pour dénoncer une Europe trop ouverte. Nigel Farage pose triomphalement devant des affiches montrant des hordes de migrants en guenilles.

Angela Merkel, me dit une conseillère, n'est pas du genre à « *schimpfen* » (à râler bruyamment ou à pousser des colères), mais elle encaisse en silence, analyse et prépare la suite. Le 8 novembre 2016, Donald Trump est élu, et c'est ce qui la décide à se lancer dans une élection dont elle n'a pas vraiment envie. Moins de deux semaines plus tard, le

20 novembre, la chancelière annonce sa décision de briguer un quatrième mandat. La déclaration de candidature dure une heure et demie et la chancelière est explicite. «2016 n'a pas apporté plus de calme et de stabilité, dit-elle. Au contraire. Nous sommes confrontés à un monde, en particulier depuis l'élection américaine, qui a besoin de se réorganiser, par rapport à l'OTAN et à la relation avec la Russie.» Elle mentionne la «défense des valeurs» démocratiques et de «notre mode de vie» avec les mêmes mots que ceux de sa déclaration après la victoire de Trump. Comme si ce rappel à l'ordre fondamental était nécessaire face à ce qui soudain ne semble plus aller de soi : «La démocratie, la liberté, le respect du droit et de la dignité de chacun, et ce quels que soient son origine, sa couleur de peau, sa religion, son sexe, son orientation sexuelle ou ses opinions politiques.» Ses partisans voient en elle le dernier défenseur de poids des valeurs démocratiques de l'Occident face à la montée des populismes. La visite d'adieu de Barack Obama à Angela Merkel à Berlin prend des airs de marche funèbre. Il semble lui confier ce qui reste des valeurs de liberté et d'humanisme. «Les États-Unis ont déserté le monde. Aucun leader européen n'a jamais eu la puissance politique et morale de Merkel aujourd'hui», constate James Rubin, ancien secrétaire d'État adjoint du président Bill Clinton. Mais en a-t-elle envie ? Aucunement.

Là est le paradoxe, et le grand malentendu. Un classique des aigreurs françaises est de voir en l'Allemagne un éternel ennemi qui n'en aurait jamais fini avec sa volonté de puissance et d'hégémonie et ne serait attaché à l'Union européenne que pour l'avoir à sa botte et dominer le monde. L'Allemagne est en effet la première puissance économique d'Europe, la quatrième de la planète, et elle entend le rester. Il y a beaucoup à redire – ses partenaires ne manquent pas de le faire – sur la manière dont son économie s'exerce au détriment des autres (salaires trop bas, excédent commercial, manque d'investissements dans les infrastructures). L'Allemagne veut être forte, oui. Mais pas trop. Le traumatisme de l'histoire est toujours là, présent, harcelant, tel un repoussoir. Angela Merkel n'a pas l'intention, une fois Obama parti, d'endosser le rôle de leader du monde occidental. Pressée de toutes parts dans ce sens, elle a déclaré à quel point cette idée était « grotesque et absurde ». La dernière Occidentale, la dernière démocrate, celle sur qui tout le monde compte et repose, c'est ce qu'elle ne veut surtout pas être. Globale Mutti n'a aucune envie de porter seule le poids du monde. L'élection de Donald Trump et l'incertitude de la présidentielle française ne lui laissent pas trop le choix. La fille de pasteur a des principes et un sens de la mission ; or les trois piliers de l'économie allemande menacent de sombrer : l'Alliance atlantique, le libre-échange international, l'Union européenne avec le grand marché unique. Un monde est en train de finir, gangrené par les populistes qui font leur miel du malheur des laissés-pour-compte. Un monde de plus en plus interdépendant où l'Ouest n'est plus en situation de monopole, où la Russie de Poutine compense sa faiblesse économique par un nationalisme exacerbé et des démonstrations de force militaire, où la Chine menace par sa surpuissance.

Le 28 mai 2017, à Munich, Angela Merkel tient un discours historique. Ni le lieu, ni le public, ni l'occasion ne s'y prêtaient spécialement : c'est un simple meeting électoral devant des membres et sympathisants de la CSU, l'alliée bavaroise de la CDU. Mais elle revient d'un G7 déterminant, à Taormina, au cours duquel elle prend acte du fossé nouveau qui sépare les États-Unis et l'Europe. Lors de ce sommet, le président Trump refuse catégoriquement de se joindre aux efforts communs pour sauver la planète. Il laisse entendre qu'il tournera le dos au monde, quelques jours plus tard, en annonçant son retrait de l'accord de Paris sur le climat. Le double repli des États-Unis et d'un Royaume-Uni en plein Brexit ébranle l'ordre géopolitique occidental. À Munich, devant la CSU, la chancelière est solennelle : « Les temps où nous pouvions totalement nous reposer sur d'autres sont en partie révolus. Je l'ai vécu ces derniers jours. Nous, les Européens, nous devons vraiment prendre en main notre propre destin, déclare-t-elle. Bien sûr, nous devons rester amis avec les États-Unis, le Royaume-Uni, en bons voisins, là où cela est possible, ainsi qu'avec la Russie. Mais nous devons le savoir : nous devons lutter nous-mêmes, en tant qu'Européens, pour notre avenir et notre destin. » C'est aussi une manière de préparer son électorat à une augmentation supplémentaire du budget de la défense, sujet ultrasensible en Allemagne. Car la conséquence, elle la précise deux jours plus tard : l'Europe est désormais «un acteur qui s'engage à l'international». Le *New York Times* prend la mesure des mots et de l'événement : «*a potentially seismic shift*» (un potentiel tournant sismique). Entre Berlin et Washington, c'est un accroc dans une longue et fidèle alliance. «Cette déclaration de Merkel est d'autant plus importante qu'elle indique une évolution de l'opinion, analyse Hubert Védrine, ancien ministre socialiste des Affaires étrangères. Car quand on parle de Merkel, on sous-estime le fait que sa force ne vient pas d'elle mais de l'opinion allemande, dont elle suit généralement le mouvement. C'est donc électoralement le signe qu'il y a une angoisse allemande vis-à-vis de Trump et qu'une convergence avec la France de Macron peut s'organiser.»

Depuis Paris et son nouveau bureau de la rue de Rivoli, un Français bien renseigné observe attentivement ces bouleversements : François Hollande, qui vient de quitter l'Élysée. «Ce discours de Munich marque une rupture importante, note-t-il, même si on en sentait les prémices. L'Allemagne se concentrait jusqu'ici sur les sujets économiques et les crises. Angela Merkel franchit là une ligne : elle met à l'ordre du jour comme une étape supplémentaire les questions de défense et de sécurité. C'est nouveau.» Lorsque le président français lui avait demandé un soutien de la flotte aérienne allemande au Mali pour le ravitaillement en armes, elle avait répondu, comme elle le fait toujours : « Nous, au Bundestag, nous n'autorisons pas le transport de matériel létal... » Tout comme le terrorisme, l'imprévisibilité de Trump a changé le contexte. Les Allemands pouvaient jusqu'alors s'imaginer que l'absence de contentieux colonial les protégeait du monde extérieur. Ils subissent désormais eux aussi les conséquences de conflits non réglés : la crise des migrants et le terrorisme islamiste qui frappe sur leur sol. « L'Allemagne considère maintenant que le Moyen-Orient et l'Afrique sont des espaces décisifs : cela aussi est nouveau », constate François Hollande, qui précise que la solidarité atlantique, moins automatique, reste toujours prioritaire. « L'Allemagne ne remettra jamais en cause l'Alliance atlantique, et Angela Merkel encore moins, dit-il. Mais le monde est devenu plus instable, Trump est imprévisible. Elle assume maintenant que l'Allemagne doit avoir une politique de défense et aller vers davantage d'opérations militaires extérieures. »

2016, l'*annus horribilis*, s'achève le 20 janvier 2017. Ce jour-là a lieu la cérémonie d'investiture de Donald Trump, élu président des États-Unis d'Amérique deux mois et demi plus tôt. Angela Merkel ne s'y rend pas et ne suit pas l'événement à la télévision. Elle a préféré participer à l'inauguration du nouveau musée Barberini de Potsdam, qui accueille l'une des plus importantes collections privées de paysages impressionnistes. La photo qui la montre de dos, en veste fuchsia, en contemplation devant un tableau de Monet emblématique de la culture occidentale et tournant le dos à l'événement mondial en train de se jouer à Washington, est grandiose. À l'Est, elle avait rêvé de l'Amérique, la grande puissance du monde libre désirée en secret par des millions de citoyens privés de la liberté de circuler et de penser à voix haute. Donald Trump, lui, s'en est gavé en enfant gâté. Président capricieux, chantre du nationalisme, constructeur de murs, cherchant à instituer une préférence religieuse de citoyenneté au détriment des musulmans, il a tourné la page de cette Amérique-là. Cinq jours avant son entrée à la Maison-Blanche, il accordait un entretien à deux quotidiens conservateurs – *Bild* et *The Times*, l'un allemand, l'autre britannique –, dans lequel il déclarait la guerre à l'alliée traditionnelle des États-Unis, l'Europe. Angela Merkel ? Elle a fait une « erreur catastrophique » avec les réfugiés. Le Brexit ? « Un succès » qui devrait conduire d'autres pays à « quitter l'Union européenne » et « la Grande-Bretagne a eu bien raison d'en sortir. » L'OTAN ? Une organisation « obsolète ». Vladimir Poutine a apprécié. Angela Merkel a préféré garder les yeux sur la lumière de Claude Monet. Sur l'Europe et les Lumières.

Quelque quatre-vingts ans après l'accession d'Hitler au pouvoir, c'est une dirigeante allemande qui incarne aujourd'hui les valeurs d'ouverture, d'accueil aux immigrés, de cosmopolitisme, de multilatéralisme, de défense des libertés. Et c'est un dirigeant américain, Donald Trump, qui en est l'inversion historique, clownesque et tragique. Les néonationalistes se retrouvent maintenant surtout dans le camp des Anglo-Saxons, nos vieux maîtres en démocratie et en libertés. Et c'est l'Allemagne, ancien berceau du pire des crimes contre l'humanité, qui est désormais l'espoir des démocraties libérales. En lui rendant visite à Berlin avant de quitter la Maison-Blanche, Barack Obama délivrait un message clair : il venait transmettre à Angela Merkel le flambeau des valeurs occidentales dont, pour la première fois depuis 1945, les États-Unis ne seraient plus les garants. Elle-même, en annonçant sa candidature aux élections de 2017, avait l'air grave de celle qui mesure une responsabilité particulière : dans le contexte d'une vague d'attentats terroristes et d'une planète aux axes chancelants, se retrouver peut-être la dernière grande démocrate dans un monde en régression, une fonction qu'elle n'avait nullement l'intention d'occuper. Angela Merkel aspire à la construction d'une Europe prospère, au bon fonctionnement d'une économie sociale de marché, au respect des principes, des engagements budgétaires, de la morale, des traités, du droit, mais surtout pas à passer pour l'héroïne du monde libre. Ce serait « grotesque et absurde », a-t-elle insisté. En mai 2017, elle a accueilli l'élection d'Emmanuel Macron avec d'autant plus d'enthousiasme que le jeune président, si résolument européen, lui ôtait ce poids énorme dont elle ne voulait à aucun prix : être la dernière garante de la démocratie en Europe et porter seule le fardeau de la puissance.

Le lendemain de la victoire d'Emmanuel Macron, la ville de Berlin semblait joyeuse. L'arrivée de Marine Le Pen au deuxième tour de l'élection présidentielle avait suscité l'inquiétude pour l'avenir de l'Europe et des relations franco-allemandes. À la chancellerie et même dans les cafés du centre-ville, la Française de passage que j'étais se trouvait félicitée comme si j'y étais pour quelque chose. Angela Merkel qui suit de très près la politique française et qui aime se sentir en terrain connu, se réjouissait de ce nouveau partenaire qu'elle avait déjà observé comme conseiller et ministre de François Hollande et qui était venu la voir à Berlin pendant sa campagne. Lorsqu'elle le reçoit selon la coutume à la chancellerie, le lendemain de son élection, leur conférence de presse commune est une déclaration d'optimisme à l'Union européenne. Lui : « Nous sommes à un moment historique de l'Europe. Nous avons besoin d'un temps historique qui soit un temps de refondation. » Elle : « Là où l'Allemagne peut aider, elle aidera, parce que l'Allemagne ne peut aller bien que quand l'Europe se porte bien. Et l'Europe ne se porte bien que si la France est forte en Europe. Nous voulons créer une nouvelle dynamique. » Il la rassure sur les réformes qu'il compte mener « en profondeur pour restaurer la confiance » entre les deux pays – mais cela, elle y est habituée. Ils font preuve l'un et l'autre de bonne volonté. Alors que la mutualisation des dettes est un épouvantail pour l'Allemagne, toujours traumatisée par les déficits et l'inflation,

Macron dit renoncer à « la mutualisation des dettes passées » pour ne s'attacher qu'à celle de l'avenir – « les investissements ». Alors que l'Allemagne s'oppose par principe à toute modification du traité budgétaire, Merkel se dit prête à « changer les traités si cela fait sens » – en prenant soin de rester floue sur l'identité des traités en question et sur le type de changement qu'on pourrait y introduire. Mais cette concession est un signe de bonne volonté envoyé au jeune président français. Dans un monde en pleine turbulence, l'Allemagne semble mûre pour opérer une mutation vers une Europe plus solidaire. Merkel « aidera », assure-t-elle, mais elle reste délibérément évasive.

Des deux côtés, on déchante vite. La chancelière, fragilisée par la percée de l'extrême droite et par sa difficulté à composer une coalition (il lui faudra six mois pour y parvenir enfin, en mars 2018), n'est pas prête. Autant l'énergie réformatrice d'Emmanuel Macron en campagne l'avait séduite, autant sa fougue européenne l'embarrasse. L'ambitieux discours prononcé par le président à la Sorbonne en faveur d'une souveraineté européenne et d'un grand dessein commun agace les pragmatiques Allemands, comme toujours, par son excès de lyrisme tellement français. Elle est plus atlantiste que lui. Il propose la mise en place d'un budget et d'un ministre des Finances spécifiques à la zone euro, ce à quoi elle est opposée par principe. Côté Élysée, on assure que ce décalage n'est qu'une question de rythme.

« Merkel ne veut pas une Europe différente de celle de Macron, mais ils n'ont pas le même cycle politique », note Clément Beaune, l'ancien conseiller Europe du président devenu secrétaire d'État aux Affaires européennes. « Au tout début, elle lui a dit – plus ou moins en ces termes : “Tu n'as pas connu les crises, tu apportes de l'énergie, moi je suis dans un autre état d'esprit.” Elle se sentait bousculée par ce jeune président flamboyant, alors qu'elle voulait assurer la stabilité en jouant calmement avec les circonstances. »

Côté chancellerie, on voit les choses différemment. « Macron a manqué de patience, confie un proche d'Angela Merkel. Il voulait tout, tout de suite, alors que la chancelière souhaitait avancer par étapes réalistes. Il se donnait l'image d'un grand Européen, elle se sentait en position d'accusée. En France et ailleurs dans le monde, on entendait partout : “Quelle est la réponse de l'Allemagne à la France ? Où est l'Allemagne ?” Ce n'était pas agréable. Elle a détesté. » La une de l'hebdomadaire *The Economist* représentant un Macron sur scène en pleine lumière, micro en main, écouté par une chancelière dans l'ombre, en coulisses, en dit long sur leur décalage. Alors qu'Emmanuel Macron est l'héritier du lyrisme à la française, Angela Merkel incarne mieux que personne la maxime formulée par l'Italien Mario Draghi quand il présidait la Banque centrale européenne : « *Underpromise, overdeliver* » – ne jamais promettre plus que ce que l'on peut réaliser. Le président français et la chancelière allemande ne se situent pas au même niveau de langage. Pour cela, le rendez-vous Macron-Merkel était prometteur, il est manqué. Mais les crises, une fois de plus, vont les rapprocher.

16

La dernière Merkel

« L'avenir de l'Union européenne est plus important que le Brexit. »
Angela Merkel

Quelle image retiendra-t-on d'Angela Merkel ? Les affiches d'elle dans les rues d'Athènes, grimée avec la moustache d'Hitler, à qui les Grecs n'ont jamais pardonné l'austérité dogmatique pendant la crise des dettes souveraines qui les asphyxiait ? Ou les selfies de migrants s'exposant fièrement avec la dirigeante au grand cœur qui leur avait offert l'hospitalité ? Restera-t-elle dans les livres d'histoire comme une excellente gestionnaire des crises et des intérêts allemands, ou comme une grande Européenne, référence inspirante de la démocratie dans le monde ? Angela Merkel n'est pas une poète et ne souhaite pas l'être, comme elle l'a rappelé un jour d'automne à Pascal Lamy, d'une de ces phrases sèches et définitives dont elle a le secret.

Elle n'est pas une leader destinée à enchanter, ni une visionnaire architecte de grands desseins, ni une téméraire capable de grandes audaces. Elle a le génie de la juste mesure et de la persévérance, la science tactique des négociations et des compromis, l'art de l'écoute et de la patience politique. Son calme rassure, sa lenteur insupporte, son manque d'éclat déroute. Il y a en fait deux Merkel. La comptable et l'humaniste. La moralisatrice et la moraliste. La politicienne au petit pied et la femme de principes. La chancelière venue de l'Est est une pragmatique morale, profondément guidée par les valeurs acquises au temps de sa jeunesse particulière, et souvent tiraillée de devoir choisir entre elles.

Le coronavirus est sa dernière crise. La plus grave et la plus imprévisible que l'Europe d'après-guerre ait jamais affrontée, mais aussi, pour Angela Merkel, la crise sur mesure par excellence. Même si la campagne de vaccination en Allemagne s'est avérée aussi laborieuse qu'en France, même si le printemps 2021 n'était plus celui de l'année précédente où le pays suscitait l'envie du monde entier par sa gestion exemplaire de la pandémie, même si les délibérations entre Länder ont viré à la cacophonie, la chancelière a renvoyé, par son tempérament et du fait de sa compréhension du dossier, l'image de la maîtrise. Il fallait la voir expliquer simplement, en peu de mots, les courbes exponentielles du mécanisme de contamination ! La docteure en chimie théorique parle couramment la langue des taux de contamination et n'est pas effrayée par des tableaux Excel à mille entrées. Comme on l'a vu, son professeur de mathématiques à Templin, en RDA, avait bien repéré le phénomène. Face à une pandémie inédite et anxiogène, aucun autre dirigeant que la chancelière allemande ne pouvait être plus exactement adapté à sa fonction. Cette scientifique au tempérament analytique dit ce qu'elle fait et fait ce qu'elle dit sans jamais se payer de mots. Ses discours rares, calmes et précis étaient dignes de la reine d'Angleterre. La confusion générale l'a ensuite emportée.

Le 9 décembre 2020 au Bundestag, elle en a presque pleuré. Se trouver prise en tenaille dans un conflit de valeurs contradictoires lui serrait la gorge, alors qu'elle devait annoncer aux parlementaires la nécessité d'un isolement préventif avant Noël et l'avancée des vacances scolaires. L'émotion et le lyrico-dramatique n'étant pas du tout du goût de la chancelière allemande, le spectacle en était d'autant plus fascinant. «Je suis vraiment désolée, du fond du cœur. Mais si le prix que nous payons est de 590 morts par jour, c'est inacceptable à mes yeux», affirmait-elle et suppliant les Allemands de respecter les restrictions sanitaires, menus détails à l'appui : «Aussi difficile que ce soit – et je sais combien d'amour a été mis dans l'installation des stands de vin chaud et des stands de gaufres –, cela n'est pas compatible avec l'accord que nous avons conclu de n'acheter que de la nourriture à emporter, pour la manger à la maison. Que dirons-nous lorsque nous regarderons en arrière sur cet événement unique en un siècle si nous ne pouvons pas trouver une solution pendant ces trois jours ? » Tout en admirant l'exploit des pays asiatiques face à la crise, elle refuse d'imiter un système où on collecte toutes les données, où l'on impose des quarantaines de façon autoritaire. Ses larmes retenues du 9 décembre montraient sa douleur morale à devoir arbitrer entre les trois principes auxquels, par son expérience de la dictature et son éducation protestante, elle est le plus viscéralement attachée et qui déterminent sa manière de gouverner : la liberté, le droit et la vie humaine. Pour sauver la vie des Allemands, elle devait user de son droit à les priver de leur liberté. À vrai dire, tout Angela Merkel s'explique par la manière dont elle s'est construite. Pour comprendre Angela Merkel et les méthodes si singulières de son leadership, il faut aller chercher les clés dans son enfance et sa jeunesse, dans la double expérience du protestantisme et de la dictature qui la définit tout entière, explique son tempérament, sa prudence, son austérité, sa lenteur, ses décisions politiques fondées sur des valeurs. Ce discours n'était pas politique, c'était celui d'un pasteur.

De même, quel autre dirigeant serait disposé à demander « pardon » comme l'a fait la chancelière le 24 mars 2021 ? Sous la pression des Länder, elle a dû annuler le durcissement des règles de protection sanitaires qu'elle avait annoncées pour le week-end de Pâques. « Cette erreur est uniquement la mienne », a déclaré Angela Merkel. Ce n'est pas sur le fond que portaient ses regrets, puisqu'elle-même persistait à soutenir des mesures de confinement plus strictes, mais sur la « confusion » du discours engendrée : « Ma proposition a provoqué une incertitude supplémentaire, je le regrette profondément et je demande pardon à tous les citoyens. » Au-delà des ricanements politiciens de rigueur, cette capacité à s'excuser au point de demander pardon, profondément protestante et qui serait impensable en France, est perçue comme une force dans une Allemagne encore imprégnée de morale religieuse, qui apprécie chez sa dirigeante la modestie, l'intégrité et la résilience.

Il aura fallu du temps à Angela Merkel pour acquérir cette stature. En seize ans, la politique intérieure n'a pas été pour elle un long fleuve tranquille, c'est le moins qu'on puisse dire. Combien de unes assassines du *Spiegel*, le grand magazine social-démocrate, ou de *Bild*, le tabloïd ultra-populaire ? Combien de commentaires sans pitié sur son manque d'audace, ses revirements opportunistes, ses manigances politiciennes ou sa rigidité dogmatique face à la Grèce ?

Elle n'avait pas du tout aimé apparaître en Mère Fouettard au moment de la crise grecque ni être renvoyée à la barbarie de l'histoire allemande par les pays du Sud. Voir son visage exposé avec la moustache d'Hitler l'a meurtrie. Lorsque le Premier ministre grec Georges Papandréou avait avoué en 2011 que le vaste bidouillage des comptes publics du pays datait de plus d'une décennie, Angela Merkel a d'abord réagi à l'allemande, en institutrice vertueuse, rigoureuse et outragée. Elle oubliait que les comptes maquillés n'étaient pas seulement le fruit des corruptions locales grecques, mais aussi d'une hypocrisie collective des dirigeants européens, de petits arrangements entre amis, où chacun avait sa part de responsabilité. La chancelière, qui reconnaît volontiers ses erreurs quand il s'agit de maladresses ou de méthodes, n'a jamais remis en cause une seule de ses grandes décisions stratégiques. Elle n'a pas émis le moindre regret sur sa gestion de la crise financière puis de la crise grecque, malgré le prix payé par l'Union européenne pour son manque de réactivité, sa lenteur, son dogmatisme ou sa mécompréhension du problème, sa gestion au compte-gouttes. Dans ces cas précis que furent la crise financière et celle des dettes souveraines, Merkel n'a pas laissé le souvenir d'un grand leader. Elle a alors renvoyé l'image d'une Europe insensible aux règles, brutale, construite sans vision ni solidarité, dirigée par le Nord dans le mépris du Sud. Nicolas Sarkozy l'a tirée par la manche pendant la crise des subprimes, François Hollande l'a convaincue de se battre avec lui pour le maintien de la Grèce dans la zone euro. Angela Merkel a fini par s'opposer à l'austérité à tout prix exigée par son ministre des Finances, Wolfgang Schäuble. Estimait-elle dès le début que seul le temps de l'analyse, de la patience et de la lenteur pouvait convaincre les députés du Bundestag culturellement traumatisés par la dette, le crédit et le souvenir de l'hyperinflation qui avait conduit au nazisme ? A-t-elle joué délibérément la « mère la rigueur » pour rassurer l'opinion publique allemande et l'entraîner peu à peu sur la voie de la solidarité ? Peut-être. Dans la crise grecque en tout cas, celle qui finit par assouplir le dogme allemand, c'est elle, Angela Merkel.

Et puis il y a l'autre Merkel. Plus spontanée que calculée. Plus humaine que raisonnable. Cette Merkel-là décide en une soirée l'abandon du nucléaire, face à l'horreur de la catastrophe de Fukushima de 2011. Elle a été pourtant élue pour le contraire, la CDU s'étant engagée pour le maintien du secteur. Certains avancent qu'elle a agi par calcul politique, pour s'attirer la sympathie des Verts, avec lesquels elle envisageait alors une coalition, d'autres qu'elle n'a fait que flatter un mouvement d'opinion. Sans doute pas, car cette décision, prise en toute solitude, est allée contre ses intérêts dans le parti. Elle reste éminemment contestée en Allemagne où l'on y voit la cause de la dépendance inextricable au gaz russe et au pipeline Nord Stream. Angela Merkel a arrêté le nucléaire parce qu'elle se trouvait confrontée à une tragédie humaine, comme elle a ouvert les bras en 2015 aux migrants fuyant la guerre et les massacres en Syrie. « *Wir schaffen das.* » Mais, comme à l'accoutumée, il lui a fallu du temps pour comprendre. Tel est l'art de la lenteur merkelienne.

Il faut revoir ce face-à-face extraordinaire entre Angela Merkel et une jeune Palestinienne, à Rostock, sur un plateau de télévision. La chancelière, debout avec un micro, est invitée à converser avec des jeunes assis de part et d'autre. Parmi eux, cette jeune fille, Reem, qui est en passe de devoir retourner au Liban, alors qu'elle se trouve en Allemagne depuis quatre ans. Elle prend le micro d'une voix timide et tremblante. « J'ai des projets, je voudrais étudier, c'est vraiment un souhait, un objectif que je veux atteindre, dit-elle dans un allemand parfait. Et c'est vraiment désagréable de voir que d'autres peuvent savourer l'existence et que, soi-même, on ne peut pas partager ça avec eux. » Au bord des larmes, elle poursuit : « Nous venons d'avoir une période difficile, nous avons failli être expulsés d'Allemagne, j'allais très mal à l'école... »

Angela Merkel, troublée : « Je comprends cela. Cependant, je dois aussi dire que la politique, c'est parfois dur. Tu sais que dans les camps de réfugiés palestiniens au Liban, il y a des milliers et des milliers de gens. Si nous disons : "Vous pouvez venir, vous pouvez venir d'Afrique, vous pouvez tous venir", nous n'y arriverons pas. Nous sommes donc face à ce dilemme. La seule réponse que nous pouvons donner est que la décision ne doit pas traîner trop longtemps. Mais certains devront repartir... »

Silence. La chancelière penche la tête en regardant la jeune fille. Il y a soudain de la tendresse. Elle fait quelques pas, s'approche de la petite, lui caresse l'épaule. Reem sanglote.

Merkel, ne sachant pas quoi dire : « Tu as été très bien... »

Le présentateur : « Je crois que la question n'est pas d'avoir bien parlé ! C'est une situation difficile, madame la chancelière. »

Merkel, agacée : « Je sais bien que c'est difficile. Mais je veux malgré tout la réconforter… » Elle s'adresse doucement à la jeune fille : « … parce que nous ne voulons pas vous mettre dans une telle situation et que c'est dur pour toi et que tu as très bien décrit au nom de beaucoup de gens comment on peut en arriver là. » Nouveau silence. Reem sourit un peu.

La scène et le hashtag #Merkelstreichelt (Merkel caresse) font le tour des réseaux sociaux. Même le Franco-Allemand Dany Cohn-Bendit, ancien eurodéputé Vert, Européen jusque-là vent debout contre la chancelière pour ses petits calculs et son excessive prudence, en devient un ardent défenseur. « Merkel, comme les autres, refusait de regarder en face le problème des migrants. On laissait les Italiens se débrouiller avec les règlements de Dublin [selon lesquels le pays dans lequel a été formulée la demande d'asile est celui qui est chargé de la décision]. Devant la petite Palestinienne, il se passe quelque chose d'incroyable. Elle a une réaction apparemment technocratique, certains l'accusent d'être une "reine de glace" incapable d'empathie, mais en fait, non : elle comprend que tout cela ne va pas. Plus tard, il ne lui faudra pas deux heures pour ouvrir la porte aux migrants. Elle prononcera cette phrase : "Tant que je serai chancelière, il n'y aura pas de barbelés à la frontière allemande." Ce jour-là, elle est devenue un grand leader. »

L'émission avec la jeune Palestinienne a lieu le 15 juillet 2015. L'année précédente, l'Allemagne a déjà accueilli 200 000 réfugiés et l'afflux ne cesse de croître, de mois en mois, au cours de l'année 2015. Ils sont déjà plus de 800 000 le 31 août, quand la chancelière lance son « *Wir schaffen das* », et dépasseront le million ensuite. Le 2 septembre, la photo du corps sans vie du petit Aylan, enfant syrien échoué sur une plage de Turquie, bouleverse le monde entier. L'État semble dépassé. Les agressions sexuelles du 31 décembre, à Cologne, nourrissent les arguments de l'extrême droite et des opposants de la chancelière. Angela Merkel subit les critiques de ses voisins européens réfugiés dans l'égoïsme, à l'exception de l'Autriche et de la Suède. « Naïve ». « Irresponsable ». Le Premier ministre français Manuel Valls s'autorise sa leçon de morale, en février 2016, alors qu'il est invité à Munich pour la conférence annuelle sur la sécurité. « L'Europe ne peut accueillir davantage de réfugiés », dit-il après avoir ironisé devant les journalistes : « Il y a quelques mois, les médias français demandaient : "Où est la Merkel française ?", ou voulaient donner le prix Nobel à la chancelière. Aujourd'hui, je constate les résultats... » Les Allemands sont indignés. Angela Merkel, grande classe, ne relève pas et persiste : « Si nous devons maintenant nous excuser d'avoir montré un visage amical dans une situation d'urgence, alors ce n'est plus mon pays. »

L'affaire a failli lui coûter très cher et pendant longtemps. La montée du parti d'extrême droite AfD

(Alternative für Deutschland) a bouleversé profondément la société allemande, qui se croyait immunisée. En 2018, le puissant ministre de l'Intérieur, le conservateur bavarois Horst Seehofer, a menacé de faire exploser l'alliance CDU/CSU et de quitter la coalition au pouvoir. À l'initiative d'Emmanuel Macron, le Conseil européen s'est mobilisé pour calmer Seehofer et soutenir la chancelière – qui d'ailleurs ne l'a pas oublié. L'accord (certes moralement douteux) qu'elle a contracté seule avec le président turc Erdoğan a permis de stopper l'afflux en Grèce, donc en Allemagne, de demandeurs d'asile et de migrants économiques. Fin 2020, au prix d'importants moyens financiers, environ deux tiers des réfugiés arrivés cinq ans auparavant (plus d'un million de personnes) ont trouvé un travail en Allemagne. Pour Merkel, c'est une réussite. Son geste d'humanité a payé, et malgré cela l'extrême droite en est sortie renforcée. Partout en Europe, les dirigeants populistes ont engrangé des voix sur le dos de la crise des migrants et d'une Angela Merkel devenue le symbole des démocraties ouvertes et laxistes, forcément coupables du « grand remplacement » et du déclin de l'Occident blanc, chrétien. Les brexiteurs se sont déchaînés. Mais, en fin de compte, sa popularité a remonté. Il a fallu une protestante de RDA pour sauver l'honneur et accomplir simplement son devoir d'humain.

Pourquoi l'a-t-elle fait ? Pour quel intérêt personnel caché ? Pour quel profit politique inavoué ? Manuel Valls lui fait un procès en irresponsabilité. Des petits malins trouvent une explication démographique et économique : l'Allemagne vieillit, Merkel a besoin de main-d'œuvre, elle a feint la générosité pour mieux se servir ! Certains lui prêtent une faculté d'anticipation stratégique digne de Kasparov, oubliant qu'un million de personnes en situation de détresse, cela ne ressemble pas à un échiquier : la chancelière aurait avancé ses pions en imaginant à l'avance que les premiers migrants seraient les plus aisés et les plus éduqués. Fine mouche, elle se serait ainsi approprié la main-d'œuvre la plus qualifiée ! C'est passer vite sur l'abnégation nécessaire à l'accueil des réfugiés, les dizaines de milliards d'euros dévolus par les organismes publics pour les éduquer et les nourrir, le dévouement imprévisible des citoyens, des Églises, des associations, des municipalités, sans compter l'énormité du risque politique : l'AfD n'attendait que cela pour capitaliser sur l'inquiétude d'une partie de l'opinion publique. Alors, pourquoi Merkel a-t-elle « ouvert les frontières » ? Cette expression qui circule chez ses détracteurs est en soi erronée : les frontières n'ont pas été ouvertes par elle pour la simple raison qu'elles l'étaient déjà. La chancelière a décidé de ne pas les fermer, faute de soutien de ses homologues européens (Suédois et Autrichiens exceptés), et sous la pression de la foule de réfugiés dont Viktor Orbán ne voulait plus en Hongrie. Elle a fait un choix moral – pour autant qu'elle ait eu véritablement le choix. Imagine-t-on l'effet sur l'opinion nationale et mondiale de frontières défendues par des militaires ou des policiers allemands en uniforme sur une ligne nord-sud longue comme un défilé de la Wehrmacht ? Et sans soldats, quoi ? Le chaos ? Les images auraient été insupportables aux Allemands. Une fille de pasteur élevée du mauvais côté du Mur n'abandonne pas à leur sort des êtres humains enfermés du mauvais côté d'une frontière sous prétexte qu'ils sont nés du mauvais côté de la mer.

Subtilement, insidieusement, pas à pas, la crise grecque l'a changée. Les Européens ont longtemps vu en Merkel le fossoyeur du projet européen à cause de sa politique d'austérité, de son arbitrage en faveur du droit et du respect des traités à la lettre, au détriment de la solidarité. Ni elle ni les Allemands, pour des raisons historiques évidentes, n'apprécient d'être perçus comme égoïstes ou égocentrés. Ni pro ni anti, Merkel a grandi a-européenne et l'UE ne coulait pas dans ses veines. Alors, quand Tony Blair, Premier ministre européen quoique britannique, lui donne son conseil en 2005 – « Votre marge de manœuvre en politique intérieure sera réduite. Mettez plutôt l'accent sur ce que vous pouvez accomplir en Europe. Vous pouvez être celle qui porte les réformes dans l'Union européenne » –, elle le laisse causer sans y croire. Angela Merkel était celle qui disait non à tout en Europe, au point que le *Spiegel* lui avait jadis consacré une couverture sous le titre de « Madame No », du nom dont la qualifiaient ses confrères pendant la crise financière, en 2008, alors qu'elle opposait un refus réitéré à un plan de relance européen. Elle s'est entêtée ensuite : non à un projet d'assurance chômage européenne (déjà envisagé en 2014), non aux eurobonds et à toute forme de dette commune, non à une union bancaire plus poussée, non à la revue à la baisse de l'excédent commercial allemand, non à la formation de champions industriels communs – l'Allemagne jouant à elle seule dans la cour des grands et ménageant ses exportations en Chine. Non (jusqu'en 2020) aux propositions d'Emmanuel Macron d'une souveraineté européenne – qu'il s'agisse de défense, d'industrie ou de budget. Angela Merkel savait bien qu'il était plus payant de séduire le contribuable allemand que de se préoccuper de l'Europe, jugée puissance suspecte par les pays de l'Est, inutile par les pays du Sud, coûteuse par les pays du Nord, et dont seule la France avait envie.

Et pourtant, à sa manière très allemande, Angela Merkel a toujours pris extrêmement au sérieux l'Union européenne. Élevée à l'Est, elle n'a certes pas la culture rhénane franco-allemande évidente de ses prédécesseurs. Elle est arrivée au pouvoir en 2005, après l'élargissement de l'Union européenne de 2004, et n'a pas la nostalgie de la communauté à six pays, celle des fondateurs. Son identité européenne, elle se l'est construite dans les crises et par les crises, chaque fois avec un président français. Mais ceux qui veulent ne retenir d'elle que son ingéniosité de manageuse et son savoir-faire en gestion de crise oublient qu'elle n'a jamais dévié de quelques caps bien définis :

1/ la puissance de l'économie allemande ; 2/ la priorité des bonnes relations avec les États-Unis (en dépit de la parenthèse Trump) plutôt qu'une « autonomie stratégique européenne » ; et 3/ le respect des traités et de l'unité européenne. Il suffit de voir l'implication des Allemands au Parlement européen et dans les institutions de Bruxelles pour mesurer la conscience qu'a la chancelière de cette machine de pouvoir, contrairement aux dirigeants français quels qu'ils soient. Il suffit de voir l'attachement porté par Angela Merkel à rapprocher l'Est et l'Ouest de l'Europe, comme ses efforts pour maintenir le parti de Viktor Orbán au sein du PPE, le grand groupe conservateur du Parlement européen, malgré les dérives de moins en moins démocratiques du Premier ministre hongrois, et bien qu'elle n'ait aucune affinité avec lui. Angela Merkel, arrivée au pouvoir après l'élargissement de l'UE aux anciens pays satellites de l'Union soviétique, venue elle-même de ce côté de l'Europe, est avant tout une rassembleuse. Elle se méfie des clubs internes à l'Union européenne, comme celui de la zone euro, qui exclurait les autres. Il suffit, encore, de voir l'importance donnée par Angela Merkel à la Pologne, envers laquelle elle se garde de toute attitude condescendante, et malgré son antipathie pour le gouvernement conservateur nationaliste au pouvoir. Pour la chancelière allemande, la Pologne n'est pas à l'est de l'Europe mais au centre. Elle est le grand pays voisin qui remet l'Allemagne, géographiquement, au milieu de la carte européenne.

Angela Merkel avait d'ailleurs prévu de contrevenir à la tradition en ne réservant pas sa première visite d'État à la France mais à la Pologne, au lendemain de son investiture, en mars 2018. Le président français Emmanuel Macron l'a poliment rappelée à l'ordre – et la chancelière est sagement venue à l'Élysée. « Elle avait hésité car elle voulait faire un geste fort envers la Pologne, rappelle Clément Beaune, secrétaire d'État aux Affaires européennes et ancien conseiller Europe du président Macron. On lui a expliqué que ce serait surtout un geste fort contre la France… et elle a renoncé. La chancelière n'a rien en commun avec le parti ultra-conservateur au pouvoir, mais elle a un rapport complexe avec la Pologne, à la fois parce qu'elle porte la culpabilité historique allemande, et parce qu'elle n'a connu au pouvoir que l'Union européenne élargie. Pour elle, la Pologne est un pays majeur. Viktor Orbán, elle le laisse faire ses coups d'éclat et scénariser son opposition à l'Union européenne, elle le connaît par cœur. Avec le gouvernement polonais, elle fait très attention à ne jamais montrer d'arrogance. » De ce point de vue, le dernier conseil européen sous présidence allemande, au deuxième semestre 2020, fut un chef-d'œuvre de sommet « à la Merkel », aussi efficace qu'emberlificoté, pour maintenir une unité européenne brinquebalante. La Hongrie et la Pologne menaçaient de faire capoter le plan de relance commun sous prétexte que celui-ci était conditionné au respect de l'État de droit, lui-même malmené dans les deux pays. La conclusion fut un compromis mi-chèvre mi-chou, une pièce montée de haute cuisine donnant à chacune des parties opposées le moyen de se déclarer vainqueur : la signature de la mathématicienne Angela Merkel, unique pour avancer ses pions un par un en parlant séparément aux uns et aux autres. D'abord, expliquer aux Polonais les effets désastreux pour eux d'un budget européen réduit au minimum, dépourvu des fonds de cohésion. Puis s'appuyer sur les Polonais inquiétés pour adoucir le dirigeant hongrois…

Au nom de l'unité européenne, toujours, elle en a voulu aux dirigeants britanniques d'embarquer leur pays dans le Brexit. « Elle a toujours dit que c'était une stupidité des conservateurs », rapporte un de ses conseillers qui se souvient de la réunion de huit heures trente à la chancellerie, ce 24 juin 2016, où les résultats du référendum ont annoncé que le « Leave » l'avait emporté à 51,8 %. « On était tous sous le choc, dit-il, mais il n'y a pas de grandes émotions avec la chancelière. C'est une scientifique. Le résultat était là, elle l'avait noté, elle commençait déjà à travailler sur les conséquences. »

Pendant les années de négociations qui ont suivi le référendum sur le Brexit, les brexiteurs se sont fourvoyés au sujet d'Angela Merkel. Ils l'ont imaginée partante pour négocier en solo avec eux, par complicité libre-échangiste naturelle entre Anglo-Saxons, et pour compenser la perte de l'allié américain en matière de défense. Ils ont commis l'erreur de la croire semblable à eux-mêmes, prête à croire aux chimères de la souveraineté nationale dans un monde dominé par les grandes puissances. Ils ont tenté de la désolidariser des Français sur la question de la pêche, persuadés qu'elle ne résisterait pas au charme unique du commerce britannique pour quelques poissons européens, oubliant qu'elle est élue d'une région côtière, sur la Baltique. Ils ont espéré qu'elle serait déloyale envers ses partenaires européens, puisque eux-mêmes n'ont jamais cessé de l'être. Boris Johnson a tenté jusqu'au bout de négocier en direct avec la chancelière pour la monter contre Emmanuel Macron. Il s'est trompé et il a raté son coup. Trop d'arrogance sur l'« exceptionnalisme britannique » l'a aveuglé sur l'essentiel : entre les Britanniques et les Européens, Angela Merkel n'hésite pas une seconde, elle choisit les Européens. Michel Barnier, le négociateur de l'Union européenne pour le Brexit pendant près de quatre ans, est bien placé pour témoigner de l'attachement inconditionnel de la chancelière à l'unité européenne. « Angela Merkel m'a aidé dans cette négociation du Brexit, dit-il. L'erreur des Britanniques dans cette négociation est d'avoir cru qu'ils pouvaient nous diviser et ils ont beaucoup essayé de me contourner en cherchant à ouvrir des lignes de négociations parallèles avec les dirigeants, notamment avec la chancelière. Contrairement à ce qu'ils ont essayé de faire croire, au gouvernement et dans les médias, il n'y avait pas une feuille de cigarette entre Merkel, Macron et les autres dirigeants européens. Plus ils cherchaient à nous diviser, plus ils renforçaient notre unité. Angela

Merkel a été constamment solidaire et n'a jamais cessé de tenir la ligne commune de l'UE quand nous avons eu des tensions et des risques de rupture avec les dirigeants britanniques, que ce soit Theresa May ou Boris Johnson. Pour elle comme pour moi, le Brexit reste incompréhensible. Elle m'a dit cette phrase que j'ai toujours gardée en mémoire : «L'avenir de l'Europe est plus important que le Brexit.»

Un autre témoin est le fameux speaker de la chambre des communes, John Bercow, dont les «*Order! Order!*» lancés d'une voix caverneuse pour siffler la fin de la récré au palais de Westminster manquent désormais affreusement à la vie politique européenne. Il se rappelle ce 27 février 2014 où Angela Merkel avait été invitée à Westminster par l'homme qui a mis le feu aux poudres, le Premier ministre conservateur David Cameron. La chancelière avait reçu l'honneur rare de s'exprimer devant les deux chambres réunies, dans la galerie royale du Parlement, avant d'aller déjeuner avec son homologue puis de prendre un thé avec la reine d'Angleterre. Angela Merkel appréciait David Cameron bien plus que Boris Johnson, son actuel homologue dont le rapport à la vérité et à l'esbroufe est à l'infini opposé de sa conception de la politique comme des rapports humains. Mais elle ne pardonnait pas à Cameron sa distribution de cadeaux à la droite europhobe de son parti, comme le départ des eurodéputés britanniques du PPE, le grand groupe conservateur du Parlement européen. Elle était fermement opposée à son idée de proposer un référendum sur le Brexit pour calmer sa droite, et s'inquiétait de sa désinvolture. Ce jour-là à Westminster, après un discours introductif de John Bercow – lequel la fait sourire en prononçant l'interminable et incompréhensible énoncé de son mémoire de chimie théorique –, elle s'exprime vingt minutes durant, non sans avoir annoncé d'emblée la couleur : « Certains attendent que mon discours indique le chemin d'une réforme fondamentale de l'architecture européenne, qui satisferait toutes sortes de demandes britanniques, réelles ou imaginées. J'ai bien peur que vous ne soyez déçus. »

À côté d'elle sur l'estrade, le speaker a vue plongeante sur le Premier ministre assis au premier rang, « séparé d'elle d'une dizaine de pieds seulement » (trois mètres). « Ce qui m'a frappé, raconte John Bercow, est qu'elle n'a eu aucune formule de politesse à l'égard du Premier ministre. Aucune. Aucun hommage, aucun compliment, comme on le fait d'habitude. Avec beaucoup de courtoisie, elle n'a pas retenu ses coups. Elle a insisté fermement sur le succès que représentait l'intégration européenne, tout particulièrement son modèle social. Elle a rappelé à quel point les quatre libertés étaient fondamentales et non négociables dans l'UE, et elle les a bien énumérées une à une – liberté de circulation des personnes, des biens, des capitaux et des services. Son discours était de toute évidence une réfutation directe des arguments de David Cameron. Je l'observais pendant qu'elle parlait. C'est un homme poli et bien élevé, il sait garder sa contenance. Mais je le regardais et je peux vous l'assurer : il était très, très mal à l'aise. »

Le dernier mandat d'Angela Merkel est celui de sa révolution européenne. L'obstination d'Emmanuel Macron à la convaincre et parfois à la brusquer a fini par payer, aidée par la crise du coronavirus (et accessoirement par une décision de la cour constitutionnelle allemande de Karlsruhe reprochant à la Banque centrale européenne son aide aux États, qui avait ulcéré la chancelière). Le 18 mai 2020, elle donnait une conférence de presse avec le président français en utilisant des vocables inouïs : « solidarité », « intégration », « politique industrielle », « champions européens ». Et même un gros mot, « Jacques Delors », celui pour qui l'union monétaire supposait une union politique. Elle invoquait un « changement de philosophie » : un plan d'endettement commun historique où les bénéficiaires (les plus touchés par la crise) n'auront pas à charge de rembourser seuls les crédits, endossés par l'ensemble des Vingt-Sept. C'est la troisième fois que la chancelière, peu audacieuse de nature et d'une lenteur de tortue, fait sa révolution : décision d'arrêter le nucléaire contre la ligne de son parti (2011), accueil d'un million de réfugiés malgré le coût politique (2015), et maintenant cette avancée dans l'Europe politique qui pulvérise les tabous allemands sur l'interdit du déficit budgétaire et sur la libre concurrence. C'est aussi la troisième fois que l'Union européenne, elle aussi lente à remuer, fait sa révolution : marché commun (1957), bases d'une monnaie unique (1992), esquisses d'une union politique (2020). Face à la menace chinoise, à l'abandon américain et à une crise économique sans précédent dans le sillage de la pandémie, seule une Europe puissante peut sauver l'Union européenne – et donc l'Allemagne, puisqu'elle en dépend tout autant que nous autres. Angela Merkel, Européenne par conviction plus que par identité, est entrée d'un coup dans l'histoire comme la chancelière qui aura redonné à l'Allemagne le sens de l'Europe – et la compréhension de son urgence. Ce virage à cent quatre-vingts degrés n'est pas le fait d'une philanthropie subite mais simplement d'une clairvoyance : l'Allemagne a besoin de l'Europe, nous avons tous besoin de nous-mêmes, quand le monde qui ne nous attend pas ressemble de moins en moins à celui d'avant. Pour en prendre conscience et réagir, il lui aura fallu deux éléments nouveaux : un président français pour la convaincre, Emmanuel Macron, et une urgence : la pandémie et ses conséquences, la pire crise que l'Union européenne ait jamais connue.

Dire qu'Angela Merkel avait présenté sa candidature à reculons pour les élections de 2017 ! Ces quatre dernières années au pouvoir ont renforcé sa stature exceptionnelle dans la classe politique allemande. À l'automne 2017, elle laissait en héritage une Allemagne puissante mais aussi un paysage politique chaotique, une image amochée par la crise grecque, une Europe fracturée entre le Nord et le Sud, et face aux migrants, un geste historique mais solitaire qui clivait la société allemande. Quatre ans plus tard, au moment de partir, son bilan est à la fois celui de la stabilité et de la puissance allemande, celui d'un pays plus investi dans la solidarité européenne, et celui d'une CDU, son propre parti, plus affaiblie. En transformant le grand parti chrétien-démocrate en un mouvement plus centriste et peu conservateur, en l'associant au parti social-démocrate à force de grandes coalitions successives, elle l'a profondément désorienté. La chancelière laisse son parti en mauvais état, ébranlé dans son identité en plus d'être miné par des affaires de corruption pendant la pandémie – des élus de la formation auraient touché des commissions sur l'achat de masques. Parallèlement, elle a contribué à la montée de l'extrême droite et fait voler en éclats la maxime formulée par un ancien ministre-président de Bavière, Franz Josef Strauss, selon lequel « aucun parti démocratique légitime ne doit pouvoir exister à la droite de l'union CDU-CSU ». Ce pari-là est perdu. Les années Merkel sont celles où un parti d'extrême droite, l'AfD, est revenu au Bundestag pour la première fois depuis l'après-guerre. Elles sont celles où les *Volkspartei*, les grands partis populaires traditionnels, ont éclaté – comme partout en Europe –, au profit de nouvelles formations. Les années Merkel sont celles de la montée des Verts allemands, paradoxalement les plus assurés de participer au gouvernement qui lui succédera. Mais Angela Merkel, arrivée par effraction à la CDU après la chute du mur de Berlin, a été bien plus qu'une chancelière spécifiquement CDU. Le quatrième mandat, celui qu'elle ne voulait pas effectuer et que des experts pressés ont décrit comme « le mandat de trop », a été en réalité « le mandat en plus », celui qui manquait à son destin et qui la détermine. Le moment où la très allemande Angela Merkel est devenue une chancelière européenne.

17

Ce qu'en dit Macron

« Elle va vous manquer ?
– Ah oui ! »

Ce livre allait partir à l'imprimerie quand Emmanuel Macron, à qui j'avais demandé un entretien depuis des mois, a bien voulu me recevoir à l'Élysée. Il était moins une, ce 9 avril, mais voici ce que m'a dit d'Angela Merkel le dernier de ses quatre présidents français.

Marion Van Renterghem : En réfléchissant sur « les années Merkel », il m'a semblé qu'elles étaient celles de l'Allemagne heureuse, celles aussi où l'Allemagne était devenue sympathique. Comment les définiriez-vous ?

Emmanuel Macron : Angela Merkel est arrivée à un moment où l'Allemagne était en train de digérer une phase historique, celle de la réunification. Le chancelier Helmut Kohl est chargé de ce grand projet, Gerhard Schröder fait les réformes qui en permettent la force, et elle, elle accompagne ce déploiement. Elle bâtit sur cet héritage, elle construit une Allemagne qui redevient une puissance économique et, ce faisant, aussi une puissance politique qui s'inscrit au cœur du projet européen, en filiation et en fidélité. Après, elle lui donne ce visage féminin et elle l'inscrit dans des coopérations multiples, avec la France, avec les autres pays européens, avec les Balkans. Son tempérament et sa méthode, c'est le dialogue permanent. Ce n'est pas la recherche d'une Allemagne hégémonique qui est au cœur du projet d'Angela Merkel, même s'il peut y avoir dans la force économique allemande, ou dans une partie des forces politiques, de quoi en donner le sentiment. Elle est extrêmement attachée aux équilibres, sans doute pour les raisons que vous évoquez, qui prennent racine dans sa jeunesse en Allemagne de l'Est. Son legs, ce sera d'avoir ancré profondément l'Allemagne dans le projet européen.

M. V.R. : Les quatre premières années de votre quinquennat correspondent au quatrième mandat d'Angela Merkel, celui où elle a opéré ce qu'on peut appeler sa « révolution européenne ». Alors, est-ce grâce à vous ?

E. M. : Je ne me permettrais jamais de dire cela. D'ailleurs je n'ai pas eu à la convaincre de ce sujet-là du tout, car je pense qu'Angela Merkel est une

Européenne convaincue. Au moment où elle est élue pour la quatrième fois, elle se trouve sous très forte contrainte politique et il est difficile de savoir ce que va devenir son mandat. C'est quelqu'un qui gère ses contraintes institutionnelles en permanence et qui a toujours essayé de réguler son propre système, ce qu'elle a d'ailleurs fait pendant toute la crise financière avec mes deux prédécesseurs. Pendant plusieurs années, l'Europe a peu avancé parce que la chancelière s'est positionnée « au milieu », pour éviter que les plus durs de son système ne l'emportent et ne prennent les positions les plus irrémédiables. Quand je dis qu'elle a ancré l'Allemagne dans le projet européen, elle l'a fait avec une méthode respectueuse de chacun. Même s'il y a eu des moments durs, elle s'est toujours positionnée, y compris politiquement, pour ne pas être la plus dure de son propre système.

M. V.R. : Elle est réputée pour être une négociatrice hors pair, toujours capable de convaincre les uns et les autres. Le Conseil européen de décembre 2020, sous présidence allemande, a été le bouquet final de l'art merkelien, où les Hongrois et les Polonais, qui menaçaient de bloquer le plan de relance commun, ont fini par obtempérer. Quelle est sa méthode ?

E. M. : C'est quelqu'un qui est attaché au travail collectif. Lors du sommet auquel vous faites allusion, nous nous sommes coordonnés pour discuter avec chacun, ça nous a pris des nuits. Sa méthode est de ne jamais rompre la discussion, d'essayer d'avancer, et surtout de préparer en amont les choses, donc de savoir jusqu'où on peut aller. Il y a des sujets sur lesquels elle pensait que la discussion serait trop dure et qu'elle n'a pas souhaité aborder, comme celui des migrations. Elle a cette capacité à voir ce qui est utile et ne s'embarquera jamais dans une discussion ou une négociation qu'elle considère comme inaccessible. Ce qui fait qu'il faut aussi parfois créer l'arc électrique, parce que cette méthode-là ne suffit pas à faire avancer les choses. Elle n'aurait pas permis d'aboutir à l'accord de mai-juillet 2020 sur le plan de relance commun, car c'était hors du champ normal de la discussion. Il faut qu'il y ait un fracas pour qu'on puisse ensuite discuter et étendre.

M. V.R. : Le « fracas » a mal commencé entre vous. Votre discours de la Sorbonne sur la souveraineté européenne avait le goût d'un rendez-vous manqué : de votre part, beaucoup de lyrisme « à la française », et de sa part…

E. M. : … et de précision.

M. V.R. : … de votre part, beaucoup de lyrisme, auquel s'est opposé le pragmatisme de la chancelière. Elle a été irritée par des propositions trop ambitieuses qu'elle ne pouvait pas porter. Un de ses conseillers m'a fait ce commentaire : « Le président se donnait l'image d'un grand Européen, la chancelière se sentait en position d'accusée. »

E. M. : Non, mais là, vous êtes dans les idées reçues. Il y a de ma part du lyrisme parce que, je le revendique, j'aime l'Europe. Mais je vous invite à revoir la cinquantaine de propositions précises et concrètes de ce discours. Le plan de relance européen acté en juillet 2020, c'est le discours de la Sorbonne. J'ai proposé alors un budget avec capacité commune d'emprunt. On me dit à ce moment-là : « Vous êtes un foutraque. » « Lyrisme français. » Qu'est-ce que le plan de relance, initiative franco-allemande sur proposition française ? Exactement ce qu'il y a dans le discours de la Sorbonne. La souveraineté européenne : tout le monde me dit : « Idée de fou. » Angela Merkel et ses ministres ont repris l'expression, on a posé les bases d'une culture commune de défense et d'une 5G commune. Les universités européennes ? On l'a fait. Le discours de la Sorbonne n'est pas qu'une déclaration d'amour. C'est des preuves d'amour à tous les étages.

M. V.R. : Dans votre duo avec Angela Merkel, vous aviez l'initiative, elle finissait par suivre ?

E. M. : Nous avons joué notre rôle, qui était de mettre sur la table une idéologie européenne. L'Allemagne a très peu formulé dans son histoire sa propre idéologie européenne. Elle l'a fait en pratique. Angela Merkel ne s'est jamais risquée à dire quelle était sa vision de l'Europe. Karl Lamers et Wolfgang Schäuble l'ont fait, Joschka Fischer l'a fait. Il n'y a jamais eu de réponse française à ce moment-là. Là, je dis quelle est la vision française. Et sur cette base-là, je n'ai jamais dit qu'Angela Merkel ne m'avait pas répondu. Parce que je l'apprécie, j'ai appris à la connaître et nous avons travaillé ensemble. Je n'avais pas besoin d'une réponse immédiate de sa part : je savais 1) ses difficultés, 2) son tempérament. Mais on a travaillé d'arrache-pied dans le respect mutuel. Nous avons ensemble essayé d'ajuster nos positions et quand le moment est venu, quand elle a vu la possibilité pour elle de faire ce changement comme cela lui est arrivé à quelques reprises dans sa vie politique, elle a opéré au printemps 2020 ce changement de philosophie vers une mutualisation des dettes à venir. Ce qui était une révolution pour le système allemand a été permis par la crise ou plutôt obligé par la crise, par la pression mise par les Italiens et les Espagnols sur les opinions publiques allemande, néerlandaise et autres. Étape par étape, on l'a fait ensemble. Quand je regarde le chemin qu'on a parcouru avec elle ces quatre dernières années en Europe, pardon, mais d'un point de vue gramscien, je suis assez content. Parce que c'est exactement ce qu'il y avait dans le programme de la Sorbonne.

M. V.R. : L'entourage de Mme Merkel me dit : « Emmanuel Macron est toujours très enthousiaste pour mutualiser ce qui relève de l'économie et du budget, en revanche le siège européen commun au Conseil de sécurité de l'ONU, détenu par la France, on l'attend toujours. » Autrement dit : « Tout ce qui est à toi est à moi, tout ce qui est à moi est négociable » ?

E. M. : Je ne crois pas qu'Angela raisonne comme son entourage. Ce sujet est une obsession du système, pas d'elle. J'ai eu cette discussion avec elle sur ce que signifie la puissance militaire et diplomatique. Qui est au Conseil de sécurité ? Des puissances dotées. Être membre permanent du Conseil de sécurité, c'est avoir une crédibilité diplomatico-militaire. Les équilibres politiques ne sont pas réunis en Allemagne, ni pour la puissance de feu de la dissuasion nucléaire, ni pour décider des opérations indispensables. La France, membre permanent du Conseil de sécurité des Nations unies, peut décider, quand une ligne rouge est franchie, de faire une opération comme Hamilton (avec Washington et Londres, sous commandement français, pour détruire le stock d'armes chimiques de Bachar el-Assad en Syrie). L'Allemagne ne peut pas le faire. C'est une vraie question d'ailleurs, sur laquelle l'Allemagne aura à s'interroger dans les années à venir, qui est de savoir si elle veut faire cette mue ou pas, et comment. Mais aujourd'hui, de fait, poser ce système d'équivalence est une fausse question.

M. V.R. : Entre Angela Merkel et vous, il y a une différence de langage. Rien ne définit mieux la chancelière que cette maxime que Mario Draghi : « *Underpromise, overdeliver* » (promettre moins, réaliser plus). Les dirigeants français en général, et vous en particulier, n'avez-vous pas tendance au contraire : *Overpromise, underdeliver ?*

E. M. : Si le but est d'égrener tous les lieux communs sur les Français et les Allemands, on peut le faire.

M. V.R. : Je parle de Merkel et de vous, là.

E. M. : Non, quand j'ai dit que je faisais des réformes, je les ai faites pour la France. Et dire où on veut emmener l'Europe est important, parce que sinon on ne va nulle part. Je me félicite d'avoir dit en tout cas où je voulais emmener l'Europe parce que ça nous a permis d'avoir une direction. J'ai fait des propositions parce que je considère que c'est en effet plutôt la vocation de la France. Je n'appelle pas ça «*overpromise*», mais donner un cap. Le moment où nous sommes en Europe ne nous permet pas de simplement mener les affaires au fil de l'eau en ne disant pas trop ce qu'on va faire pour ne pas prendre de risques. On ne gère pas des affaires courantes, on doit réinventer un continent. J'ai toujours assumé de prendre des risques et de dire où je voulais emmener les choses. Angela Merkel a mis du temps parce qu'elle était sous très forte contrainte, mais dès qu'elle l'a pu, elle l'a fait. Je pense que les réalisations que nous avons faites ensemble sur le plan européen sont des réalisations qu'elle a parfaitement voulues et dans lesquelles nous nous sommes retrouvés. Et comme toujours, la capacité à cimenter un couple franco-allemand est la condition pour convaincre les autres. Il fallait cette pression, que j'ai assumée, que nous avons assumée ensemble, sans jamais lâcher le contact.

M. V.R. : Quels sont les points communs qui vous rassemblent ?

E. M. : On vient d'univers mentaux très différents. On a appris à se connaître par tous les moments d'interstice que nous avons vécus avec nos déplacements bilatéraux, et surtout, à chaque sommet international, à chaque sommet européen, on passe de longues soirées ensemble. J'ai compris peu à peu non seulement ses contraintes d'aujourd'hui, mais d'où elle venait et comment elle pensait. On s'est trouvé des traits de caractère communs : le goût d'aller dans le détail des choses, et le goût pour la vie des autres, l'intérêt pour la compréhension des autres. Je pense qu'on est proches aussi par le fait que je suis loin de mon système, et elle est assez loin du sien.

M. V.R. : En quoi ?

E. M. : Par exemple sa conception de la Russie, qu'on ne peut pas comprendre si on ne prend pas en compte d'où elle vient. Nous avons chacun nos expériences de Vladimir Poutine. La sienne est plus longue, elle a ce lien plus intime que le mien. Moi, j'ai appris à le connaître, j'ai avec la Russie ce lien historique, un peu affectif, que la France a. Nous arrivons à des conclusions qui sont assez voisines. Mais elle n'a jamais cédé à une fascination mercantiliste pour la Russie. Elle a toujours considéré que ce dialogue était nécessaire, comme j'ai voulu le faire, avec des perceptions différentes dans nos pays.

M. V.R. : Son soutien au projet de gazoduc Nord Stream 2, qui scelle sa dépendance à la Russie de Poutine, ne restera-t-il pas comme la tache, ou la faute, de ses années de pouvoir ?

E. M. : D'abord je ne me permettrais jamais d'être le censeur ou le juge d'un homologue, et qui plus est Angela Merkel. Ensuite, sur Nord Stream 2, j'ai exprimé mes réserves au début, mais nous nous sommes coordonnés [sur l'encadrement européen du projet – ndr] et j'estime que mon rôle est de ne jamais la trahir là-dessus. Enfin, elle a toujours son franc-parler avec les gens, mais elle n'a jamais cherché la conflictualité, avec Poutine comme avec Trump, Erdoğan ou Xi Jingping. Ce n'est pas quelqu'un qui aime la confrontation. C'est plutôt quelqu'un qui cherche à apaiser les tensions. Elle dit son fait à Poutine sur Navalny, mais elle garde l'énergie pour continuer à parler avec lui de l'Ukraine dans le cadre de nos négociations. On retrouve là sa méthode, qui est de constamment discuter, négocier, ne pas rompre, et aussi de ne jamais hausser le ton. Ce n'est pas son style. Nous n'avons pas eu la même méthode face au président turc. Je suis convaincu qu'Erdoğan a besoin du rapport de force, mais là aussi on s'est coordonnés pour que chacun de nous deux ait un rôle utile. Je n'ai jamais vu Angela Merkel dans une confrontation personnelle, ce qui ne veut pas dire qu'elle ne reste pas ferme sur ses positions. Il y a eu des moments assez durs, en particulier ce G7 au Canada où un texte était bloqué par l'opposition du président Trump – c'est la fameuse photo où il est assis face à nous tous –, mais ce n'était pas ce que j'appelle une confrontation personnelle.

M. V.R. : L'Allemagne, et Angela Merkel en particulier en raison de son passé, est plus atlantiste que la France, et elle aurait été énervée par vos propos dans *The Economist* sur l'OTAN « en état de mort cérébrale ». Le *New York Times* a rapporté qu'au dîner organisé par le président allemand Steinmeier pour le trentième anniversaire de la chute du mur de Berlin, en novembre 2019, elle vous aurait dit : « Je comprends ton désir d'une politique perturbatrice. Mais j'en ai marre de ramasser les morceaux. Encore et encore, je dois sans cesse recoller les tasses que tu as cassées pour que nous puissions ensuite nous asseoir et prendre une tasse de thé ensemble. » C'est vrai ?

E. M. : Non, c'est faux. Elle ne l'a jamais dit comme ça, et jamais à propos de l'OTAN. Si vous regardez bien ses déclarations, elle n'a pas protesté quand j'ai dit cela au sujet de l'OTAN. J'avais fait à dessein cette remarque à propos notamment de la question turque. À ce moment-là, n'oubliez pas que la chancelière est dans une position très difficile à l'OTAN : pointée du doigt par le président Trump, qui est obsédé par le « *burden sharing* » (partage du fardeau) et qui l'a attaquée personnellement dans un sommet précédent en lui disant « Toi Angela, tu nous massacres avec tes voitures mais tu ne dépenses pas d'argent pour la défense ». Ce qui était insupportable pour nous tous mais en particulier pour elle. Je trouve qu'Angela Merkel a encore une fois, sur l'OTAN ou sur la relation transatlantique, beaucoup plus de recul que ne l'a le reste du système allemand. Je suis frappé de voir combien, malgré l'arrivée apaisante du président Biden, elle reste beaucoup plus lucide, plus exigeante, plus réservée sur une forme d'atlantisme spontané que ce qui s'est exprimé autour d'elle. Elle a constamment mené une voie chinoise, une voie russe, et ne s'aligne pas sur les États-Unis. Dans la mue qu'elle a accompagnée, il y a aussi la pensée d'un retour de l'Allemagne dans le jeu des nations et, ce faisant, je pense qu'elle a adhéré à l'idée d'une Europe souveraine et d'une Europe « puissance » qu'on a proposée et poussée. Dans la période post-élection de Joe Biden, vous ne voyez pas de changement de sa part, pas d'abandon des projets qu'on a en commun ni de sa volonté européenne.

M. V.R. : Comment expliquez-vous sa longévité ?

E. M. : Je pense que c'est très lié à l'apprentissage qu'elle a eu des institutions allemandes avec Helmut Kohl, à savoir de chercher à respecter scrupuleusement ces équilibres des pouvoirs. C'est d'avoir accepté des systèmes de coalitions multiples pendant une très grande partie de ces seize années, ce qui est très loin de la culture politique française, et donc d'avoir été une négociatrice permanente en réussissant à chaque fois à digérer, si je puis dire, le partenaire minoritaire. C'est de faire les choses en respectant les parties prenantes, ses partenaires comme ses adversaires. Nous avons façonné cette méthode de travail au niveau européen, en nous coordonnant en permanence tout en étant très vigilants à toujours inclure les autres avant les conseils.

M. V.R. : Angela Merkel incarne-t-elle son pays au point que son départ puisse changer radicalement les choses ?

E. M. : Il y a de la part des Allemands et des Européens un attachement à elle et à l'équilibre qu'elle a construit pendant ces seize années. Affectivement, quelque chose va changer, il y aura de la tristesse et une période de transition. Mais elle a du respect des institutions et du temps long qui fait que, normalement, les legs survivent. Ce qu'elle a contribué à faire, ancrer l'Allemagne dans l'Europe, s'attacher à cette politique de solidarité et de souveraineté dans la période récente, est, je pense, irréversible. Je pense qu'elle s'est attachée à cela avec beaucoup de conscience et c'est important pour nous tous. Elle a posé les conditions pour que ce qui est important pour l'Allemagne et pour l'Europe perdure.

M. V.R. : Enviez-vous sa popularité ? Pourrait-elle gagner une élection présidentielle en France ?

E. M. : Nos pays et nos systèmes sont très différents. Ça n'a rien à voir. Les attentes à l'égard du pouvoir sont plus concentrées en France. Nous ne sommes pas un pays fédéral, nous ne sommes pas un régime parlementaire, le président élu concentre davantage et les attentes et les crispations, qui plus est avec le quinquennat. Angela Merkel a la même conception que moi de la popularité : elle ne sert que si elle permet de gagner des élections et d'agir. Sinon, c'est du superflu narcissique.

M. V.R. : Elle va vous manquer ?

E. M. : Ah oui ! Mais je n'ai pas l'intention de la perdre de vue. Je crois qu'elle veut vraiment tourner la page de la vie politique, prendre du temps pour elle et s'engager dans d'autres causes. Je continuerai en tout cas à m'entretenir avec elle car on échange librement, avec beaucoup de franchise et de bienveillance.

M. V.R. : Quel cadeau comptez-vous lui faire ?

E. M. : Je ne sais pas encore. Je vais l'inviter. Mais je ne sais pas si elle a envie de faire des grands au revoir.

18

La chancelière de l'Allemagne heureuse

« Comme la reine, Angela Merkel
ne change presque pas.
Elle laisse le monde changer autour d'elle. »
Alastair Campbell

« Madame la chancelière, on ne peut pas décoller…

– Combien de temps va durer la réparation ?

– Je ne sais pas, madame la chancelière. »

Angela Merkel soupire. L'avion de la délégation allemande est encore bloqué sur le tarmac. Elle a l'habitude. Une fois de plus, après les plaisanteries d'usage sur le sujet, elle ira travailler et somnoler avec ses conseillers jusqu'à 4 heures du matin dans un petit salon de l'aéroport de Bruxelles, alors que ses homologues du Conseil européen ont tous regagné leurs pénates depuis la fin de l'après-midi. Toujours la même histoire. À Washington, à Paris, à Londres, à Moscou, à Pékin, la chancelière allemande n'est jamais sûre de repartir. C'est l'un des délicieux paradoxes de la quatrième puissance économique mondiale : la République allemande n'aime pas les dépenses inutiles. Ses avions sont pourris. Ils tombent en panne.

Il n'est pas du goût de l'opinion publique allemande de devoir débourser des centaines de millions de deutschemark, puis d'euros, pour améliorer le confort des dirigeants. Helmut Kohl, Gerhard Schröder, Angela Merkel, les trois chanceliers successifs depuis la réunification du pays en 1990, n'osent même pas soumettre le projet au Bundestag – du moins est-ce le cas jusqu'au deuxième mandat d'Angela Merkel, dans la foulée de sa réélection de 2009, mais des incidents divers continuent tout de même jusqu'au bout à animer ses trajets vers les sommets internationaux. Ils doivent se résoudre à utiliser les vieux Bombardier Challenger et deux Airbus déglingués, dont un A310 qui avait été commandé à la fin des années 1970 pour Erich Honecker, chef du gouvernement d'Allemagne de l'Est. Les pires avions de toute l'Europe. La dernière arrivée, Angela Merkel, a eu droit à tout : les portes qui s'entrouvrent en plein ciel, les atterrissages d'urgence, les nuits passées dans les aéroports à attendre que quelques coups de marteau et vissages de boulons daignent remettre en route la mécanique fédérale. Quant aux communications au-dessus de l'Atlantique, ce n'est même pas la peine d'y songer : les téléphones, aussi datés que le reste, ne sont pas adaptés. « Dans l'avion, on était totalement coupés du monde, on n'était pas au courant des dernières nouvelles, raconte un ancien conseiller. Il y avait toujours un incident. Personne n'osait l'avouer, mais on avait tous la trouille. »

Angela Merkel, dans ces cas-là, est égale à elle-même. Elle écoute l'avis des experts, analyse la situation, consulte ses interlocuteurs (ou son parlement), reste calme, négocie, décide d'agir si nécessaire, sinon, attend que ça passe. Patiente, tranquille, pragmatique. Pas d'envolées lyriques ni de déclarations épatantes. Ne pas dire plus que ce que l'on sait, ne pas promettre plus que ce que l'on peut. Échafauder des plans machiavéliques pour gagner le pouvoir. Gérer les crises, régler les problèmes, chercher le compromis, préférer l'unité aux fractures, agir en conscience avec les valeurs morales en guise de boussole, telle est la définition du merkelisme. Mutti est celle vers qui l'on se tourne pour se rassurer quand on est inquiet et c'est ce que les Allemands ont fait avec elle pendant tout ce temps, satisfaits au point d'être capables d'en redemander, au bout de seize ans. En juin 2020, Une journaliste de la deuxième chaîne de télévision publique allemande avait esquissé la question d'un cinquième mandat au cours d'une interview avec la chancelière. Elle n'a même pas pu terminer sa phrase.

« Envisagez-vous une candidat…

– *Nein.*

– Non, vraiment ? a insisté la journaliste de la ZDF.

– Non, ah ça, non, mais alors, absolument pas ! » a tranché la chancelière, accompagnant ses trois « *nein* » par un petit sourire tout à fait définitif.

Même dans un nouvel Airbus A340 à quatre réacteurs et munie d'un matériel de communication à peu près digne du XXIe siècle – dans les airs, le 15 juillet 2016, elle a quand même pu prendre connaissance du coup d'État manqué en Turquie –, Angela Merkel reste celle qui, avec son style sans style et sa morale austère de protestante de l'Est, a réussi le tour de force de ressembler à l'Allemagne tout entière et d'incarner aux yeux du monde ce à quoi les Allemands aspirent le plus : la stabilité. Que restera-t-il d'elle dans les livres d'histoire ? « Elle n'a pas ménagé sa peine », avait-elle répondu à celui qui lui demandait ce qu'elle aimerait le plus que l'on retînt d'elle. L'ego d'Angela Merkel réside entièrement dans l'accomplissement du travail bien fait. Elle cherche ce qu'il est possible de faire et aime quand ça fonctionne. Trouver la solution à un problème au moment où il se pose n'est pas seulement le principal moteur de son ambition, c'est une joie dont elle ne se lasse pas, comme l'avait déjà remarqué son professeur de mathématiques en RDA. La gloire et la postérité ne la préoccupent pas plus que cela. La révolution européenne de son dernier mandat, elle ne l'avait pas anticipée pour marquer l'histoire mais parce que la pandémie et la crise économique, en cette année 2020 si particulière, la rendaient soudain nécessaire. Elle ne voit pas l'histoire comme procédant d'un vaste plan conçu et réfléchi à l'avance par une poignée de dirigeants charismatiques, contrairement à son homologue français, Emmanuel Macron, qui a vainement tenté de l'en convaincre. Sa force à elle réside dans la reconnaissance de l'instant. Franchir le mur de Berlin une fois qu'il est tombé. Ne pas s'épuiser à l'escalade ni aux dissidences héroïques. Ne pas forcer le destin. Faire avec, et attendre le moment opportun. Préférer aux transformations brutales les évolutions lentes. En cela, Angela Merkel est une conservatrice. Mais elle est une conservatrice progressiste. Elle ne favorise pas le statu quo, elle suit le processus en cours. Elle sait écouter et saisir son opinion publique comme peu de dirigeants en sont capables. Elle a compris et accompagné les évolutions de la société allemande, sans la brusquer, en en fixant le cap et les valeurs et en l'amenant à bouger quand elle la sentait prête. Opportunisme ? Démagogie ? Patience ? Intelligence pragmatique ? Quelle que soit la manière dont on la qualifie, c'est cette compréhension profonde et unique du peuple allemand qui a guidé les quelques révolutions d'Angela Merkel, de l'arrêt du nucléaire au récent changement de philosophie en Europe, en passant par l'accueil offert aux migrants. C'est ce qui lui a permis de bousculer le grand parti chrétien-démocrate, la CDU, en le tirant vers la gauche et en le sortant de son conservatisme – à l'égard des femmes comme des réfugiés. Face au nouveau monde compliqué né de la fin de la guerre froide et dont elle est personnellement issue, où les grandes puissances naissantes ont supplanté le vieux face-à-face américano-soviétique, où Internet et les réseaux sociaux pulvérisent littéralement la politique traditionnelle et la manière de gouverner, elle a appliqué la philosophie du *Guépard*, de Lampedusa : « Tout doit changer pour que rien ne change. »

S'il fallait trouver à Angela Merkel un équivalent parmi les chefs d'État contemporain, ce serait paradoxalement la figure qui lui est la plus radicalement opposée : la reine d'Angleterre. Les points communs ne sautent pas aux yeux entre Elizabeth II, monarque sans vrai pouvoir, incarnation surannée d'une société de classes, héritière du trône des Windsor et d'une des plus gigantesques fortunes du monde, et Angela Merkel, dirigeante surgie d'une planète disparue, étrangère à l'establishment, nourrie à la propagande égalitariste d'un régime communiste, indifférente au luxe et aux biens matériels, détestant le protocole et les mondanités autant que la représentation institutionnelle, auxquels elle préfère la politique active et concrète, les deux mains dans le cambouis. Et pourtant. Leurs discours respectifs au début de la crise du coronavirus, en mars et avril 2020, donnaient un aperçu de leur similarité. Empathie envers chacun, appel à la résilience. Ni grandiloquence ni vanité. Certes, seule la reine pouvait se targuer en passant d'un petit rappel : son premier discours à la radio… en 1940. Mais les deux femmes ont en commun l'autorité par la présence. Ce sont deux missionnaires tout entières à leur tâche. Deux vies privées invisibles, effacées derrière leur fonction. Deux célébrités passées de leur vivant au statut d'icône pop, et étonnées de l'être. Deux championnes de la longévité devant lesquelles ont défilé des dizaines de ministres et de présidents, et dont le règne raconte à lui seul un feuilleton de l'histoire. Deux références morales et politiques, garantes d'unité, de stabilité et de démocratie. Elizabeth et Angela sont la permanence de notre monde troublé. « Comme la reine, Angela Merkel ne change presque pas. Elle laisse le monde changer autour d'elle », note Alastair Campbell, qui a eu le temps d'observer la monarque depuis le 10 Downing Street durant les dix années où il façonnait la stratégie et la communication de Tony Blair, et notamment pendant les jours fous qui ont suivi la mort de Lady Diana, où le Premier ministre et son conseiller ont dû sauver une monarchie aux abois. « Merkel est très stratégique, dans le sens où elle sait ce qu'elle veut faire, mais elle est plus confortable dans l'absence de clarté. Elle s'adapte à l'environnement. Elle, c'est : "Je suis là, j'ai le pouvoir et je fais ce qu'il faut." » Dans un livre où il étudie les recettes de la victoire (*Winners*, 2015), il prend l'exemple de champions sportifs, de chefs d'entreprise et de dirigeants politiques, dont Elizabeth II et Angela Merkel. Les deux *queens* européennes. « Elle ne fait pas, elle est », écrit-il au sujet de la reine. Cette qualité propre à la cheffe d'État d'une monarchie constitutionnelle, les détracteurs d'Angela Merkel la lui attribuent en la retournant en défaut : ne se contente-t-elle pas d'être au lieu de faire ? D'incarner la nation allemande plutôt que de la conduire vers un cap qu'elle aurait fixé ? Qu'a-t-elle laissé de mémorable ? À quelle réforme d'envergure sera-t-elle associée ?

Décrire l'héritage laissé par ses illustres prédécesseurs va de soi. Konrad Adenauer a réalisé la réintégration de l'Allemagne dans l'Europe de l'Ouest. Helmut Kohl a fait la réunification allemande, l'union monétaire, l'euro. Gerhard Schröder a redonné sa puissance économique à une Allemagne malade. Et Mutti alors, quoi ? « C'est vrai que Merkel n'est pas quelqu'un comme Kohl, Schröder, Clinton, Blair ou Macron, du genre à fixer ces grands piliers stratégiques dont ils parlaient sans arrêt – "nouvelle Europe", "modernisation", "réformer le pays", etc. », répond Alastair Campbell. Il reconnaît aussi que son travail auprès de Tony Blair, qui « reposait sur la mise en mots d'une stratégie par un dialogue ininterrompu », n'aurait pas lieu d'être avec Merkel. « Elle ne proclame pas comme eux qu'elle va changer le monde, poursuit-il. Mais sans faire de grands gestes ni utiliser de grands mots, elle le change. Elle dit au monde : "Ce que je fais est plus important que ce que je dis." » Angela Merkel n'a pas non plus rencontré l'histoire au même endroit que ses prédécesseurs. La chute du Mur, elle l'a vécue de l'intérieur, hors de la politique. Elle est arrivée au pouvoir dans l'élan commencé de la reconstruction.

Cheffe de l'opposition, elle a eu la clairvoyance tactique de soutenir les douloureuses mais efficaces réformes libérales de Schröder, contrairement aux radicaux de son parti qui préconisaient l'obstruction politicienne. Son vieux complice et actuel ministre de l'Économie, Peter Altmaier, jadis membre du club informel de supporters baptisé *Angie's boys group*, se rappelle ses mots : « Il faut soutenir ces réformes car un jour, quand la CDU sera à nouveau au gouvernement, ce sera fait et nous pourrons continuer sur cette base », avait prévu finement la patronne de la CDU, toujours avec un coup d'avance. « Les réformes entreprises par Schröder et encouragées par Merkel sont restées intactes, poursuit Peter Altmaier. C'était la condition préalable à la réussite remarquable de l'économie allemande pendant seize ans. »

Angela Merkel arrive dans une histoire en cours. Il aura fallu au pays des décennies et plus d'une génération pour apprendre à vivre avec la culpabilité du nazisme et de l'Holocauste, et reconstruire une démocratie exemplaire sur les ruines de ce passé tragique. En 2000, une jeune styliste de Cologne née en 1971, Eva Gronbach, osait l'impensable en vantant une légèreté et une douceur de vivre allemandes. Elle assumait les drapeaux nationaux encore honteux en badigeonnant des tee-shirts de noir-jaune-rouge, prenait pour logo un aigle débonnaire, choisissait comme mannequins des immigrés de Turquie ou de Somalie contents d'être allemands et intitulait

« Déclaration d'amour à l'Allemagne » sa collection de prêt-à-porter. « L'Allemagne, c'est cool », clamait-elle, et c'était nouveau. En 2006, c'était au tour des rues de Berlin d'être pavoisées de drapeaux noir-jaune-rouge, comme si l'Allemagne se sentait le droit de ne plus avoir honte d'elle-même. La Coupe du monde de football était organisée dans tout le pays, la Mannschaft accumulait les victoires jusqu'à la demi-finale perdue contre l'Italie, les gens étaient de bonne humeur et joyeux de leur fierté. C'était la première fois depuis depuis la Seconde Guerre mondiale que les drapeaux allemands étaient agités dans des rassemblements publics. Ce mois de juillet 2006 en Allemagne est décrit comme un *Sommermärchen*, un conte d'été.

Angela Merkel est alors au pouvoir depuis à peine un an. Elle comprend que l'Allemagne est en train de changer et elle porte cette mutation, sur la lancée des réformes de Schröder et du passage au millénaire « cool ». En 2005, le pays était surnommé « l'homme malade de l'Europe » et sa société, rétrograde et conservatrice, ne faisait pas rêver. En 2016, il incarne l'esprit du temps, tourné vers l'avenir. Les années Merkel, c'est la construction d'un « modèle allemand » que le monde entier admire et jalouse, où rien n'est rose mais où tout marche mieux qu'ailleurs – réactivité industrielle, emploi, éducation, système de santé, répartition des pouvoirs entre Länder, fluidité entre le public et le privé, force syndicale, intelligence collective, esprit civique, respect des institutions, accueil des réfugiés, bref, un certain sens de la civilisation. Les années Merkel, c'est un modèle de leadership face à une invraisemblable succession de crises (financière, économique, climatique, terroriste, migratoire, sanitaire, géopolitique), l'accession de l'Allemagne au statut de grande puissance (quatrième sur la planète et première en Europe), et sa solidarité inconditionnelle à l'Union européenne. Les années Merkel, c'est surtout la naissance d'une Allemagne telle qu'elle n'existait plus dans le regard du monde. Depuis Adenauer, le pays était apparu peu à peu comme un exemple envié de démocratie libérale, après avoir été la référence absolue de la barbarie. L'image d'un pays moderne, économiquement puissant, politiquement modéré, psychologiquement stable et sociétalement détendu. Les années Merkel sont celles où, aux yeux du monde, l'Allemagne est devenue sympathique. Presque « cool ». Elle ne l'était pas avant. Angela Merkel a apporté tout à la fois la puissance, la confiance, la morale et l'amabilité. Elle est la chancelière de l'Allemagne heureuse.

L'année 2021 a commencé juste avant le départ de Donald Trump et se terminera peu après celui d'Angela Merkel. Par une étrange ironie de l'histoire, les deux dirigeants les plus antinomiques des grandes démocraties occidentales quittent le pouvoir presque au même moment, chacun avec son héritage et ses cohortes de militants orphelins. Le premier a tout fait pour ne pas partir, la seconde a résisté à ceux qui lui demandaient de rester. L'une se retire volontairement après seize ans, quatre mandats, une respectabilité internationale, un style inspirant la confiance face à l'instabilité du monde et une gestion maîtrisée de la crise sanitaire et économique. L'autre est poussé dehors au terme d'un mandat de quatre ans et d'une défaite électorale qu'il a refusé d'admettre, incitant ses fans à l'assaut du Capitole et laissant une société divisée, imprégnée de violence, égarée dans les théories complotistes, ravagée par une pandémie qu'il a gérée en dépit du bon sens. Trump et Merkel se seront détestés. Rien ne pouvait coller entre le millionnaire narcissique qui se rêvait en Mussolini et la fille de pasteur à l'humeur immuable, obsédée par le compromis, le respect du droit et la stabilité des institutions. Il lui avait volé son Amérique, le pays de libertés qui peuplait les rêves interdits de tous les Allemands de l'Est. Elle a salué l'élection de Joe Biden comme «une célébration de la démocratie américaine» et espère le retour de l'influence des États-Unis en Europe, bien plus que «l'autonomie stratégique européenne» espérée par Emmanuel Macron. Merkel est, par excellence, l'anti-Trump. À eux deux, ils nous laissent le trumpisme et le merkelisme. Deux symboles contraires, deux modèles politiques, deux forces ennemies dans des démocraties chamboulées par la puissance des réseaux sociaux.

Qui l'emportera? En 2016, l'élection de Donald Trump, survenue dans la foulée du référendum sur le Brexit, avait donné des ailes à tout un aréopage de leaders politiques européens. Marine Le Pen faisait le pied de grue dans la Trump Tower avec l'espoir (finalement non comblé) d'être reçue par le maître, et elle se consolait en recevant Steve Bannon, l'ex-conseiller stratégique du président américain, comme invité vedette au congrès du Rassemblement national. Le Brexiter Nigel Farage montait sur l'estrade aux meetings de Trump et tweetait des photos de leur symbiose. Le Premier ministre britannique Boris Johnson se vantait de leur proximité et en espérait beaucoup, lui qui en 2018 avait déclaré que Donald Trump méritait de recevoir le prix Nobel de la paix. Le Hongrois Viktor Orbán, premier responsable européen à soutenir la candidature de Trump, était reçu ensuite à la Maison-Blanche, dans le Bureau ovale. Un raz-de-marée nationaliste-populiste menaçait. Loin de se résumer à Le Pen, aux Brexiters et à la Hongrie, il s'étendait jusqu'à Matteo Salvini en Italie, Geert Wilders aux Pays-Bas, Janez Janša en Slovénie, Andrzej Duda en Pologne sans compter, de l'autre côté du Bosphore, Recep Tayyip Erdoğan en Turquie. L'enterrement du parrain d'Amérique les laisse soudain orphelins. Ils ne font plus les fiers. Le gouvernement Orbán entretient la légende de l'élection « volée » par Joe Biden. Boris Johnson se démène pour faire oublier sa proximité avec Trump qu'il s'était tant appliqué à mettre en scène. Marine

Le Pen s'est livrée elle aussi à des contorsions douloureuses. Mais l'oncle Donald leur a laissé un cadeau de départ : le trumpisme. L'invention des « faits alternatifs ». La mise en doute systématique de la vérité. Ce brouillage des repères entre le vrai et le faux, amplifié par les réseaux sociaux, qui instaure la défiance dans les institutions. Sans aucune preuve de fraude, malgré le recomptage des voix et le rejet de ses recours par des juges de tous bords, Trump a réussi à instiller chez des millions d'Américains la conviction que Joe Biden avait volé l'élection. Il a miné l'autorité de son successeur. Il leur a promis qu'il reviendrait « sous une forme ou une autre », laissant planer la menace de sa présence invisible. De notre côté de l'Atlantique, l'Allemagne aussi a connu, plus discrètement, son insurrection du Capitole. Le 29 août 2020, des centaines de protestataires, anti-masques, anti-vaccins et groupuscules d'extrême droite, ont tenté de pénétrer de force dans le siège du Parlement, excités par une rumeur folle selon laquelle Trump venait d'atterrir à l'aéroport de Tegel pour leur apporter son soutien. La vision noire de l'incendie du Reichstag en 1933, prélude au pouvoir nazi, était dans tous les esprits. Et le départ prochain d'Angela Merkel, pilier de la stabilité et de l'anti-populisme en Europe, inquiète le monde d'après.

19

Tschüss

« Hollande was jealous! »
Angela Merkel

Chez les politiques, les jours d'après fascinent. Ce moment incroyablement violent où, d'un jour à l'autre, la personne la plus importante du pays redevient un citoyen presque ordinaire, cesse de savourer le pouvoir de son influence, passe d'un agenda quadrillé minute par minute au vide sidéral des journées sans rendez-vous. Le vague à l'âme, inévitable. La dépression, souvent. Juste après sa défaite face à Emmanuel Macron, dans son nouveau bureau de la rue de Rivoli qui sentait encore la peinture fraîche, François Hollande m'avait dressé un petit inventaire des effets indésirables de l'après, les présentant bien sûr comme s'ils n'avaient concerné que ses prédécesseurs et non lui-même. Pour Angela Merkel, ce sera différent, prédisait l'ancien locataire de l'Élysée. « Elle a une vie à côté du pouvoir, à la différence des présidents de la République en France. Dans les réunions, elle disait souvent : "Je suis physicienne, donc logique : j'aime écrire noir sur blanc ce qui a été dit." Elle adore faire le bilan de la journée, récapituler sur quoi on s'est mis d'accord, tenir la plume et rédiger jusqu'au dernier moment les termes du communiqué final. Nous, les Français, on peut aimer se gorger de beaux discours. Elle, son goût du pouvoir, c'est d'être au centre du jeu, dans la soute, et de mettre les mains dans le cambouis. » À son cercle très rapproché, la chancelière a dévoilé quelques projets de voyage, son envie de visiter toutes les universités dans le monde qui l'ont faite « doctor honoris causa ». À son ami acteur Ulrich Matthes, elle a confié : « Ce qui est bien, c'est que je pourrai aller plus souvent au théâtre ! » Elle a étudié la carte des États-Unis et le trajet du Transsibérien, réfléchi aux causes pour lesquelles s'engager. « Elle n'aspirera pas à un nouveau poste politique », affirme une conseillère sans hésiter. « Angela Merkel occupe une des fonctions les plus puissantes et les plus influentes dans le monde. C'est une femme qui a besoin de faire des choses concrètes. La représentation ne l'intéresse pas. Elle ne va pas troquer un instrument de pouvoir contre un protocole. Elle ne cherche pas la notoriété, elle aime être tranquille, s'occuper de sa vie privée, de sa famille, de son jardin. Elle sera forcément émue de s'en aller, mais je pense qu'elle ne sera pas triste longtemps, poursuit la conseillère qui ajoute : Elle dit toujours qu'elle ne veut pas être un rôle modèle. Mais elle l'est ! » Sans surprise, Angela Merkel a proposé à son *Girls camp* de continuer à travailler avec elle. Eva Christiansen étudie les possibilités. L'inséparable Beate Baumann n'a pas hésité. Elle pourra poursuivre son résumé de l'actualité dès la première heure. « *Nichts schlimmes.* » (Rien de grave.) Après l'enfermement de la dictature et celui de la vie politique, Angela Merkel vivra en liberté pour la première fois de sa vie. Des chefs d'État et de gouvernement cherchent le meilleur cadeau de départ. Si j'étais eux, j'éviterais le genre Garde républicaine dans la cour des Invalides. Je lui proposerais un dialogue avec les meilleurs étudiants en physique-chimie. Je l'emmènerais faire une longue marche dans le monde qu'elle n'a jamais pu voir qu'officiellement, dans une nature belle et perdue comme les cratères des volcans d'Auvergne. Je lui laisserais visiter une ferme qui produit ses fromages français préférés. Je donnerais son nom à une faculté.

Quatre ans ont passé depuis le premier livre que j'ai consacré à Angela Merkel (*L'Ovni politique*, éditions Les Arènes/Le Monde, 2017, avec une préface d'Alastair Campbell). Quatre ans d'un mandat décisif, qu'elle a failli ne pas exercer et qui, à la faveur de la crise sanitaire mondiale, a propulsé dans une autre dimension son destin de dirigeante. Quatre ans pendant lesquels j'ai continué à rencontrer des dizaines d'autres témoins, ministres, conseillers, interlocuteurs étrangers, adversaires politiques, anciens camarades de RDA et de RFA. Pendant tout ce temps, nous avons vieilli toutes les deux. Il me le fallait sans doute pour décrypter quelques clés essentielles que j'avais laissées en chemin sans les comprendre. J'ai pu aller plus près de ce qui me fascine chez cette femme venue d'ailleurs et qui ne ressemble à rien : le mystère de sa motivation, de son monde intérieur, de sa matrice.

J'avais raconté mes cinq minutes passées avec Angela Merkel dans un hall au rez-de-chaussée de la chancellerie, après avoir essuyé un énième refus d'interview. Cela fait une douzaine d'années que je la poursuis et cherche le moyen de lui demander un entretien en tête-à-tête, en vain. La chancelière limite ses contacts avec les journalistes, a posé pour principe de ne parler à ceux de la presse étrangère qu'en pools organisés et de ne pas recevoir ses biographes. Ce qui est très énervant mais la rend, à vrai dire, d'autant plus respectable. Le 17 mai 2017, elle remettait un prix national de l'intégration et semblait de très bonne humeur. De toutes ses vestes à la coupe identique qu'elle porte jour après jour sans se poser de questions, avec un pantalon et des bottines, elle avait choisi celle de couleur turquoise. Il n'y avait aucun journaliste, mais j'étais là. La chancelière a pris place parmi une petite centaine de personnes, s'est levée pour un discours détendu où elle glissait quelques blagues rigolotes. Elle a suscité les applaudissements en déclarant : « L'accueil des migrants et leur intégration sont un devoir pour notre pays. » Alors qu'elle se dirigeait vers la sortie, une fois son discours terminé, je l'ai abordée.

Elle se méfiait. Elle avait sa petite frange courte qu'on dirait coupée de travers, ce regard bleu très clair qui intimide et me fixait avec des sourcils froncés qui ne détendaient pas l'atmosphère. Qu'allait lui demander cette inconnue qui l'interpellait en anglais ? « Je viens de Paris, lui ai-je dit. J'ai écrit sur vous une série dans *Le Monde…* » Soudain joyeuse et bavarde, elle m'a prise par le bras. «Ah, c'est vous qui m'avez suivie partout, jusque chez moi en Poméranie-Occidentale ! Et vous avez rencontré les pêcheurs de l'île de Rügen ! C'est incroyable. Vous savez que Hollande était… Comment dit-on en anglais… *eifersüchtig* ?… » Elle se tourne vers son voisin : « *Wie sagt man "eifersüchtig" auf Englisch ?... Ach ja !* » Puis vers moi : «*Jealous !* Hollande était jaloux ! » Moi : « Hollande ne peut pas se plaindre, il a eu sa dose de choses écrites sur lui par des journalistes, vous ne trouvez pas ? » Elle, d'un air entendu : «Ah ça, oui, je suis bien d'accord… » La série du *Monde* lui a été traduite par un professionnel à la chancellerie. Elle s'en est remémoré des bouts à voix haute, s'est amusée de l'écriture, a prononcé plusieurs fois le mot « recherche ». La recherche, ça veut dire quelque chose pour la scientifique Angela Merkel. Et puis, fini. Tout s'est arrêté d'un coup, comme à minuit dans *Cendrillon*. Elle m'a serré la main. « *Good luck for your book!* » C'était tout. Cinq minutes avec Mutti. Je l'ai revue deux ans plus tard à Paris, lors d'un dîner en petit comité où elle avait fait convier quelques personnes pour, selon ses termes, « comprendre ce qui se passait avec les gilets jaunes ».

Elle s'est fait servir un plateau de fromages à la place du dessert et n'a pas lésiné sur le corbières, un château d'aussières des Domaines Barons de Rothschild, cuvée 2014. Elle prenait des notes sur une feuille, écoutait, questionnait, synthétisait, requestionnait, avec une intelligence au laser, incontestablement *différente*. À la fin du dîner, elle est venue me répéter, droit dans les yeux et d'un sourire très autoritaire : «Aucune citation de ce qui s'est dit ce soir. Ni pour un journal, ni pour un livre ! » Pour ce livre-ci, et pour le film que je réalise sur elle, j'ai fait une dernière tentative : je lui ai écrit une lettre. Son porte-parole, Steffen Seibert, la lui a transmise, avant de me recevoir à Berlin. « La chancelière m'a chargé de vous remercier chaleureusement pour votre lettre, m'a-t-il dit dans son français toujours parfait. Mais elle ne peut malheureusement pas vous donner d'interview, pour deux raisons. Par principe, elle ne souhaite pas contribuer à ce que l'on écrit sur elle. De plus, elle ne veut pas se détourner de son travail pendant cette période de crise du coronavirus. » Bon. Au moins, on ne pourra pas dire que je n'aurai pas essayé.

Angela Merkel va nous manquer, et rien ne peut mieux en expliquer la raison que son échange avec une vieille connaissance de son ancienne vie en RDA, lors d'une rencontre inopinée à Berlin. C'est en janvier 2016, la chancelière se rend avec son mari au Konzerthaus, sur la place Gendarmenmarkt, pour assister au concert d'un pianiste italien. Chopin,

Rachmaninov et Schumann sont au programme. Il s'agit à vrai dire d'un concert de bienfaisance… au profit des réfugiés. La crise des migrants bat son plein, la chancelière essuie des tirs croisés de toutes parts. Juste derrière eux est assis par hasard un homme qui la connaît bien – et que l'on a rencontré plus tôt ici : le pasteur Rainer Eppelmann, figure notoire de la dissidence en RDA, ancien élève au séminaire du père d'Angela et cofondateur du Renouveau démocratique, le premier parti où elle s'était engagée, en 1989, juste après la chute du Mur. Ils ne se sont pas vus depuis des années mais se tutoient toujours. À l'entracte, ils se saluent. Eppelmann tient à l'encourager et comme toujours, cet homme austère et rigoureux va droit au fait. « Je sais que tu es dans une situation difficile avec les réfugiés, lui dit-il. Je te laisse méditer cette phrase de Václav Havel qui me faisait du bien en Allemagne de l'Est et qui correspond à ta situation… » Il lui récite de mémoire la phrase de l'ancien dissident et président tchèque. Fin de l'entracte. Elle ne fait aucun commentaire, prend l'air pensif et part se rasseoir.

À la fin du concert, Angela Merkel revient vers lui. « Tu peux me redire la phrase de Havel ? » Le pasteur savait que cette phrase la marquerait. La chancelière vient d'un milieu où l'on sait interpréter les textes et le message qu'ils portent pour soi-même. Il la lui répète : « L'espoir, ce n'est pas la conviction qu'une chose se termine bien. C'est la certitude que cette chose fait sens, quelle que soit la manière dont elle se termine. »

Angela hoche la tête et le remercie.

Bibliographie

Entretiens et biographies

Hugo Müller-Vogg, *Mein Weg*, Hoffmann und Campe, 2005 ; *Angela Merkel. À ma façon*, L'Archipel, 2006.

Herlinde Koelbl, *Spuren der Macht*, Knesebeck, 1999.

Brititte Huber et Andreas Lebert, Entretien dans la revue *Brigitte*, 18 mars 2005.

Daniel Brössler et Stefan Kornelius, Entretien dans le *Süddeutsche Zeitung*, 27 juin 2020.

Jana Hensel, Entretien dans *Die Zeit*, 24 janvier 2019.

Gerd Langguth, *Angela Merkel. Aufstieg zur Macht. Biografie*, DTV, 2007.

Evelyn Roll, *Die Kanzlerin. Angela Merkels Weg zur Macht*, Ullstein, 2009.

Volker Resing, *Angela Merkel Die Protestantin*, St. Benno Verlag Gmbh, 2009 ; *Angela Merkel. Une femme de conviction*, Empreinte, 2010.

Stefan Kornelius, *Angela Merkel. Die Kanzlerin und ihre Welt*, Hoffmann und Campe, 2013 ; *Angela Merkel. The Chancellor And Her World*, Alma Books, 2014.

Matthew Qvortrup, *Angela Merkel. Europe's Most Influential Leader*, Overlook Duckworth, 2016.

Jean-Paul Picaper, *Angela Merkel. Une chancelière à Berlin*, Jean-Claude Gawsewitch, 2005.

Baudouin Bollaert, *Angela Merkel*, Éditions du Rocher, 2006.

Florence Autret, *Angela Merkel. Une Allemande (presque) comme les autres*, Tallandier, 2013.

Nicolas Barotte, *François et Angela*, Grasset, 2015.

Merci

aux nombreuses personnes qui ont croisé la route d'Angela Merkel, de très près ou de plus loin, et ont bien voulu m'apporter leur témoignage. Merci, notamment :

à ses camarades et amis, d'Est en Ouest : Hans-Ulrich Beeskow, Rainer Eppelmann, Hartmut Hohensee, Gottfried Kerner, Herlinde Koelbl, Andrea Köster, Ulrich Matthes, Günter Nooke, Michael Schindhelm, Volker Schlöndorff, Alice Schwarzer, Peter Strunk,

aux politiques allemands, alliés ou adversaires : Andreas Apelt, Dany Cohn-Bendit, Andreas Ebel, Joschka Fischer, Rüdiger Kruse, Lothar de Maizière, Wolfhard Molkentin, Friedbert Pflüger, Klaus Preschle, Wolfgang Schäuble, Ralf-Günther Schein, Olaf Scholz, Manfred Weber,

à Hans-Joachim Bull, ancien pêcheur sur l'île de Rügen, qui vota au moins une fois pour « la Merkel », à ses homologues ou interlocuteurs étrangers : Michel Barnier, Clément Beaune, John Bercow, Tony Blair, Thierry Breton, Carla Bruni-Sarkozy, Alastair Campbell, Sylvie Goulard, François Hollande, Pascal Lamy, Bruno Le Maire, Jean-David Levitte, Emmanuel Macron, Jonathan Powell, Fabien Raynaud, Ivan Rogers,

aux experts de la politique allemande : Ralf Beste, Nikolaus Blome, Lucas Delattre, Claire Demesmay, Tina Hildebrandt, Alexandre Robinet-Borgomano, Daniela Schwarzer, Constanze Stelzenmüller, Thomas Wieder.

Merci tout particulièrement aux membres de l'équipe rapprochée d'Angela Merkel, présente ou passée, pour leur confiance : Peter Altmaier, Eva Christiansen, Uwe Corsepius, Christoph Heusgen, Nikolaus Meyer-Landrut, Steffen Seibert, Ulrich Wilhelm.

Merci aussi à Noémie et Alain Frachon, ma tribu ; à Alexandre Robinet-Borgomano et à Claire Desmemay, mes joyeux camarades de bourlingue, à Laurent Beccaria, mon ami éditeur, et à toute l'équipe des Arènes ; au journal *Le Monde*, qui m'a envoyée sur les routes pendant trente ans – et pour une série sur Angela Merkel, en 2016.

Merci enfin à l'Hotel zur Post de Stralsund qui rédigea un jour la facture de ma chambre, sans rire, au nom de « Frau Marion von der Merkel ».

Crédits photographiques

p. I : en haut © Ullstein Bild-Frank Ossenbrink ; en bas © Laif/Redux/Rea
p. II : en haut © Bernd Gurlt/DPA/AFP ; en bas Andreas Rentz/Getty Images Europe/Getty Images via AFP
p. III : © Markus C. Hurek/DPA/AFP
p. IV : © Gleascher/Laif/Rea
p. V : en haut © Archives Michael Schindhelm ; en bas © Zdenek Havlas/Picture Alliance/DPA/AFP
p. VI : © Daniel Biskup
p. VII : en haut © Imago/sepp spiegl ; en bas © StudioX/Imago
p. VIII-IX : © Ullstein Bild-Ebner
p. X : en haut © Picture Alliance/Bernd Settnik/ZB-Fotoreport ; en bas © Thomas Imo/Getty Images
p. XI : en haut © Ralph Orlowski/AFP/Getty Images ; en bas © Sean Gallup/Getty Images Europe/Getty Images via AFP
p. XII-XIII : © Arnd Wiegmann/Reuters
p. XIV : en haut © Carsten Koall/Getty Images ; en bas © Dominique Faguet/AFP
p. XV : en haut © Tobias Schwarz/Reuters ; en bas © Arne Dedert/DAP/DAP Picture-Alliance via AFP
p. XVI-XVII : © Dmitry Astakhov/AFP
p. XVIII : en haut © Jesco Denzel/Bundesregierung/ DPA Picture-Alliance via AFP ; en bas © Gilles Bassignac/ Gamma-Rapho/Getty Images
p. XIX : TAR-TASS News Agency/Alamy Stock Photo
p. XX : en haut © Bernd Von Jutrczenka/DPA/AFP ; en bas Dan Kitwood/Getty Images Europe/Getty Images via AFP

Table

Couverture : Éric Pillault
Mise en page : Cursives
Révision : Sarah Ahnou, Jean-Luc Demizieux et Isabelle Paccalet
Recherche iconographique : Bertille Comar
Photogravure : Axiome

La couverture et le hors-texte ont été imprimés
par Déjà Link à Stains (Seine-Saint-Denis)

Achevé d'imprimer en France sur les presses de l'imprimerie
La Société Nouvelle Firmin Didot
au Mesnil-sur-l'Estrée (Eure) en mai 2021.

ISBN : 979-10-375-0416-6
N° d'impression : 163341
Dépôt légal : mai 2021